本书为全国党校（行政学院）重点调研课题
"中国共产党自我革命的动力机制及其优化研究"
（编号：2024DXXTZC010）的阶段性成果

安徽省高校人文社科重点研究项目
"新时代中国共产党自我革命的内在逻辑及常态化方式建构研究"
（编号：2023AH052844）的最终成果

# 中国特色
## 社会主义制度自信及实践研究

武峥 ◎ 著

天津出版传媒集团

天津人民出版社

图书在版编目（CIP）数据

中国特色社会主义制度自信及实践研究 / 武峥著.
天津 ：天津人民出版社，2024. 12. -- ISBN 978-7-201-
20594-6

Ⅰ. D621

中国国家版本馆 CIP 数据核字第 20242EH851 号

**中国特色社会主义制度自信及实践研究**

ZHONGGUO TESE SHEHUI ZHUYI ZHIDU ZIXIN JI SHIJIAN YANJIU

| | |
|---|---|
| 出　　版 | 天津人民出版社 |
| 出 版 人 | 刘锦泉 |
| 地　　址 | 天津市和平区西康路35号康岳大厦 |
| 邮政编码 | 300051 |
| 邮购电话 | (022)23332469 |
| 电子信箱 | reader@tjrmcbs.com |
| 责任编辑 | 武建臣 |
| 封面设计 | 汤　磊 |
| 印　　刷 | 天津新华印务有限公司 |
| 经　　销 | 新华书店 |
| 开　　本 | 710毫米×1000毫米　1/16 |
| 印　　张 | 17.5 |
| 插　　页 | 2 |
| 字　　数 | 250千字 |
| 版次印次 | 2024年12月第1版　2024年12月第1次印刷 |
| 定　　价 | 88.00元 |

# 前 言

制度是关系党和国家事业发展的根本性、全局性、稳定性、长期性问题，依靠坚强的制度保障，改革开放取得了空前的巨大成就，验证了中国特色社会主义制度是符合中国国情的好制度。在奋进第二个百年奋斗目标，实现中华民族伟大复兴的中国梦中，必须进一步完善发展制度、进行制度创新，使中国特色社会主义制度体系更加成熟、定型，这是全面深化改革的要求，更是完成第二个百年奋斗目标、实现中华民族伟大复兴的现实需要。制度自信是新时代中国特色社会主义的重要内容，也是当前党和国家政治生活的主题。

本书从制度自信的来源、制度自信的逻辑、把握制度自信的联系、制度自信的认同表征、提升制度自信的方略等方面探讨中国特色社会主义制度自信及实践。

第一，从制度自信的来源看。从心理上讲，是制度主体对中国特色社会主义制度的心理认同、情感认同和价值认同；从行为上讲，是主体自觉遵守制度和对制度的完善、创新。制度自信建立在对我国历史、文化传承及经济社会发展的成就之上。5000多年文明发展中孕育的中华优秀传统文化是制度自信之根，社会主义核心价值体系是制度自信之魂，人民群众的主体自信是制度自信的底气。

第二，从制度自信的逻辑看。马克思主义发展历程中人类对美好制度探索包含着制度自信的逻辑演进。从历史逻辑来看，制度自信立足中国近代170多年的奋斗，在"天朝上国"封建制度自大的破灭、地主阶级改革派盲目

1

的变革及空想社会主义改革派的制度自信追赶失败后，中国共产党人对社会制度有了成熟的见解，建立起具有中国特色的社会主义制度；从理论逻辑分析，空想社会主义学说出现制度自信的萌芽，科学社会主义学说包含制度自信的基础，社会主义制度的建立积累了制度自信的经验；从实践逻辑看，制度自信立足中国共产党 100 多年艰苦卓绝的追寻，形成于新中国 70 多年社会主义建设成就基础上，成熟于改革开放 40 多年伟大实践。制度自信也是新时代坚持完善、发展制度，实现从"富起来"到"强起来"的根本保障。

第三，从把握制度自信的联系看。制度自信不是孤立的，要紧紧围绕新时代重要任务、结合国家战略，处理好与其他三个自信、实现中华民族伟大复兴、承担世界责任和国际共产主义运动之间的关系，为 21 世纪中叶把我国建设成为富强、民主、文明、和谐、美丽的社会主义现代化强国提供动力支持。同时中国梦的实现、人类命运共同体的构建、共建"一带一路"的实施、国际共产主义运动的复兴也会促使人们更加坚定制度自信。

第四，从制度自信的认同表征看。中国特色社会主义制度既超越了传统社会主义模式，又超越了新自由主义和民主社会主义制度模式，具有集中力量办大事、高效运行、协商民主和实质民主等比较优势，保证了整体利益和局部利益、集体利益和个人利益、当前利益和长远利益的有机平衡，中国特色社会主义制度受到国内民众高度认同、国际社会学习借鉴。诚然，中国特色社会主义制度也不是尽善尽美的，当前依然存在制度优势理论阐释不足、缺少良好的制度生态环境、制度运行体制不完善、多元社会思潮的影响及国际话语权相对弱小等影响制度自信认同的干扰因素。

第五，从提升制度自信的方略看。以落实"五位一体"总体布局、"四个全面"战略布局、推进国家治理体系和治理能力现代化改革为契机完善制度自信体系，夯实制度自信的基础；发挥党员干部制度自信的示范引领责任、知识分子对制度自信理论的阐释责任、人民群众对制度自信表达的主体责任、新闻媒体对制度自信舆论的引导责任，全方位宣传制度自信，扩大制度自信的影响；在国际交往中，通过对外传播中国故事构建国际话语权、对内引领借鉴人类制度文明丰富制度自信内容,增强制度自信。

　　本书具有一定的创新性。其一,历史研究与实证研究相结合,以史为鉴,实证验证理论的科学性。其二,研究内容与国家重大战略相结合,将制度自信的研究内容置于当代中国改革发展宏大叙事中,验证制度自信的决心、底气,既宣传了中国特色社会主义制度的优越性,又提升了人们对中国特色社会主义制度的信心。其三,研究目标与结果相统一,通过认清中国特色社会主义制度自信的认同现状、影响因素等,建构制度自信的国内国际话语体系,表达中国主流意识形态话语,使意识形态话语服务于新时代中国特色社会主义现代化建设。

# 目　录

# 绪　论

## 一、选题背景

党的十八大提出了实现"两个一百年"奋斗目标,号召全党要坚定"道路自信、理论自信、制度自信"①,这是中国共产党首次提出"三个自信"。党的十八届三中全会再次强调"道路自信、理论自信、制度自信"。2016 年 7 月 1 日,习近平在庆祝中国共产党成立 95 周年大会上把"文化自信"与"道路自信、理论自信、制度自信"并提,从"三个自信"扩展到"四个自信"。依靠制度保障,改革开放和社会主义现代化建设取得了多方面历史性成就。党的十九大强调:"中国特色社会主义制度是当代中国发展进步的根本制度保障","坚定四个自信,既不走封闭僵化的老路,也不走改旗易帜的邪路……始终坚持和发展中国特色社会主义"。② 2021 年 2 月,在党史学习教育动员大会上,习近平指出:"在新时代,坚定信仰信念,最重要的就是要坚定中国特色社会主义道路自信、理论自信、制度自信、文化自信。"③党的二十大强调:"我们要坚持对马克思主义的坚定信仰、对中国特色社会主义的坚定信念,坚定道路自

---

① 《十八大以来重要文献选编》(上),北京:中央文献出版社,2014 年,第 13 页。

② 习近平:《决胜全面建成小康社会　夺取新时代中国特色社会主义伟大胜利——在中国共产党第十九次全国代表大会上的报告》,北京:人民出版社,2017 年,第 17 页。

③ 习近平:《在党史学习教育动员大会上的讲话》,《党建》,2021 年第 4 期。

信、理论自信、制度自信、文化自信,以更加积极的历史担当和创造精神为发展马克思主义作出新的贡献。"①

　　制度不是抽象的,不能脱离社会历史条件和文化传统,也不能照抄照搬,胡乱移植。制度自信是一种主体心理状态和社会心态,是社会成员作为整体对自己国家和社会的历史、国情和愿景的认同,是一种经验总结和幸福表达。在党的十九大报告中,习近平指出:"中国特色社会主义进入新时代,……意味着科学社会主义在二十一世纪的中国焕发出强大生机活力,在世界上高高举起了中国特色社会主义伟大旗帜。"②习近平用"三个统一"来阐释坚定中国特色社会主义发展道路、中国特色社会主义理论体系、中国特色社会主义制度的信心。

　　按照唯物史观的基本原理,制度自信属于上层建筑的范畴,必然会受社会存在的状况和社会发展的态势所制约。中国特色社会主义制度自信是对新中国成立以来社会主义现代化建设的实践总结,来源于人民的伟大创造和马克思主义中国化、时代化的理论指导。坚定制度自信就是对中国共产党执政的肯定,也是对执政党和党员领导干部的鞭策和警醒。当前我国的经济实力已经稳居世界第二位,国际地位日趋上升,但如何能突破"历史周期率",这对党是一个严峻的考验。针对市场经济的趋利性导致少数人的价值观扭曲、少数官员腐败、社会贫富差距过大等问题,如何进一步深化改革、如何突破改革的瓶颈,提高党的形象和政府的公信力,需要理论上的深入研究,也需要有信心的鼓舞和激励,从而认清中国特色社会主义制度的优势和未来发展前景。

　　"公信不立,患莫大焉。"2014 年 3 月,习近平在河南省兰考县委扩大会

---

　　① 习近平:《高举中国特色社会主义伟大旗帜 为全面建设社会主义现代化国家而团结奋斗——在中国共产党第二十次全国代表大会上的报告》,北京:人民出版社,2022 年,第 19 页。

　　② 习近平:《决胜全面建成小康社会 夺取新时代中国特色社会主义伟大胜利——在中国共产党第十九次全国代表大会上的报告》,北京:人民出版社,2017 年,第 10 页。

上讲解"塔西佗陷阱"①,对于当前坚定中国特色社会主义制度自信具有重要的现实意义。党的十九大指出,我国改革的总目标是完善和发展中国特色社会主义制度,推进国家治理体系和治理能力现代化,坚定制度自信是圆满完成总目标任务的重要保证。一方面,没有制度自信哪有全面深化改革的勇气,只有坚定制度自信才能不断革除影响改革的体制机制弊端,解决改革过程中出现的各种问题,防止将问题制度化而偏离改革的社会主义方向。党的二十大指出:"深入推进改革创新,坚定不移扩大开放,着力破解深层次体制机制障碍,不断彰显中国特色社会主义制度优势。"②因此,从另一方面,全面深化改革是完善制度的重要基础,离开了改革,制度自信也不会彻底、久远。

党的十九届四中全会通过的《中共中央关于坚持和完善中国特色社会主义制度 推进国家治理体系和治理能力现代化若干重大问题的决定》(以下简称《决定》),《决定》指出:"中国特色社会主义制度是党和人民在长期实践探索中形成的科学制度体系",指出我国国家制度和国家治理体系的 13 个显著优势,这既有理论上的说服力,也有实践上的证明力。"制度稳则国家稳,制度强则国家强。"③"制度优势是一个国家的最大优势,国家之间的竞争表面上是经济、科技和军事等实力强弱的比拼,深层次上是制度优劣的竞争。"④这些显著优势,是我们坚定制度自信的基本依据和深厚底气。

习近平指出:"人民有信仰、民族有希望、国家有力量。"⑤制度自信不是自视清高和自我满足,也不是裹足不前、故步自封,而是要把坚定制度自信和改革创新相统一。中国特色社会主义制度体现了坚持马克思主义和发展

① "塔西佗陷阱"是古罗马历史学家塔西佗评价古罗马皇帝的话,指人们一旦憎恨皇帝,无论他做好事还是坏事都不会改变人们对他的厌恶。习近平在此借指党和政府一旦失去公信力,无论以后怎么做都不会再取得人民群众的支持和认同。

② 习近平:《高举中国特色社会主义伟大旗帜 为全面建设社会主义现代化国家而团结奋斗——在中国共产党第二十次全国代表大会上的报告》,北京:人民出版社,2022 年,第 27 页。

③ 《习近平谈治国理政》(第四卷),北京:外文出版社,2022 年,第 251 页。

④ 中共中央宣传部理论局:《中国制度面对面——理论热点面对面·2020》,北京:学习出版社、人民出版社,2020 年,第 29 页。

⑤ 《习近平谈治国理政》(第二卷),北京:外文出版社,2017 年,第 323 页。

马克思主义的统一,既没忘老祖宗,又讲出了新话语。制度自信就是对中国特色社会主义旗帜鲜明的坚持。研究中国特色社会主义制度自信,在理论上需要探索当代社会主义面临的机遇与挑战,在实践上要使全党和全国人民在心理上认同中国特色社会主义制度,坚定中国特色社会主义改革的正确方向,紧密围绕第二个百年奋斗目标,以中国式现代化全面推进中华民族伟大复兴。可见,中国特色社会主义制度自信不仅是一个理论问题,更重要的是具有实践意义。

## 二、研究意义

### (一)理论意义

通过梳理科学社会主义经典文献,探寻理论的源头,对马克思、恩格斯制度理论进行文本复原,清理"苏联教科书"对科学社会主义的理论误读,找出马克思主义理论和当前我国社会制度的内在联系,探索制度历史渊源,找出社会主义制度的发展脉络,明确改革开放前后两个阶段的制度建设之间紧密关系。通过总结改革开放以来社会主义制度建设的经验,分析制度自信的理论源头、探索历程、内容构成、面临的挑战等,对中国特色社会主义社会制度自信构建提供理论支持和可行性建议,回应"意识形态终结论"等国际社会中少数国家对中国制度认识的政治偏见,突破"修昔底德陷阱"困境,正确认识中国特色社会主义制度的本质。

### (二)实践意义

第一,提升人民群众对中国特色社会主义制度优越性的认同。中国共产党始终坚持马克思主义指导地位,随着中国国际影响力的增强,在意识形态方面的压力反而有增无减。制度决定着国家的兴衰成败,制度自信在理论和实践上执政理念的"价值合理性",这就不得不涉及意识形态,制度自信说到底还是意识形态的自信,制度自信建立在人们对社会主义制度的信赖和信念之上。马克思指出:"理论在一个国家实现的程度,总是取决于理论满足这个国家的需要的程度。"①科学社会主义在中国的成功实践为人类提供了新的制度模式和不同于西方的现代化选择。在新时代,自信是阐述中国发展经验、讲好"中国故事"的重要基础。只有"理直才能气壮",要在意识形态领域掌握马克思主义的话语权,需要有"中国故事",用中国话语解释中国,扭转西方话语把我国改革开放出现的问题归咎于社会主义制度的错误立场,让世界更了解中国特色社会主义制度的优越性。通过分析制度自信的影响因素,指明当前社会制度运行存在的问题,引导人们形成对制度的信仰、敬畏,减少制度运行成本。当前,在我国的制度建设过程中,尤其要防止把社会发展中存在的问题制度化。比如,加大分配失衡、社会失序、阶层固化等,这会导致在与西方竞争中的优势减少。开展中国特色社会主义制度自信研究,对于广大干部和群众坚定共产主义理想和信念,提升对中国制度的价值认同,推进我国制度的完善和发展具有积极作用。

第二,以社会主义改革完善制度,增强人民群众主体自信。习近平在庆祝改革开放 40 周年大会上指出:"中国特色社会主义迎来了从创立、发展到完善的伟大飞跃!"②正是对制度的自信,才创造了中国现代化奇迹。自 1978 年以来,40 多年改革开放的成功实践创造了经济上的奇迹,带动了中国迅速崛起。1978 年到 2017 年,我国国内生产总值(GDP)年均增速 9.5%,1978 年人均 GDP 仅 156 美元,2018 年接近 1 万美元。2019 年我国人均 GDP 迈上 1 万美元,对世界经济增长贡献率连续多年达到 30% 左右。2022 年人均 GDP 达到 1.27 万美元,超过全球平均水平。

"制度自信"为进一步全面深化改革、推动社会发展和进步提供强大动力,是社会主义制度的价值体现。在"四个自信"中,制度自信具有基础性,制度的实践和运行与西方国家比如果失去竞争优势,会动摇社会主义的根基,使改革迷失正确方向。当前,国内国外对改革有不同的声音,敌对势力和别有

① 《马克思恩格斯文集》(第一卷),北京:人民出版社,2009 年,第 12 页。

② 习近平:《在庆祝改革开放 40 周年大会上的讲话》,北京:人民出版社,2018 年,第 19 页。

用心的人把改革理解为向西方政治制度的方向改，极容易动摇少数不明真相的群众，这也表明有的人头脑中依旧存在"月是西方圆"甚至"空气都是美国甜"的迷思。人民群众坚定制度自信才能深化对中国特色社会主义成功的正确认识，坚信中国特色社会主义制度是改革成功的根本保障。对中国特色社会主义制度自信研究，也可以让世界人民更了解中国特色社会主义制度的优越性，减少对中国的认识偏见和偏差，指引改革的社会主义方向，为全面深化改革扫清体制机制障碍，探索出新时代中国特色社会主义发展的新路，走中国式现代化之路。通过对中国特色社会主义制度自信及实践研究，也为其他社会问题找到了根源，认清了问题的本质，进一步提升了人民群众对制度的认同。

第三，消除对中国制度的误解，树立中国负责任大国形象。当前，世界各国面临着许多共同挑战，任何国家都不能独自应对，各种传统与非传统安全需要各国齐心协力，共同解决。当前中国已经从国际秩序的被动接受者转变为积极参与者、引领者和建设者，对世界的贡献和影响越来越大。对于中国崛起和美国衰落造成的反差，在理论上，美国学者提出了全人类面临的"金德尔伯格陷阱"（The Kindleberger Trap）："在曾经具有世界领袖地位的大国衰落之际，由于新兴大国无力提供必要的全球公共品，从而造成世界治理的领导力真空。"[①]用来映射当前中国无力或不愿意为全球提供充分的公共产品，在现实中，美国坚守"修昔底德定律"，发起贸易战并加大了对中国特色社会主义制度的攻击。2018 年 6 月，美国国防部部长马蒂斯在海军战争学院毕业典礼上提出中国是美国潜在的对手，并攻击"中国模式"为"明朝朝贡模式"，映射中国强大后要列国朝贡称臣，阻碍中国推动全球新秩序建设；2018 年 6 月 18 日，美国国务卿蓬佩奥提出要在非洲发力、驱除中国影响，让非洲走美国经济发展和政治建设模式；2018 年 9 月 27 日，在第 73 届联合国大会上，美国总统特朗普直接攻击社会主义，称"应当抵制社会主义带给人类的

---

① 蔡昉：《金德尔伯格陷阱还是伊斯特利悲剧？——全球公共品及其提供方式和中国方案》，《世界经济与政治》，2017 年第 10 期。

痛苦",这也找到了美国频频发起中美贸易摩擦的根源。可见,中美贸易摩擦的实质不在于经济之争,而是"模式之争、制度之争、意识形态之争"①。其真实意图是不想让中国搭上全球公共产品供给之车,阻碍中国积极参与并推动全球治理。进入新时代,以习近平同志为核心的党中央深入思考"建设一个什么样的世界、如何建设这个世界"等关乎人类前途命运的重大课题,秉承"万物并育而不相害,道并行而不相悖"的优秀美德,引导各国按照"各美其美、美人之美、美美与共、天下大同"的方向发展,展现出一个负责任的大国对全人类发展的责任担当,为解决人类问题提供了中国智慧、中国方案,对制度自信及实践研究是对中国负责任大国形象的宣传,使全球各国坚信中国有能力、有信心和大家一起共同解决全球性问题。

## 三、国内外研究现状及评析

相对于中国特色社会主义制度的研究,中国特色社会主义制度自信及实践研究目前是一个相对新的研究领域,学界对"中国特色社会主义""制度自信"及"制度实践"联系起来研究的并不多。目前出版的相关研究成果主要有:《制度自信十讲》(白钢,2013),《中国特色社会主义制度基本问题研究》(肖贵清等,2013),《道路自信理论自信制度自信学习读本》(2014),《制度自信:一个其他模式选择存在与成功》(玛雅,2014),《中国特色社会主义多维研究》(刘玉芝,2015),《制度自信:在习近平总书记系列重要讲话精神指引下推进民主政治建设》(徐鸿武、李敬德、朱峻峰,2016),《制度自信与浙江实践》(浙江省委党校、浙江行政学院,2017),《中国特色社会主义政治制度自信及其提升研究》(陈建兵,2017),《制度自信:中国特色社会主义制度研究》(肖贵清等,2017),《中国特色社会主义制度自信研究》(贾绘泽,2018),《制度自信》(夏锦文,2019)。

彰显马克思主义自信的主题图书也如雨后春笋,国际国内对马克思主

①  辛向阳:《新时代中国马克思主义需要回答的三个重大问题》,《思想理论教育》,2018 年第12 期。

义的赞扬和呼吁赞不绝口,推进了马克思主义大众化和通俗化。英国学者特里·伊格尔顿出版了《马克思为什么是对的》,英国学者埃里克·霍布斯鲍姆在《如何改变世界:马克思和马克思主义的传奇》,英国学者戴维·麦克莱伦出版了《马克思以后的马克思主义》①,法国学者丹尼尔·本赛德出版了《马克思主义使用说明书》,日本学者内田树、石川康宏、池田香代子出版了《倾听马克思》《青年们,读马克思吧!》等宣传马克思主义的著作引起了国际学术界热议。国内也出现了一些宣传马克思主义和增强制度自信通俗读物和学术专著。如孙正聿、潘维、王绍光、张维为、朱云汉、宋鲁郑等学者执笔完成的《我们为什么看好中国》(2017),《马克思靠谱》(内蒙轩,2017),《马克思不过时》(田鹏颖,2016),《中国进入世界舞台中心》(胡鞍钢,2017),《当代中国马克思主义为什么是对的》(陈培永,2018),最为代表性的有《中国震撼三部曲:中国震撼·中国触动·中国超越》(张维为,2016)和《中国人,你要自信》(张维为,2017),《文明型国家》(张维为,2017),《历史不会终结》(韩庆祥、黄相怀,2018)。2020年7月,中宣部理论局出版了《中国制度面对面——理论热点面对面·2020》也是宣传和研究制度自信的权威文献。

学术论文及研究课题方面,中国知网数据库尚未收录以"中国特色社会主义制度自信及实践"相同题名的博士、硕士论文及期刊论文,现有研究成果主要涉及制度自信、制度创新、制度内涵、制度的优越性等内容。截至2023年7月,博士论文中以"中国特色社会主义制度自信"为题的只有5篇,目前以"中国特色社会主义制度自信研究"为主题的国家社科基金项目立项数量尚少,中国特色社会主义制度自信及实践研究是当前学界研究的一个新动向。

(一)国内研究现状

1.中国特色社会主义制度的内涵研究

学界围绕胡锦涛在中国共产党成立90周年大会上的讲话中提出的"中

---

① 〔英〕戴维·麦克莱伦:《马克思以后的马克思主义》,李智译,北京:中国人民大学出版社,2017年。

国特色社会主义制度集中体现了中国社会主义的特点和优势"这一思路开展研究。其一,有学者认为,中国特色社会主义制度是由"根本制度、基本制度、具体制度和中国特色法律体系构成的,是经济、政治、文化和社会相互链接、联系的制度体系"①。其二,有学者认为,"正式、成文的法律制度和非正式、不成文的风俗习惯构成了中国特色社会主义制度"②。其三,有学者从价值方面分析,认为"中国特色社会主义制度在于其实行共同富裕,坚持公平正义的价值立场"③。总的来说,学界认为中国特色社会主义制度包括正式制度和非正式制度,制度的价值立场在于实现公平正义,达到共同富裕,体现了社会主义制度的本质属性。

中国特色社会主义制度是一个严密完整的科学制度体系,是当代中国发展进步的根本制度保障,我国国家治理一切工作和活动都依照中国特色社会主义制度展开。在中国特色社会主义制度体系中,起四梁八柱作用的是根本制度、基本制度、重要制度。习近平指出:"要突出坚持和完善支撑中国特色社会主义制度的根本制度、基本制度、重要制度,着力固根基、扬优势、补短板、强弱项,构建系统完备、科学规范、运行有效的制度体系,加强系统治理、依法治理、综合治理、源头治理,把我国制度优势更好转化为国家治理效能。"④

中国共产党领导的多党合作和政治协商制度、民族区域自治制度、基层群众自治制度均是我国的基本政治制度;公有制为主体、多种所有制经济共同发展,按劳分配为主体、多种分配方式并存,社会主义市场经济体制等是我国的社会主义基本经济制度;中国特色社会主义制度还形成了其他方面的重要制度。比如,"一国两制"是党领导人民实现祖国和平统一的一项重要制度。

①　任理轩:《坚持和完善中国特色社会主义制度》,《人民日报》,2012 年 6 月 13 日。

②　叶庆丰:《坚持和完善中国特色社会主义制度:社会主义理论前沿问题(三)》,《科学社会主义》,2011 年第 5 期。

③　辛鸣:《论"中国特色社会主义制度"》,《北京日报》,2011 年 8 月 10 日。

④　《习近平新时代中国特色社会主义思想学习纲要(2023 年版)》,北京:学习出版社、人民出版社,2023 年,第 91~92 页。

2.中国特色社会主义制度自信来源研究

关于中国特色社会主义制度自信的来源,可归结为三种来源。第一,制度自信来源于新民主主义革命时期、社会主义革命和建设时期、改革开放和社会主义现代化建设新时期以及新时代中国特色社会主义的伟大实践。新民主主义革命时期,在马克思恩格斯社会制度理论指导下,通过对西方具体制度的吸收,结合中国国情形成制度特色,并通过当代中国发展向世界证明了社会主义制度的多元现代化途径,积累了制度自信。有学者认为,"新民主主义革命是中国特色社会主义制度自信的起点,自信来源于政治制度的成功实践"①。有学者提出,"制度自信不是制度完美无缺,不断完善制度才是增强制度自信的动力"②。有学者认为,"制度自信源于党对执政规律、社会主义建设规律和人类社会发展规律的认识"③。还有学者认为,"中国特色社会主义制度自信是中国共产党完成的'第三件大事'制度性成果的展现"④。第二,通过自身社会主义制度演进积淀形成了制度自信。制度自信生成于全球化背景下各种文明冲突与融合之中,中国在与世界交往中形成的一种主体性地位和民族自豪感、内心的认同感和身份的依赖归属感。有学者认为,中国特色社会主义制度自信通过"立足当代中国的科学认识,立足近现代历史的发展和选择,立足于对马克思理论本质的深刻把握形成的,在对政治制度的完善、创新之中,增强了制度的威严性形成了制度自信。"⑤第三,中国通过积极参与国际事务,形成的国际事务话语权彰显了制度自信。中国是全球事务的重要参与者和国际新秩序积极推动者,作为经济总量居世界第二的大国、最大的发展中国家和联合国安理会常任理事国,积极参与国际事务规则的制定。

---

① 屠静芬、岳奎:《中国特色社会主义制度自信的社会心理分析》,《马克思主义与现实》,2014年第3期。

② 张雷声:《增强中国特色社会主义的制度自信》,《新视野》,2014年第1期。

③ 孟鑫:《推进国家治理体系和治理能力现代化是完善和发展中国特色社会主义制度的必由之路》,《科学社会主义》,2014年第2期。

④ 俞国斌:《中国特色社会主义制度:历史成就、伟大创新与根本保障》,《当代世界与社会主义》,2012年第1期。

⑤ 顾钰民:《论坚定中国特色社会主义制度自信》,《思想理论教育》,2013年第23期。

党的二十大指出："中国积极参与全球治理体系改革和建设，践行共商共建共享的全球治理观，坚持真正的多边主义，推进国际关系民主化，推动全球治理朝着更加公正合理的方向发展。"①在处理国际事务中，中国按照尊重、包容、民主、和谐、平等、共生等价值观念处理人类共同面临的贫困治理、政治局势动荡、经济发展低迷、生态环境恶化、防范重大传染病、互联网治理和恐怖组织威胁等重大问题，提高了自身的规则制定、舆论宣传、议程设置、统筹协调等能力，为其他发展中国家提供了经验借鉴，提升了中国特色社会主义的国际感召力。也有学者认为，中国制度能够集中力量办大事、改革开放 40 多年持续的民生改善等提升了制度自信。党的二十大报告指出："新时代十年的伟大变革，在党史、新中国史、改革开放史、社会主义发展史、中华民族发展史上具有里程碑……书写了经济快速发展和社会长期稳定两大奇迹新篇章，我国发展具备了更为坚实的物质基础、更为完善的制度保证，实现中华民族伟大复兴进入了不可逆转的历史进程。"②

3.中国特色社会主义制度优势的研究

在纪念中国共产党成立 90 周年大会讲话中，胡锦涛将中国特色社会主义制度优势阐述为"五个有利于"，学界在"五个有利于"基础上进行了阐述。有的学者认为，"中国特色社会主义制度自信优势在于吸取和借鉴了世界制度文明的发展成果，与苏联体制、资本主义制度呈现出明显优势，推动了人类文明进步"③。还有学者从中国历史上朝贡制度、藩属制度及"一国两制"分析，认为中国制度的多样性和包容性奠定了制度自信根基。有学者提出，"中国特色社会主义制度优势是独特的价值体系和效率表现及对行为主体的制约"④。有学者认为，"中国制度优势在于突破了苏联模式，将马克思主义与时

---

① 习近平：《高举中国特色社会主义伟大旗帜　为全面建设社会主义现代化国家而团结奋斗——在中国共产党第二十次全国代表大会上的报告》，北京：人民出版社，2022 年，第 62 页。

② 习近平：《高举中国特色社会主义伟大旗帜　为全面建设社会主义现代化国家而团结奋斗——在中国共产党第二十次全国代表大会上的报告》，北京：人民出版社，2022 年，第 15 页。

③ 杨智勇、林春逸：《中国特色社会主义制度发展的全球化视野》，《党政研究》，2014 年第 4 期。

④ 张雷声：《论中国特色社会主义制度》，《甘肃社会科学》，2016 年第 1 期。

代结合,引领中国走上了快速发展之路,使处于低迷之中的世界社会主义运动重新焕发生机活力"①。有学者提出,"制度自信来源于社会实践"②。学界将中国特色社会主义制度优势归纳为"三分法""四分法""五分法""六分法"等。"三分法"观点主要有:有学者将中国特色社会主义制度的优势概括为"公平与效率、发展与稳定、凝聚与动员三个方面的整合"③。也有学者将其总结为,"面向全国选拔使用人才的卓有成效的选拔体系、灵活的政策实验、党政分野的协调机制"。"四分法"观点主要有:有学者从"制度供给、捕捉机遇、发现化解风险、包容四种能力"分析了中国特色社会主义制度优势;也有学者从"政治制度、经济制度、文化制度、社会制度系统性和科学性的作用发挥方面分析制度优势"④;有学者从"立场、价值、效果、包容"四个方面阐述了中国制度优势;有学者认为较之于美国制度,我国在"意识形态的整合能力、改革议程设置机制、政策产出模式和决策实施落实机制"⑤方面具有制度优势。有的学者从"维护社会秩序、改进公共产品、集体行动、制度回应力高、决策自主"⑥方面的制度绩效将其归结为"五分法"。目前,学界对中国特色社会主义制度自信概括最为全面系统的是"六分法"。有学者认为中国制度的优势为,"立足国情从实际出发、马克思主义一元指导思想、注重改革发展过程中基本矛盾和基本关系的结合和协调、自主创新、原则性灵活性统一、定标定向定心"⑦。还有的学者从不同方面和角度进行了系统阐述,"制度的有机统一和制度稳

① 肖贵清:《论中国模式研究的马克思主义话语体系》,《南京大学学报》(哲学·人文科学·社会科学版),2011年第1期。

② 包心鉴:《把握规律与坚定自信——论中国特色社会主义的道路自信、理论自信、制度自信》,《理论探讨》,2013年第3期。

③ 王成礼:《从制度选择到制度自信:中国特色社会主义制度的生成逻辑》,《南京工业大学学报》(社会科学版),2014年第2期。

④ 肖长富、吴大兵:《深刻认识中国特色社会主义制度的基本特征》,《光明日报》,2014年9月11日。

⑤ 樊鹏:《从中美决策体制比较看中国制度优势》,《党建》,2014年第8期。

⑥ 杨雪冬:《全球化背景下的中国制度优势》,《中国特色社会主义研究》,2013年第4期。

⑦ 韩庆祥:《中国特色社会主义的独特优势——坚定道路自信、理论自信、制度自信》,《中国社会科学》,2013年第1期。

定;民主制度上下互动;党的领导、人民当家作主、依法治国有机结合;驾驭市场经济;中华优秀文化滋养;集体领导保证了权力有序交接"①。尽管总结凝练各有差异，但体现出了中国特色社会主义制度优势的多样性和学界的积极探索，为制度自信和制度实践提供了重要的理论借鉴。也有学者指出中国特色社会主义制度的优势在于易于形成社会共识，确保决策科学化与民主化，并依靠强大的动员贯彻能力实现决策实施，并把这种制度称为"共识型决策制度。"②党的十九届四中全会通过的《中共中央关于坚持和完善中国特色社会主义制度、推进国家治理体系和治理能力现代化若干重大问题的决定》总结了我国国家制度和国家在治理体系的 13 个显著优势，学界围绕着"13 个显著优势"展开研究，形成了很多制度显著优势研究成果，为制度自信提供了丰富的理论支撑。正如习近平所说:"这些显著优势，是我们坚定中国特色社会主义道路自信、理论自信、制度自信、文化自信的基本依据。"③

4.完善中国特色社会主义制度自信路径等研究

学界围绕党的十八大后国家治理蓝图提出了增强制度自信的方案。有学者认为，"建设更加成熟定型的社会制度即通过建设以民主集中制为核心的政治制度的制度化、法治化完善制度，增强自信"④。有学者提出，"促进经济、政治、文化、社会制度绩效的系统优化，整体性增强制度自信"⑤。也有学者提出，"从确立中国制度的'经纬坐标'、建立目标模式、坚持改革创新三个方面来完善制度自信"⑥。有学者认为，"处理好四个自信之间，增强首要自

①　辛向阳:《中国特色社会主义制度的基本优势》,《长白学刊》,2015 年第 1 期。

②　曹普:《大党的样子》,北京:国家行政学院出版社,2024 年,第 196 页。

③　《习近平新时代中国特色社会主义思想学习纲要(2023 年版)》,北京:学习出版社、人民出版社,2023 年,第 91 页。

④　杨光斌等:《建设更加成熟更加定型的制度》(政治卷),北京:中国人民大学出版社,2017 年,第 130 页。

⑤　张明军、易承志:《制度绩效:提升中国特色社会主义制度自信的核心要素》,《当代世界与社会主义》,2013 年第 6 期。

⑥　徐晓冬:《中国的制度改革:历史维度与现实路径》,《人民论坛》(学术前沿),2014 年第 14 期。

信——制度自信"①。也有学者认为,"通过实施以人民为发展中心的人民正义观增强制度自信"②。总之,学界认为完善中国制度除了勇于进行自我改革创新外,还提出了加大宣传、吸收人类制度文明等主张。

(二)国外研究现状

1.对中国特色社会主义制度的前景、影响力研究

国外学者对中国特色社会主义制度的前景有的持悲观态度,有的持乐观态度,但乐观者居多。悲观者认为,"中国是党国体制,在经济上引进了西方产品,在政治上拒绝了西方产品,一旦制度瓦解后果不堪设想"。乐观者认为,"通过改革,未来中国会更加注重公平正义、司法平等,制度将会更加成熟和完善"。国际金融危机后,西方《资本论》热销,马克思主义出现了复兴,也出版了一些新的宣传马克思主义专著。英国学者特里·伊格尔顿在《马克思为什么是对的》中批判"马克思主义过时论",认为,"当前宣称马克思主义已经过时就像说纵火犯变的狡猾,灭火过时了一样不可理喻"③。英国学者埃里克·霍布斯鲍姆在《如何改变世界:马克思和马克思主义的传奇》中描述:"今天每年到海格特公墓瞻仰马克思坟墓的朝圣者络绎不绝……马克思又成为无人可以望其项背的 21 世纪思想家……马克思主义在 21 世纪得到了复兴。"④俄罗斯历史学家阿·雅可夫认为,中国特色社会主义在目前体现了社会主义的生命力。世界未来学家约翰·奈斯比特坚信"中国模式"将以难以置信的力量影响整个世界,2050 年中国将成为世界新的中心。还有学者通过包括政府效率、对外投资、经济信心、全球经济力等指标,分析了中国与周边

① 任晓伟:《制度自信是坚持和发展新时代中国特色社会主义的首要自信》,《陕西师范大学学报》(哲学社会科学版),2017 年第 6 期。

② 黄浩:《生产方式正义、人民正义与制度自信》,《社会科学》,2018 年第 3 期。

③ [英]特里·伊格尔顿:《马克思为什么是对的(珍藏版)》,李杨等译,重庆:重庆出版社,2017 年,第 6 页。

④ [英]埃里克·霍布斯鲍姆:《如何改变世界:马克思和马克思主义的传奇》,吕增奎译,北京:中央编译出版社,2014 年,第 3~4 页。

大国俄罗斯、印度、日本相比未来潜力更大。

2.对于"中国模式"及前途的争论

2004 年，美国学者雷默把"中国模式"概括为"北京共识"，引发了国际舆论的高度关注。国外学者往往用"中国模式""中国道路"来取代"中国特色社会主义"，实质上不愿意说中国是靠着社会主义制度发展的，形成了有关"中国模式"的争论。习近平强调："我们始终认为，各国的发展道路应由各国人民选择。所谓的'中国模式'是中国人民在自己的奋斗实践中创造的中国特色社会主义道路。"[①]是否有"中国模式"或者说"中国模式"是否已经形成，有很多争议。第一种观点认为，中国正处于由计划经济向市场经济过渡的转型期，还在发展变化之中，谈"中国模式"为时过早；第二种观点认为，"中国模式"尚未被其他国家采用，谈不上其形成和存在；第三种观点认为，当前中国的成功在于抓住了机会，根本没有模式；第四种观点认为，"中国模式"不是由中国人提出来的，而是国外一些别有用心的人提出，目的是来遏制中国的发展。[②]郑永年认为，"中国模式"是实际存在的，这就像盖房子，房子盖好了肯定有个模式，他分析总结了海外学者对"中国模式"的立场。第一种立场对"中国模式"大加赞扬，认为"中国模式"不久就要取代西方模式，是典型的"捧杀派"；第二种立场看到了"中国模式"的存在，认为"中国模式"表达的是一种不同于西方的价值，对西方的价值构成竞争，甚至会取代西方价值，是"威胁派"；第三种立场是"不定论"或"悲观论"。他们看到了中国发展的制约因素，不认可中国形成了"模式"，认为该"模式"不会长久发展。[③]

3.对中国制度的性质分析

国外学者对中国制度的性质提出许多不同的观点，形成了新资本主义说、资－社两分说、后社会主义说等不同观点。弗朗西斯·福山等学者认为，中

---

①　《十八大以来重要文献选编》(上)，北京：中央文献出版社，2014 年，第 111 页。

②　徐崇温：《中国模式的形成、内涵和特征》，《马克思主义研究》，2010 年第 9 期。

③　李国兴、陈金龙主编：《中国特色社会主义理论与实践专题研究》，北京：中国社会科学出版社，2013 年，第 209~210 页。

国独特的制度框架在经济、政治、意识形态等层面表现是一种"经济自由政治专制"的新威权模式。法国学者伊利斯·埃勒·卡鲁尼认为,中国的制度变迁来源于由中国的经济、政治和文化开放等一系列连锁反应。①国外很多学者不再从传统社会主义与资本主义对立的角度来认识中国,有的认为中国是威权主义发展体制。很多国外学者,如波兰学者亚当·沙夫、英国学者斯蒂芬·哈尔珀、法国学者佛里德克斯·科勒均认为中国特色社会主义既不姓"资"也不姓"社"。②有的学者带有偏见,认为中国偏离了社会主义轨道,是国家资本主义、中国特色资本主义、国家垄断资本主义等。有的国外学者坚持认为中国是社会主义制度,对中国社会主义寄予很大厚望。尽管国外对中国制度的性质存在一定争议,但对中国当前的国际影响力认同是一致的,提出"软实力"的约瑟夫·奈也认为:"中国的特殊发展模式和道路也被一些国家视为可效仿的榜样。"③弗朗西斯·福山通过近年来对美国"否决型政体"研究,不得不承认"历史的终结"的观点是错误的。

4.对中国制度的优势研究

西方学者认为中国制度具有变迁方式的渐进性与增量性,立足国情实际的原创性,具有制度绩效上的高效性、抗风险性、稳定性等特点和优点。美国学者巴瑞·诺顿认为,中国高度的灵活性和适用性、制度变迁的谨慎与实用主义是其优势。④也有国外学者认为中国的优势在于"不争论、耗时少、效率高"。印度学者阿什瓦尼·塞斯认为,中国的制度具有变化性、灵活性,具有高度的弹性。法国学者托尼·安德烈阿尼认为,中国独特的制度模式具有较强的抵抗风险的能力,而且这种能力是中国奇迹的关键。⑤

① [法]伊利斯·埃勒·卡鲁尼:《中国后社会主义转型:作为文化变迁的制度变迁》,孟秋译,转引自《马克思主义与现实》,2011年第4期。

② 李国兴、陈金龙主编:《中国特色社会主义理论与实践专题研究》,北京:中国社会科学出版社,2013年,第3页。

③ 国纪平:《中国故事,世界的故事》,《人民日报》,2010年4月9日。

④ [美]巴瑞·诺顿:《中国发展经验的奇特性和可复制性》,王新颖主编:《奇迹的建构:海外学者论中国模式》,北京:中央编译出版社,2011年,第27页。

⑤ 王新颖主编:《奇迹的建构:海外学者论中国模式》,北京:中央编译出版社,2011年,第207~211页。

（三）现有研究评析

当前，学术界对制度自信的研究，有的以政论宣传的形式介绍制度自信，有的以实践研究表达制度自信，总的来说对中国特色社会主义研究较多，对其内涵解析、理论基础、优越性方面研究多，对制度自信的现实基础、价值认同、逻辑生成、比较优势、提升方略等方面研究不足，对中国特色社会主义制度自信与其他三个自信、实现中国梦、解决人类命运共同体及国际共产主义运动的关系研究较少，马克思主义制度理论现有研究成果不足，中国特色社会主义制度建构理论不足，尚有很大研究空间。尤其是中国特色主义进入新时代后，现有的制度理论研究不够深入、未能及时跟进，缺少对空想社会主义者、经典作家制度构想及中国共产党对社会制度探索的系统研究，马克思主义制度理论与西方制度理论缺少横向研究，这为本课题研究提供了很大的研究空间。

## 四、研究思路与研究方法

（一）研究思路

通过梳理中国特色社会主义制度的历史逻辑、理论逻辑和实践逻辑，总结制度自信的历史进程、理论基础和现实依据；分析制度自信的内涵、来源，总结中国特色社会主义制度的比较优势；总结制度自信认同的国内、国际现状，找到影响制度自信的主要因素；探讨制度自信与其他三个自信之间的关系，以及探讨制度自信对实现中华民族伟大复兴中国梦、制度自信对构建人类命运共同体、制度自信对国际共产主义运动复兴的促进作用；从当前"五位一体"总体布局、"四个全面"战略布局、共建共享共治的善治格局打造中，加大党员领导干部、知识分子、人民群众和新闻媒体的宣传表达作用，以及掌握国际话语权和借鉴西方制度文明的对外交往中找到提升制度自信的方略。

（二）研究方法

第一，采用文献分析法。通过分析经典作家文献，梳理中国特色社会主义发展历史，找出制度建构的内在逻辑，使经典作家的智慧回归到当前中国特色社会主义的制度实践中。

第二，理论和现实相结合。通过现有实证研究成果，通过访谈、座谈会等形式进一步加大实证研究，用事实验证中国特色社会主义制度的优越性，印证制度自信的正确性。

第三，比较研究法。马克思指出："极为相似的事变发生在不同的历史环境中就引起了完全不同的结果。如果把这些演变中的每一个都分别加以研究，然后再把它们加以比较，我们就会很容易地找到理解这种现象的钥匙。"①在横向上，通过与"苏联模式"、民主主义社会国家、新自由主义国家在制度上的差异，凸显出中国特色社会主义制度的特点和优势；在纵向上，通过改革开放前后两个阶段国内经济发展的比较，总结制度建设经验教训，提高中国特色社会主义制度的信心。

第四，综合研究方法。制度自信问题涉及中国共产党执政所体现的政治价值问题及为经济社会的发展提供政治保障等问题，需要用经济学、政治学、社会学、法学、伦理学等多学科理论分析。

## 五、创新之处

第一，历史研究与实证研究相交叉。本研究以可靠翔实的资料梳理了马克思主义发展史中社会主义制度自信学说及中国制度自信探索史，以史为鉴、论从史出，分析社会主义制度自信的历史逻辑、理论逻辑和实践逻辑，并提出制度自信具有综合性、实践性、稳定性、能动性、内化性、可变性和延续

---

① 《马克思恩格斯文集》（第三卷），北京：人民出版社，2009 年，第 466~467 页。

性等七个特征。通过系统分析法、历史分析法与国内外学界、研究机构实证调研相结合,以实证研究验证理论的科学性,摆脱了文献堆积式的政策性解读浅显研究。

第二,研究内容与国家重大战略相结合。本研究以制度自信为研究切入点,将目前国家重大战略,如:"五位一体"总体布局、"四个全面"战略布局、"两个一百年"奋斗目标、中华民族伟大复兴中国梦、构建人类命运共同体、共建"一带一路"、国际共产主义运动等联系在一起将制度自信的研究置于当代中国改革发展的宏大叙事中,验证制度自信的决心、底气,对宣传特色社会主义制度的优越性、提升人们对中国特色社会主义制度的信心可以起到抛砖引玉的作用。

第三,研究目标与结果相统一。通过研究中国特色社会主义制度的认同现状、影响中国特色社会主义制度自信认同的因素,提出抓住"关键少数"领导干部的示范引领、知识分子对制度自信理论阐释、人民群众践行社会主义核心价值观的自信表达、新闻媒体的舆论引导、讲好中国故事、借鉴人类智慧文明等方法来建构制度自信的国内国际话语体系,增强制度自信话语权,尤其是根据中国在当前国际事务中的影响力,建构出一套区别于西方话语,表达中国主流意识形态话语,使国外民众能听得见、听得懂、灌得进、能说服,使意识形态话语服从和服务于新时代中国特色社会主义现代化建设,进一步增强制度自信。

# 第一章
# 中国特色社会主义制度自信的来源

制度自信表明了党和人民对中国特色社会主义制度的坚定信念和信心。俗话说："知屋漏者在宇下,知政失者在草野。"①制度自信既是党和人民对当前社会制度优势的充分肯定、心理高度认同与经验总结,又是党中央对推动制度创新,建构更加完善、科学、规范制度的理性思考。"咬定青山不放松",当前,在全面建设社会主义现代化强国、实现第二个百年奋斗目标,以中国式现代化全面推进中华民族伟大复兴新征程中,更需要全体中华儿女提高对中国特色社会主义制度优越性的认识,勠力同心、排除干扰,把"中国特色社会主义制度"作为主心骨,集中精力谋发展,以党中央领航,众人划船,助推中华民族伟大"复兴号"大船在 21 世纪中叶如期到达彼岸。

## 第一节　中国特色社会主义制度自信的内涵

准确理解中国特色社会主义制度自信的内涵,首先通过不同学科对制度的概念界定,解析自信及制度自信的内涵,分析制度自信包含的综合性、实践性等特征与丰富内涵,引导人们对中国特色社会主义制度形成反思性

---

① （汉）王充:《论衡》。

认识,树立对制度的肯定、积极的心理评价,更为全面、客观地认识中国特色社会主义制度优势。

## 一、制度的含义

制度是伴随着人类社会产生的一种行为规范,有组织就会有制度,从人际交往到国家管理,都需要制度的限制和约束。有时候制度表现为庄重、威严的法律、规则等正式的约束,有时候制度又表现为人们交往中的一种非正式约束,如价值信念、风俗习惯、伦理规范、意识形态等。

### (一)从词源和汉语来分析

《说文解字》说:"制,裁也",指裁剪衣服,引申为对管理者的约束;度是衡量古代长度的标准,是我们常说的秦始皇统一"度量衡"中的一种。《说文解字》说:"度,法制也",度从长度单位引申为做人处世的限度、尺度。《周易·节》中说:"天地节而四时成,节以制度",这里的"制度"指的是法令、礼俗。在《辞海》中,一指"经制定而为大家共同遵守认同的办事准则";二指"订立法度";三指"订立的法度"。

### (二)以马克思主义视野分析

第一,制度是生产关系的存在方式。《德意志意识形态》中,马克思指出,"因为这种存在状况只不过是各个人之间迄今为止的交往的产物"[1],随着交往范围的扩大,新的交往形式成为桎梏被另一种交往形式所替代。后来马克思用"生产关系"替代了"交往形式"。第二,制度等同于社会形态。马克思在《〈政治经济学批判〉序言》中指出,"亚细亚的、古希腊罗马的、封建的和现代资产阶级的生产方式可以看做是经济的社会形态演进的几个时代"[2]。斯大

---

[1]　《马克思恩格斯文集》(第一卷),北京:人民出版社,2009 年,第 574 页。
[2]　《马克思恩格斯文集》(第二卷),北京:人民出版社,2009 年,第 592 页。

林以此为依据,提出"五种社会形态"。列宁直接把"生产制度"等同于"社会形态"①。第三,制度是一个系统。制度不仅表现为法律、社会伦理等规范,还包括经济基础和上层建筑两个层次,上层建筑包括政治、思想等上层建筑……可见,制度是一个有机整体的完备系统。②

(三)不同学科的制度定义

第一,经济学的定义。经济学对制度研究成果较丰富,旧经济学创始人凡勃仑认为制度"是常人共有的、固定的习惯性思维方式"③,也就是一种思维习惯。新制度经济学泰斗诺思对制度的研究成果十分丰富,他认为,"制度是被制定出来的规则、守法程序和行为的道德伦理规范"④。诺思提出了制度是社会博弈规则,是人为设计的、形塑人们互动关系的约束,由正式的规则、非正式的约束和它们的实施特征组成的观点⑤,也就是说,实践或运行状况也是制度的一部分,该观点极大地促进了中国制度理论研究。

第二,政治学的定义。政治学中制度被重塑,形成以亨廷顿为代表的从行为模式的定义和以我国学者王格从社会关系方面的定义。亨廷顿在《变革社会中的政治秩序》中认为,制度是稳定的、受到尊重的和不断重现的行为模式;王格认为:"制度是满足人类的生存需要形成的社会关系,以及与此相联系受到人们普遍尊重的社会生活的规范系统。"⑥

第三,社会学的定义。社会学家对制度关注较早,韦伯的《官僚制》就是对制度的研究。帕森斯认为,制度是复杂的制度化的角色整合。孙本文认为,

---

① 《列宁专题文集 论辩证唯物主义和历史唯物主义》,北京:人民出版社,2009 年,第 160 页。

② 张艳娥:《中国特色社会主义制度创新研究》,北京:中国社会科学出版社,2016 年,第 19 页。

③ [美]W.理查德·斯科特:《制度与组织——思想观念与物质利益》,姚伟等译,北京:中国人民大学出版社,2010 年,第 7 页。

④ [美]道格拉斯·C.诺思:《经济史中的结构与变迁》,陈郁等译,上海:上海三联书店、上海人民出版社,1994 年,第 225 页。

⑤ [美]道格拉斯·C.诺思:《制度、制度变迁与经济绩效》,杭行译,上海:格致出版社、上海三联书店、上海人民出版社,2014 年,第 7 页。

⑥ 王格:《政治制度化:社会主义社会政治稳定的重要机制》,《社会主义研究》,1989 年第 5 期。

"制度是社会公认的比较负责的而又系统的行为规则"①。郑杭生认为制度是"在特定的社会活动领域中围绕着一定目标形成的具有普遍意义的、比较稳定和正式的社会规范体系"②。受上述学科定义影响,我国"制度"一词与英语对应的主要有 3 个词:system(系统或体系)、regeme(治理、强制性的体系安排)、institution(组织或机构,法律规范和风俗习惯)。根据上述分析,笔者认为,制度指正式的行为规则、程序的准则或者社会形态组成的系统,可以分为广义上的社会形态层面的制度和狭义上的具体制度,以及它们的运行机制。

## 二、制度自信的内涵

自信是人的一种积极、健康的心理状态,自信的两个极端是自卑和自觉。《辞海》对自信的解释是"自己相信自己"③。自信是主体通过客体得以产生的一种自豪感,来源于主体对所从事的社会实践及其结果的理性认识和概括,这种理性认识概括嵌入主体态度中。有了这种理性认识,主体就不畏惧任何困难,能排斥干扰困惑、一往无前、集中精力沿着确定路径,达到改造客体、提升客体、创新客体的目标。党的二十大更是将"自信自强"作为大会的主题内容。

制度自信是一种心理动机, 即制度制定主体和实践主体对制度运行所持的一种积极、乐观的政治心态,对重大事件、党和国家制度的看法、政治纲领和政治路线实施、现行具体制度的实践进行的一种积极、肯定的评价。制度自信包括两个方面,从心理上讲是一种制度主体高度的心理认同、情感认同乃至价值认同;从行为上讲,是主体自觉遵守制度和对制度的完善创新。制度自信是对制度形态的社会主义的信仰、对制度优越性的认知、对国家基本制度框架安排的价值认同。一个历史时代的社会意识,都是现时代社会存在的产物。制度自信是党和人民对现行制度运行的一种"正诱发"心理,如果

---

① 《社会学概论》编写组:《社会学概论》(试讲本),天津:天津人民出版社,1984 年,第 157 页。

② 郑杭生主编:《社会学概论新编》,北京:中国人民大学出版社,1987 年,第 253 页。

③ 《辞海》(缩印本),上海:上海辞书出版社,1980 年,第 1894 页。

缺少这种自信,就很容易导致制度他信,如果强化"正诱发",会形成高度的制度自觉。一个国家民众是否对国家制度自信和高度的制度自觉,可以通过以下几点判断:执政党是否具有强大的政治引导力,能指引国家正确的前进方向;执政党和政府对民众是否具有强大的民心感召力,人民群众依附于执政党和政府;执政党和政府是否具有强大的组织动员能力,人民群众愿意成为执政党、政府组织成员,与党和政府一起攻克难关;一个国家的制度是否具有强大的自我完善、革新能力,适合国家和人民群众的需要,并根据时代的发展不断调整,逐步完善制度,使制度更加成熟定型。从毛泽东20世纪30年代提出的"马克思主义中国化"命题、50年代提出"以苏为鉴"到邓小平提出"走自己的路",再到"东欧剧变"大的国际背景下,江泽民提出夺取有中国特色社会主义事业的更大胜利,胡锦涛提出的"不走老路、邪路",以及习近平提出的"中国特色社会主义进入了新时代"无不包含着高度的制度自信。

第一,制度自信具有综合性特征。一方面,制度自信指人们对中国特色社会主义制度体系的自信,包括对国家的根本政治制度、基本政治制度、基本经济制度、中国特色社会主义法律体系和"五位一体"的体制等方面的自信,而不是单纯的政治制度的自信,制度自信最为重要的是坚持中国共产党的领导,除了依靠正式制度外,还要坚守马克思主义的科学价值准则、立场、办事方法等非正式制度。另一方面,制度自信不是妄自尊大,也不是妄自菲薄,其自豪感、荣誉感来自社会主义制度优越性给中国带来的翻天覆地的变化,并通过改革逐步推进各方面制度的完善和发展,建立起更加成熟定型的制度体系,集中更大更强优势力量办大事、促进生产力进一步发展、维护社会更加公平正义。

第二,制度自信具有实践性。马克思说:"人的思维是否具有客观的[gegenständliche]真理性,这不是一个理论的问题,而是一个实践的问题。人应该在实践中证明自己思维的真理性。"① 制度自信不是凭空产生的自话自

---

① 《马克思恩格斯文集》(第一卷),北京:人民出版社,2009年,第500页。

说,是建立在社会主义实践基础上,对实践结果的一种正确判断,是由根据中国发展实践和国际地位的发展变化证实的,它的结果是客观的,不需要某个人或某些国家的认可,也不要理论家的验证。发展是实践结果,制度是实践的根本保障,制度自信不是理论问题,而是一个实践问题,制度自信是中国特色社会主义行动上的捍卫、理论上的学习、政治上的坚持和信仰。

第三,制度自信表现为稳定性。社会制度的稳定性有两个方面。一是静态稳定,是以达到均衡结果为条件的。在其他人都遵守制度规则的情况下,如果没人愿意背离它,那么这个制度就是均衡的。二是动态稳定,如果少数行为人无意中背离了制度规则,其他行为人则依然遵守,违规的行为人也会愿意回到现有的制度形式中来。①制度自信建立在中国特色社会主义制度的形成、发展、变化基础上,具有稳定性,也就是说,中国特色社会主义制度不会改变,当前改革的方向、目标和决心不会动摇,是中国的政治宣言和承诺。

第四,制度自信具有能动性。制度自信是人们对客观世界的一种能动作用和反作用,自信作为人的一种心理状态,表明了人的一种积极、主动态度,是人们在对中国特色社会主义发展的基础上由感性认识上升到理性认识的飞跃,能够促进中国特色社会主义制度的发展。反之,缺少自信就会形成制度发展阻力和障碍,制度自信能把意识范畴的"知"转化为行动范畴的制度创新、制度自觉的"行"。

第五,制度自信是一种内化性心理表现。制度自信具有突出的内化性特点,制度形态在生活中经过代际传递或他人指导,被继承、教化和遵守,不需要外在强制力量的约束,达到"慎独",对制度的自信源于内心的动力而不是外在的强制力,制度自信能最大化程度凝聚社会共识,形成共同理想,构建中华民族共有的精神家园。

第六,制度自信具有可变性。如果国家行为人(主要指人民群众)的利益直接受到制度运行结果的影响,或者说如果他们会从更高社会效率的规则

① [美]杰克·奈特:《制度与社会冲突》,周伟林译,上海:上海人民出版社,2017年,第38页。

中获得物质利益,国家制度就有可能会发生变迁。国家制度的变迁直接导致的结果就是制度自信的丧失,或者是将信心转移到其他社会制度,苏联解体就是一个鲜活的制度变迁案例。制度自信的可变性说明要及时变革不适应制度发展的体制机制,为人民群众创造出更多的利益,降低制度变迁发生的概率,增强制度自信。

第七,制度自信具有延续性。制度自信是对社会主义建设过程中曲折制度建设的总结,也是对改革开放后形成的社会主义制度坚持和完善。改革开放前 30 年的探索为中国特色社会主义的制度的形成提供了经验借鉴,正如习近平所说:"改革开放前后两个历史时期既相互联系又有重大区别,本质上都是党领导人民进行社会主义建设的实践探索。"①改革开放后 40 年"一以贯之"建立起来的中国特色社会主义制度,将在新时代进一步完善和发展。在整个历史进程中,中国制度的完善和发展都属于制度自信范畴。因此,制度自信是对改革开放后 40 年、对改革开放前 30 年积累经验的延续。

## 三、中国特色社会主义制度体系

中国特色社会主义制度的内涵是区别于其他社会制度的本质属性的总和。在庆祝中国共产党成立 90 周年大会上,胡锦涛提出了"中国特色社会主义制度"的概念,在党的十八大报告中,胡锦涛首次阐述了"中国特色主义制度"的内涵,中国特色社会主义制度的"四梁八柱"已经形成:"中国特色社会主义制度,就是人民代表大会制度的根本政治制度,中国共产党领导的多党合作和政治协商制度、民族区域自治制度以及基层群众自治制度等基本政治制度,中国特色社会主义法律体系,公有制为主体、多种所有制经济共同发展的基本经济制度,以及建立在这些制度基础上的经济体制、政治体制、文化体制、社会体制等各项具体制度。"②党的十九届四中全会通过的《中共

① 《十八大以来重要文献选编》(上),北京:中央文献出版社,2014 年,第 458~459 页。
② 《中国共产党第十八次全国代表大会文件汇编》,北京:人民出版社,2012 年,第 11~12 页。

中央关于坚持和完善中国特色社会主义制度 推进国家治理体系与治理能力现代化若干重大问题的决定》明确了中国特色社会主义制度体系,包括根本制度、基本制度、重要制度。

（一）根本政治制度

根本政治制度是指维护国家阶级统治的地位不可动摇,解决"为了谁、依靠谁"的问题,包括一国的国体和政体,最为重要的是国体。国体是国家的政权性质,指的是国家权力由哪些或者哪个阶级掌握,其地位通常在一国的宪法等重要法律中给予确定。西方国家为了回避其制度的阶级属性,"掩耳盗铃"地使用"政治制度"来替代"国家制度"的表述。人民代表大会制度和其相适应的人民民主专政的国体构成了我国的根本政治制度。

1.人民民主专政

人民民主专政是我国的国体。《中华人民共和国宪法》规定:"中华人民共和国是工人阶级领导的、以工农联盟为基础的人民民主专政的社会主义国家。"[1] 1940 年,毛泽东在《新民主主义论》中提出新民主主义革命要建立一个在无产阶级领导下、反帝反封、联合专政的民主共和国。马克思、恩格斯指出:"工人革命的第一步就是使无产阶级上升为统治阶级,争得民主。"[2]在新民主革命胜利前夕,毛泽东认为我们要建立一个"工人阶级(经过共产党)领导的以工农联盟为基础的人民民主专政。……这就是我们的公式,这就是我们的主要经验,这就是我们的主要纲领"[3]。《中国人民政治协商会议共同纲领》规定了新中国是工人阶级领导的、以工农联盟为基础的、团结各民主阶级和国内各民族的人民民主专政的国家,并在 1954 年宪法中得以确认。"人民民

---

①　《中华人民共和国第十三届全国人民代表大会第一次会议文件汇编》,北京:人民出版社,2018 年,第 201 页。

②　《马克思恩格斯选集》(第一卷),北京:人民出版社,2012 年,第 421 页。

③　《毛泽东选集》(第四卷),北京:人民出版社,1991 年,第 1480 页。

主是社会主义的生命,是全面建设社会主义现代化国家的应有之义。"①我国现行的 1982 年宪法先后经过了 5 次修正,但始终没有丝毫改变人民民主专政的国体地位。人民民主专政保证了绝大多数人的民主,对少数敌人实行专政,是一种新型的民主,也是社会主义民主的最本质特征。

2.人民代表大会制度

人民代表大会制度是对卢梭"主权在民"思想的扬弃,将社会契约的原则应用于社会主义国家政体建构中。马克思在总结巴黎公社失败的经验和教训时,认为社会主义国家应该建立不同于资本主义国家的代议制度,提出"公社必须由各区全民投票选出的市政委员组成(因为巴黎是公社的首倡者和楷模,我们应引为范例),这些市政委员对选民负责,随时可以罢免"②。列宁在此基础上,建立了工农兵代表苏维埃制,并提出了民主集中制的组织原则。作为我国的政体,人民代表大会制度决定了国家权力如何行使,是国家的根本政治制度。1954 年宪法规定:"中华人民共和国的一切权力属于人民。人民行使国家权力的机关是全国人民代表大会和地方各级人民代表大会。"③人民通过直接或间接选举出各级人民代表,委托人民代表代行国家权力,人民代表行使权力的组织是全国人民代表大会和地方各级人民代表大会。人民代表大会为国家权力机关,人民代表大会选举产生出中央和各级人民政府、人民法院、检察院、监察委员会。人民代表大会与其产生的各级国家机关之间的关系是监督与被监督、决定与执行、委托与代理之间的关系,当国家机关及其工作人员也会出现效率低下、官员腐败、行为扭曲和损害公共利益及机会主义、"搭便车"等"政府失灵"问题,人民代表大会有权收回委托权力,弹劾、罢免他,这是我国与西方"三权分立"制度的一个最大区别。我国人民代表大会职权行使遵照民主集中制原则,人民代表大会使党的正确路线、

① 习近平:《高举中国特色社会主义伟大旗帜 为全面建设社会主义现代化国家而团结奋斗——在中国共产党第二十次全国代表大会上的报告》,北京:人民出版社,2022 年,第 37 页。

② 《马克思恩格斯文集》(第三卷),北京:人民出版社,2009 年,第 222 页。

③ 《中华人民共和国第十三届全国人民代表大会第一次会议文件汇编》,北京:人民出版社,2018 年,第 201 页。

方针、政策上升为国家最高意志——法律，党向人民代表大会推荐的干部，依照法定程序任命为国家机关领导人，全体党员、各级党组织都要模范遵守人民代表大会制定的法律及各项决议，真正实现了党的领导、人民当家作主和依法治国的有机统一。经过 70 多年的实践，证明了"人民代表大会制度是符合中国国情和实际、体现社会主义国家性质、保证人民当家作主、保障实现中华民族伟大复兴的好制度"[①]。

（二）基本政治制度

从性质上，指在当前我国制度体系中具有全局性战略地位，具有鲜明的中国特色，并在该领域不可动摇、起着不可替代作用的政治制度。从内容上，包括中国共产党领导的多党合作和政治协商制度、民族区域自治制度和基本群众自治制度等。

1.中国共产党领导的多党合作和政治协商制度

马克思主义政党理论为中国共产党领导的多党合作和政治协商制度的形成奠定了基础。马克思认为，共产党到处积极争取与世界各民主政党取得团结和协调的关系，为了达到政治目的甚至可以与魔鬼结成同盟，但是"是你领着魔鬼走而不是魔鬼领着你走"[②]。中国共产党领导的多党合作和政治协商制度是根据我国特殊国情，在新民主主义革命时期，依靠内生力量、"自发秩序"形成的，是我国的一项基本政治制度，单一的人民民主统一战线形式发展成为政治协商、民主监督。

第一，单一的人民民主统一战线形式。1954 年全国人民代表大会召开后，多党合作制度发生了变化，政协变为党派性质的统一战线组织，是各党派的协商机关。毛泽东在 1954 年 12 月 19 日举行的座谈会上指出，政协的性质有别于全国人民代表大会，它也不是国家的管理机关，并且指出了政协的具有"协商国际问题、商量候选人名单、提意见、协调关系、学习马列"的"五大

---

① 《十八大以来重要文献选编》(中)，北京：中央文献出版社，2016 年，第 53 页。

② 《马克思恩格斯全集》(第 11 卷)，北京：人民出版社，1995 年，第 552 页。

任务"。12 月 25 日,第二届全国政协会议发布的公告指出,全国人民政治协商会议完成了代行全国人民代表大会的使命,作为爱国统一战线的组织保留下来,但不是独立的政治体制,是一种策略性存在。1957 年,毛泽东在《正确处理人民内部矛盾的问题》中提出的"长期共存、互相监督"这一处理共产党与民主党派之间的方针,其实质依旧是"提意见"的党派监督。

第二,政治协商和民主监督。改革开放以后,人民政协的作用逐渐凸显。1979 年在全国政协五届二次会议上,邓小平指出,社会主义现代化事业依旧需要对有关问题协商、讨论,监督宪法和法律的实施。1980 年,全国统战部长会议上提出了"民主监督"的思想,认为"政协是我国政治体制中贯彻社会主义民主、实行互相监督的重要形式,其主要任务是政治协商和民主监督"①。1982 年,全国政治协商五届五次会议对中国人民政治协商会议的性质、任务、作用等做了具体的规定,根据中国共产党和各民主党派、无党派人士的"16 字方针",政协对国家大政方针的重要问题进行政治协商,并通过建议和批评发挥民主监督的作用。1987 年,党的十三大把中国共产党领导的多党合作和政治协商制度和人民代表大会制度并称为有中国特色的社会主义制度。1989 年 12 月,中共中央颁布的《关于坚持和完善中国共产党领导的多党合作和政治协商制度的意见》明确提出了"中国共产党领导的多党合作和政治协商制度是我国一项基本政治制度,指出了人民政协是爱国统一战线组织,也是中国共产党领导的多党合作和政治协商的一种重要组织形式",民主党派被定位为亲密友党、参政党。1993 年,在八届全国政协第一次会议闭幕式上,李瑞环在讲话中指出:"中国人民政治协商会议是我国最广泛的爱国统一战线组织……是具有中国特色社会主义政治体制的重要组成部分"②,并将其地位提交 1993 年宪法修正案并得以确认。2004 年修改的政协章程指出政协是爱国统一战线组织,是一个重要机构,是发扬民主的重要形式,这表明了政协的作用职能已经发生了重大转变,由非国家机构转变为国家

---

① 胡筱秀:《人民政协制度功能变迁研究》,上海:上海人民出版社,2010 年,第 97 页。

② 《十四大以来重要文献选编》(上),北京:人民出版社,1996 年,第 199 页。

重要机构,发挥民主监督作用,是政治体制一部分。2005 年,中共中央颁布的《关于进一步加强中国共产党领导的多党支部合作和政治协商制度建设的意见》指出我国政党制度的特征:"共产党领导、多党派合作,共产党执政,多党派参政。"2006 年发布的《中共中央关于加强人民政协工作的意见》确认了"人民政协是我国政治体制的重要组成部分"①,政协由策略性存在转变为合法性存在。党的十七大报告明确了"中国共产党领导的多党合作和政治协商制度与民族区域自治制度、基本群众自治制度构成了我国基本政治制度"②。党的十八大报告提出了"坚持和完善中国共产党领导的多党合作和政治协商制度……推进政治协商、民主监督、参政议政制度建设"③。党的十九大报告指出:"人民政协是具有中国特色的制度安排,是社会主义协商民主的重要渠道和专门协商机构。"④党的二十大报告强调:"协商民主是实践全过程人民民主的重要形式。"⑤实践观是辩证唯物主义认识论首要的观点,统一战线作为实现中华民族伟大复兴的重要法宝,经过代议会、统一战线组织、统一战线与中国政治体制重要组成部分的发展历程,现已成为党和政府联系各民主党派、各人民团体和无党派民主人士的一个重要桥梁和纽带。

2.民族区域自治制度

民族区域自治制度是中国共产党人治国理政的创新和中国人民的伟大创造,其核心问题是坚持中国共产党的领导,保证少数民族当家作主。民族区域自治制度将民族因素和区域因素、政治因素和经济因素相结合,各民族地方行政机关在党的领导下,实行符合本民族实践情况的自治制度,党的十一届三中全会后,民族工作回到正常的轨道。邓小平提出:"要把我国实行的民族区域自治制度用法律形式规定下来,要从法律上解决这个问题要有民族

---

① 《中共中央关于加强人民政协工作的意见》,《人民日报》,2006 年 2 月 8 日。

② 《胡锦涛文选》(第三卷),北京:人民出版社,2016 年,第 527 页。

③ 《中国共产党第十八次全国代表大会文件汇编》,北京:人民出版社,2012 年,第 24~25 页。

④ 《党的十九大报告辅导读本》,北京:人民出版社,2017 年,第 37 页。

⑤ 习近平:《高举中国特色社会主义伟大旗帜　为全面建设社会主义现代化国家而团结奋斗——在中国共产党第二十次全国代表大会上的报告》,北京:人民出版社,2022 年,第 38 页。

区域自治法。"① 1984 年,国家出台《中华人民共和国民族区域自治法》。1987 年
10 月 13 日,邓小平提出:"中国采取的是解决民族问题,民族区域自治的制
度。我们认为这个制度比较好,适合中国的情况。"② 1992 年 1 月,江泽民在
中央民族工作会议上强调:"民族区域自治制度……是完全适合我国国情的
解决民族问题的基本制度,是我们党和各族人民的一个伟大创举。"③党的十
五大指出,民族区域自治是我国的基本政治制度的重要组成部分。党的十六
大指出,民族区域自治制度作为一项基本政治制度不动摇。在庆祝中国共产
党成立 90 周年大会上,胡锦涛提出了民族区域自治制度等制度的特点和优
势。党的十八大以来,习近平提出了坚持和完善民族区域自治制度的要求与
具体任务。当前,中国梦培育了民族情感、民族自信心,形成了中华民族凝聚
力,"五位一体"总体布局、"四个全面"战略布局也为民族地区的经济社会发
展指明了前景。民族区域自治制度巩固和发展了平等团结互助和谐的社会
主义民族关系,铸牢了中华民族命运共同体,增强了各族人民群众对中华人
民共和国和中国特色社会主义制度的认同。

3.基层群众自治制度

社会主义民主的精髓是人民当家作主,实现公民自治,基层群众自治制
度是保障我国公民自治的典型制度安排。基层群众自治制度是指"依照宪法
和法律,由村民、居民、企业职工选举的成员组成村民委员会、居民委员会及
企业职工代表大会,实行自我管理、自我服务、自我教育、自我监督。这是社
会主义民主政治最直接、最广泛、最生动的实践,是中国特色社会主义民主
制度的重要组成部分"④。民主选举、决策、管理、监督这"四个民主"是党对基
本群众自治制度实践的精辟提炼和概括,选举是前提、决策是关键、管理是
根本、监督是保证。

---

① 《邓小平年谱(1975—1997)》(下),北京:中央文献出版社,2004 年,第 762 页。
② 《邓小平年谱(1975—1997)》(下),北京:中央文献出版社,2004 年,第 1210 页。
③ 《江泽民文选》(第一卷):北京:人民出版社,2006 年,第 178 页。
④ 徐光春主编:《马克思主义大辞典》,武汉:崇文书局,2017 年,第 1109 页。

第一，农村村民自治制度。20世纪80年代初，广西宜山、罗城两县农村基于社会管理的需要，自发建立了村民委员会，形成了我国基本群众自治的开端。家庭联产承包责任制的实行，导致了人民公社逐渐被乡（镇）和村民委员会取代。1981年6月，党的十一届六中全会提出在基层政权和社会生活中逐步实现人民的直接民主。从党的十二大起历届党代会都有关于基层民主、基层群众自治的重要论述。党的十二大报告指出社会主义民主要扩展到社会生活的各个方面，发展到企业事业单位的民主管理和基本社会生活的群众自治，"村民委员会和城市居民委员会"写进1982年宪法，为基层群众自治制度的建立提供了法律保障。1983年，根据国家村委会按照村民居住状况设立的要求，全国普遍建立了乡（镇）和村委会，1986年乡（镇）设置基本完成。1988年6月，我国开始实行《村民委员会组织法（试行）》，其规定村民委员会是基本群众自治组织，并规定了其具有自我管理、自我教育、自我服务的"三自"治理原则，为村民自治提供了法律依据。此后，民政部开始在全国范围内推广建立村民委员会，拉开了基本群众自治建设的序幕。党的十四大报告提出"加强基层民主建设，发挥职工代表大会、居民委员会和村民委员会的作用"。1995年11月，各省（市、自治区）按照《中华人民共和国村民委员会组织法（试行）》和民政部印发的《村民自治活动指导纲要（试行）》颁布了实施办法，村民自治实践效果显著。党的十五大报告提出"健全基层民主选举制度……让群众参与讨论和决定基本公共事务和公益事业"，把村民自治称为基本民主。1998年9月，江泽民在安徽省五河县考察后，把"村民自治"称为中国农民的"三个伟大创造[①]"之一。九届全国人大五次会议颁布了《中华人民共和国村民委员会组织法》，标志着村民自治已经形成了一套制度化的运作模式。2007年底，全国建成村委会62万个。党的十七大报告把基层群众自治制度称为我国社会主义民主政治的基础性工程，党的十八大报告指出要"完善基本民主制度"，党的十九大报告强调要"坚持和完善基层群众自治制度"，党

---

① 中国农民的另外两个伟大创造是"包产到户"和"乡镇企业"。

的二十大报告进一步强调要"健全基层党组织领导的基层群众自治机制"。

第二，城市居民自治制度。居民自治制度最早出现在 20 世纪 50 年代，一届全国人大四次会议制定了《中华人民共和国城市居民委员会组织条例》（以下简称《条例》），《条例》规定居民委员会是群众性居民组织。伴随着改革开放步伐的加快，出现了大量城市社区，但社区服务难以满足广大业主需求，开发商、物业公司和业主利益纠纷不断，传统的居委会已难以解决这些问题。受村民自治的影响，城市居民自治也逐渐兴起。1989 年颁布的《中华人民共和国居民委员会组织法》提出社区向居民服务不以获利为目的，提出了"社区服务"的概念。1990 年颁布的《居委会自治法》也规定了其向农村村委会一样的"三自"治理原则，是我国基本群众自治性组织，是在城市基层实现直接民主的重要形式，各省（市、自治区）也制定了具体的实施办法。1991 年，民政部提出"社区治理"概念，居委会慢慢从"社区服务"走向"社区治理"。1999 年，民政部在北京市西城区、南京市鼓楼区、上海市卢湾区、沈阳市沈河区、武汉市江汉区等全国 26 个城市社区进行了自治建设的试点，形成了诸如"沈阳模式""江汉模式""上海模式"等独特的探索形式，回答了"何为社区自治""怎样保障社区自治"等根本性、关键性问题。在试点基础上，2000 年 11 月，以民政部颁布《关于在全国推进城市社区建设的意见》为重要标志，城市居民自治进入了全面推进的阶段。2002 年，北京市九道湾社区居委会进行了直接选举试点，被认为是"基本民主从农村走向城市的重要标志"①。

第三，职工代表大会制度。职工代表大会制度是职工对企事业单位民主管理的基本制度。新中国成立后，在公有制企业中普遍推行了职工代表大会制度，1957 年在全国企业中普遍推行该制度。② 1982 年宪法规定"国有企业依照法

① 曹钰：《基层民主渐成大势——对改革开放以来我们基层民主进程的简要回顾与思考》，《人民论坛》，2005 年第 9 期。

② 徐鸿武等：《制度自信：在习近平总书记系列重要讲话精神指引下推进民主政治建设》，北京：社会科学文献出版社，2016 年，第 144 页。

律规定,通过职工代表大会和其他形式,实行民主管理"①,并在 2018 年宪法修正第十六条第二款给予完整保留。此后,《中华人民共和国劳动法》《中华人民共和国工会法》《全民所有制工业企业职工代表大会条例》《中华人民共和国全民所有制工业企业法》等法律法规规定了职工代表大会的性质、职权、地位、组织制度等,并明确了其与企业工会之间的关系。目前,职工代表大会制度和工会一起在企业实行民主管理、维护职工权益、帮助企业发展等方面发挥了重要作用。

### (三)中国特色社会主义法律体系

广义上，中国特色社会主义法律体系是中国特色社会主义制度的规范表达和文本形式。②狭义上,指由我国不同法律规范组成的一个相互联系、协调和统一性的一个社会主义法律系统。中国特色社会主义法律体系是各类、各项制度实施的根本保障。党的十一届三中全会，党中央深刻反省了我国"文化大革命"期间长期缺少民主、法制建设的惨痛教训,总结了"文化大革命"期间制度建设存在的问题。邓小平强调:"文化大革命"的教训是极其深刻的,"不是说个人没有责任,而是说领导制度、组织制度问题更带有根本性、全局性、稳定性和长期性"③。叶剑英也指出,血的教训让我们懂得党的一个国家必须有稳定性、连续性的法律和制度。这些讲话推动了我国社会主义法制建设。宪法是国家制度的最高诠释,从 1978 年到 1992 年,全国人大及其常委会依照宪法精神,新制定了 138 部法律,修订了 10 部法律,形成了以宪法为核心,由法律、法规、规章等组成的法律体系框架。党的十五大后国家加快了立法步伐,1999 年宪法修正案增加了"中华人民共和国实行依法治国,建设社会主义法治国家"的条款。2011 年十一届全国人大四次会议上,吴邦国宣布:"由多层次法律规范构成的中国特色社会主义法律体系已经形

---

① 《中华人民共和国第十三届全国人民代表大会第一次会议文件汇编》,北京:人民出版社,2018 年,第 205 页。

② 肖贵清等:《中国特色社会主义制度基本问题研究》,北京:人民出版社,2013 年,第 88 页。

③ 《邓小平文选》(第二卷),北京:人民出版社,1994 年,第 333 页。

成。"①根据最新统计,目前我国有效法律达 270 多部、行政法规 700 多部、地方性法规 12000 多部。②当前,我国法律体系仍然是建立在社会主义初级阶段的基本国情基础上,是一定的物质生产方式所产生的人民群众利益的需要,在全面建成小康社会进程中,为实现富强、民主、文明、和谐、美丽的发展目标需要动态调整和不断完善。

（四）基本经济制度

当前我国仍然处于社会主义初级阶段,中国特色社会主义经济制度在基本的层面上包括公有制为主体、多种所有制经济共同发展的基本经济制度,以按劳分配为主体、多种分配方式并存的分配制度及社会主义市场经济体制三个层面。③基本经济制度是对一个社会所有制结构的规范表达,是生产关系中所有制关系在制度上的反映。我国基本经济制度是在"一大二公"所有制基础上,不断调整和改进的结果。新中国成立初期基于快速发展生产力和意识形态原因,我国建立了以公有制为领导地位的所有制结构,"三大改造"完成后公有制成为我国单一的所有制,这种经济结构难以适应生产力发展的要求。党的十五大确立了"公有制为主体的、多种所有制经济共同发展的基本经济制度",非公有制经济不再是公有制的补充,成为国民经济发展的重要力量,地位得到极大提高。党的十六大报告提出了处理公有制和非公有制经济的原则——"两个毫不动摇",是对基本经济制度的坚持和完善。党的十七大报告进一步提出了"两个平等",深化了"两个毫不动摇",为非公有制发展进一步扫清了制度障碍。党的十八届三中全会在"两个毫不动摇"的基础上,提出了"公有制经济和非公有制经济都是社会主义市场经济的重要组成部分,都是我国经济社会发展的重要基础"。党的二十大报告提出"坚

---

① 中共中央宣传部理论局:《中国制度面对面——理论热点面对面·2020》,北京:学习出版社人民出版社,2020 年。

② 《习近平新时代中国特色社会主义思想三十讲》,北京:学习出版社,2018 年,第 187 页。

③ 肖贵清等:《中国特色社会主义制度基本问题研究》,北京:人民出版社,2013 年,第 101 页。

持和完善社会主义基本经济制度"①，强调"两个毫不动摇"，表明了公有制经济和非公有制经济是平等的市场竞争主体。

（五）具体制度

具体制度也称为体制。中国特色社会主义制度体系，按照从核心到边缘的逻辑体系可以分为制度、体制和机制三个层面。根本政治制度、基本政治制度、基本经济制度都是属于我国国家制度的本质规定，是制度体系的基本原则和根本规范，位于中国特色社会主义制度的顶层，是国之重器，是定性的，一旦变动就改变了国家的性质，也就是逻辑体系中的"制度"。苏联有前车之鉴，"戈尔巴乔夫的改革失败的主要原因就是打碎了赖以存在的国家机器"②。体制是受制于制度并为制度服务，是制度的中枢和实现形式，是解决"如何为、怎么办"的问题，我们通常所讲的制度改革其实就是体制的改革。机制位于中国特色社会主义制度的底层，是体制的运行方式，是大众能直接感受到的制度的直接形式。

同我国"五位一体"总体布局相对应，我国建立起了政治体制、经济体制、文化体制、社会体制和生态文明体制。政治体制包括政党、政权机关和其他政治组织的结构体系、职能划分及其权力运作方式。一般分为国家权力机关的结构体制和政府管理体制。经济体制从广义上指的是政体社会生产运行过程中的制度总称，从狭义上讲是指经济具体运行方式或资源配置方式。我国现行的经济体制是社会主义市场经济，但还不成熟，需要进行进一步改革和完善。党的十八届三中全会提出了当前经济体制改革的"核心问题是处理好政府和市场的关系，使市场在资源配置中起决定性作用和更好发挥政府作用"③。文化体制指的是适应社会经济发展需求，能推动文化繁荣发展、

①　习近平：《高举中国特色社会主义伟大旗帜　为全面建设社会主义现代化国家而团结奋斗——在中国共产党第二十次全国代表大会上的报告》，北京：人民出版社，2022年，第29页。

②　杨光斌：《政治变迁中的国家与制度》，北京：中央编译出版社，2010年，第179页。

③　《十八大以来重要文献选编》（上），北京：人民出版社，2014年，第513页。

促进文化产业壮大的具体制度的总和。主要包括"文化管理体制,文化单位的所有制关系、分配管理和运作机制,文化建设的指导思想和方针、法律法规依据等"①。社会主义核心价值观在文化体制建设居于指导地位。社会体制指的是对公共事务和公共服务进行规范管理的一系列制度和规范的总称,涉及教育、就业、社会保障、收入分配、医疗卫生和扶贫脱贫等民生领域。这就决定了当前我国正在进行的社会体制改革复杂、烦琐、矛盾多、任务重。生态文明体制是指国家为顺应自然、保护自然、改善生态环境,实现人与自然和谐发展所建立的制度体系。党的十八大报告把生态文明体制同政治、经济、文化和社会体制并列,提出了"保护生态环境必须依靠制度"②。新时代我国社会的主要矛盾转化为"人民日益增长的美好生活需要和不平衡不充分的发展之间的矛盾"③。人们的需求除了物质文化外,对绿水青山等良好生态环境的需求比任何时候都强烈。生态文明体制建设是全面建成高质量、高水平小康社会的重要环节。

在党领导人民建设中国特色社会主义的伟大实践中,中国特色社会主义制度结构不断优化,按照党的十九届四中全会的表述,当前形成了以根本制度、基本制度、重要制度为架构的中国特色社会主义制度体系。中国特色社会主义制度体系分为三个层次。第一层次:根本制度。根本制度是由我们党和国家的根本性质决定的,"在中国特色社会主义制度中起顶层决定性、全域覆盖性、全局指导性作用的制度"④。根本制度包括社会主义制度、党的领导制度、人民代表大会制度等,党的领导制度是我国的根本领导制度。人民代表大会制度是坚持党的领导、人民当家作主、依法治国有机统一的根本政治制度。必须坚持马克思主义在意识形态领域指导地位的根本制度。根本制度任何时候任何情况下都只能巩固而不能动摇,只能完善而不能削弱。

---

① 肖贵清等:《制度自信:中国特色社会主义制度研究》,北京:高等教育出版社,2017 年,第156~157 页。

② 《十八大以来重要文献选编》(上),北京:人民出版社,2014 年,第 32 页。

③ 习近平:《决胜全面建成小康社会 夺取新时代中国特色社会主义伟大胜利——在中国共产党第十九次全国代表大会上的报告》,北京:人民出版社,2017 年,第 19 页。

④ 《习近平新时代中国特色社会主义思想学生读本(大学)》,北京:人民出版社,2021 年,第 92 页。

第二层次：基本制度。是由我国根本制度所决定的，通过贯彻和体现国家经济生活、政治生活的基本原则，对国家经济社会发展等发挥重大影响的制度，包括基本政治制度、基本经济制度、法律体系等。如，公有制为主体、多种所有制经济共同发展，按劳分配为主体，多种分配方式并存，社会主义市场经济体制等社会主义基本经济制度；中国共产党领导的多党合作和政治协商制度、民族区域自治制度、基层群众自治制度等基本政治制度。

第三层次：重要制度。"就是由根本制度和基本制度派生而来的，国家治理各领域各方面各环节的主体性制度，包括我国经济、政治、文化、社会、生态文明、党的建设等领域中发挥重要作用的体制机制。"①具体体现为中国特色社会主义经济、政治、文化、社会、生态文明建设、军事国防、内政外交等方面的具体制度、体制机制等。

中国特色社会主义根本制度、基本制度、重要制度在运行中有机衔接、协调有序，体现出中国特色社会主义制度体系的科学性、完备性，彰显出中国特色社会主义制度的丰富内涵。

# 第二节　中国特色社会主义制度自信的根基

习近平指出："中国特色社会主义植根于中华文化沃土、反映中国人民意愿、适应中国和时代发展进步要求，有着深厚历史渊源和广泛现实基础。"②文化为制度之母，是制度的依附，制度是文化的载体和衍生，文化是一种无形的制度，制度表现为文化的凝结载体。历史学家汤因比认为，"我们持续研究的对象是唯一延续至今的社会背景"③。早在浙江担任省委书记期间，习近

---

① 《习近平新时代中国特色社会主义思想学生读本（大学）》，北京：人民出版社，2021年，第92页。

② 《习近平谈治国理政》，北京：外文出版社，2014年，第156页。

③ 韩庆祥、黄相怀等：《历史不会终结》，北京：中国人民大学出版社，2018年，第161页。

平用"驴马理论"说明了中国特色社会主义制度建设要立足历史传统、文化传统和经济社会发展的成就。中国特色社会主义制度的生命力,就在于这一制度是在中国的社会土壤中生长起来的,博大精深的中华优秀传统文化转化为中华文明,为我国制度发展提供了"背景"和"土壤",其智慧、气度和神韵增添了中国特色社会主义制度自信的底气,是制度自信的内在依据。

## 一、制度自信之根:中华优秀传统文化

### (一)中华优秀传统文化奠定了制度自信的基础

党的二十大报告指出:"坚持和发展马克思主义,必须同中华优秀传统文化相结合。"[①]中华优秀传统文化是我们的"根"和"魂",中国共产党将马克思主义与5000多年中国优秀传统文化相结合,对中国优秀传统文化进行了创造性转化和创新性发展。"优秀传统文化是一个国家、一个民族传承和发展的根本,如果丢掉了,就割断了精神命脉。"[②]中国优秀传统文化包含的丰富哲学价值、人文精神、道德教化等为人们建立和完善制度提供了有益启发,使中国特色社会主义制度具有了中华优秀传统文化的基因,中华优秀传统文化是中国特色社会主义制度发展的动力和自信根基。

1.中国传统文化的取舍

习近平强调:"包括儒家思想在内的中国优秀传统文化中蕴藏着解决当代人类面临的难题的重要启示……中华优秀传统文化的丰富哲学思想、人文精神、教化思想、道德理念等,可以为人们认识和改造世界提供有益启迪,可以为治国理政提供有益启示,也可以为道德建设提供有益启发。"[③]中国优

---

① 习近平:《高举中国特色社会主义伟大旗帜 为全面建设社会主义现代化国家而团结奋斗——在中国共产党第二十次全国代表大会上的报告》,北京:人民出版社,2022年,第18页。

② 《习近平新时代中国特色社会主义思想学习纲要(2023年版)》,北京:学习出版社、人民出版社,2023年,第193页。

③ 习近平:《在纪念孔子诞辰2565周年国际学术研讨会暨国际儒学联合会第五届会员大会开幕会上的讲话》,北京:人民出版社,2014年,第7页。

秀传统文化要经过去粗取精、去伪存真的精心取舍,抛弃"人为财死,鸟为食亡"的拜金主义,"人不为己、天诛地灭"的自私自利主义,"今朝有酒今朝醉"的享乐主义,为我所用、为增强中国特色社会主义制度自信而用。有学者提出了中国传统文化的取舍方法:"中国传统文化的取舍标准,主要看价值取向、思想导向、精神气象、育人方向、道德考量、审美意象。"①中国传统文化的可取内容,包括堪为典范的物事,如,"先天下之忧而忧,后天下之乐而乐""庙堂盱食,乾坤震历"心系社稷的忧患意识;追求高尚的物事,如,"修身、齐家、治国、平天下"的家国情怀、"天行健,君子以自强不息"的刚健自强精神;冰清玉洁的物事,如,"富贵不能淫、贫贱不能移、威武不能屈""穷则独善其身,达则兼济天下"②的浩然正气;道德守制的物事,如,"言必信,行必果""君子喻于义小人喻于利""己所不欲,勿施于人""慈、俭、不敢为天下先"③的高尚品格;提倡奉献的物事,如,"精忠报国""为天地立心,为生民立命、为往圣继绝学,为万世开太平""天下兴亡、匹夫有责"的爱国主义;启迪人生的物事,如,"穷则变,变则通,通则久""船到桥头自然直""苟日新,日日新,又日新"的改革鼎新闯劲;"和而不同,和合共生"的兼容并包精神;道法自然的物事,如,"天人合一""多言数穷,不如守中"的和谐共生意识;心系集体的物事,如,"一方有难、八方支援""大道之行,天下为公"④的集体主义;爱民惜本的物事,如,"民为邦本,本固邦宁"⑤的人民情怀;穷究事理的物事,如,"遂深思,至忘寝食"⑥"清廉从政、勤勉奉公"的为国奉献境界。

2.中国优秀传统文化的时代动力

中国优秀传统文化是中华文明的智慧结晶,其中蕴含的"宇宙观、天下

---

① 孟宪平:《马克思主义文化动力思想及其实践研究》,北京:北京师范大学出版社,2018 年,第342 页。

② 《孟子·尽心章句上》。

③ 《道德经·第六十七章》。

④ 《礼记·礼运篇》。

⑤ 《尚书·五子之歌》。

⑥ 《宋史·陆九渊传》。

观、社会观、道德观"与"科学社会主义价值观主张具有高度契合性"①。中国优秀传统文化与我国现时代结合,形成了全心全意为人民服务、以集体主义为原则、国家利益至上的社会主义道德规范准则,为中国特色社会主义制度的运行提供了精神动力。市场经济是法制经济,也是道德经济,自由竞争的市场经济机制必须有道德秩序的保障,更需要中华优秀传统文化的滋养。亚当·斯密提出:"没有公正就没有市场经济。"②社会主义市场经济的健康发展和有序运行,离不开社会主义道德支持和保证,缺少中华优秀传统文化的价值引领,美好的中国特色社会主义制度也就失去了根基。

(二)优秀治国理政文化积累了制度自信资本

意大利革命家葛兰西认为:"社会集团要通过'统治'和'智识与道德领导权'取得霸权地位。"③中国古代治国理政为我们积累了丰富的经验,形成了丰富的制度文化。"治国理政"是一种硬实力,而形成的经验和文化是一种"软实力","软、硬实力"为我们积累了制度自信的资本。"中华民族生生不息绵延发展、饱受挫折又不断浴火重生,都离不开中华文化的有力支撑。"④儒家、道家、法家、墨家、农家和兵家等诸子百家,思想争鸣,"产生了老子、孔子、庄子、孟子、墨子、孙子、韩非子等闻名于世的伟大思想巨匠",他们思想睿智中最核心、最精华的内容被作为古代社会治国理政的指导思想,成为中华民族最基本的文化基因,是中华民族的独特标识。中国共产党夺取政权后面临着一个重要的任务就是如何形成自己的执政文化,将马克思主义与中国优秀治国理政相结合,从中国历史中去寻找智慧,建构主流意识形态。有学者认为:"必须善于吸取中国古代治国理政文化的精华,使马克思主义与

① 习近平:《高举中国特色社会主义伟大旗帜 为全面建设社会主义现代化国家而团结奋斗——在中国共产党第二十次全国代表大会上的报告》,北京:人民出版社,2022年,第18页。

② 《树立社会主义荣辱观学习问答》,北京:人民出版社,2006年,第175页。

③ [意]安东尼·葛兰西:《狱中札记》,曹雷雨等译,北京:中国社会科学出版社,2000年,第38页。

④ 习近平:《在中国文联十大、中国作协九大开幕式上的讲话》,北京:人民出版社,2016年,第4页。

中国优秀的治国理政文化相结合。"①据统计,毛泽东著作参考资料"来源于儒家的有 22%,道家或墨家的有 12%,中国传奇或纯文学作品占 13%。也就是说他接近一半以上的引用是中国读者熟悉的"②。

1.借鉴古代权力的监督和制衡的经验

对官员权力的监督和制衡是历代治国理政的重点,古代治国理政的历史长河中形成了"民贵君轻"的民本主义、违背上天意志就会丧失政权合法性的"天命理论"等一整套权力制衡的办法。中国是最早建立监察制度,并将其置于国家主要典制地位的国家之一。③根据甲骨文记载,商朝就设御史一职,御史的如实客观记录使王不能"一人肆于民上,以从其淫"④。《周礼》记载当时百官设八种职位,"一曰正,掌官法以治要","正"就是监察之职位。战国时期的御史有了监察职能。《韩非子·内储说上》记载"县令卜皮为了防止御史监督,用美人计刺探御史隐私"。⑤秦代因袭,在中央设御史大夫掌管监察,完善了御史监察制度。汉代设立了独立监察机构——御史台,直接对君主负责,监督地方官员。隋唐时期增加御史名额,御史台负责监察事务。宋代承袭隋唐,明代改御史台为都察院,设立 13 道监察御史到地方巡按,后设立"六科"可以单独上奏言事,监督下官,也可以监督、弹劾位高权重的亲王、大学士等。清代末期管官制改革,设资政院监督政府。除了设立专门的职位实施对官员监督外,朝廷还经常派出由御史、宦官、亲信等组成钦差大臣,奉旨巡视,如,清代康熙和乾隆六下江南,钦差巡视也是一种重要的监督方式。

中国共产党根据古代治国权力监督经验,建立了民主集中制的根本组织制度,并按照"权责一致"的原则,设立了由权力机关、监察机关⑥、司法机关、政协机关、政府机关、社会团体、新闻媒体等共同构成的系统监督体系。

---

① 卢少求:《中国共产党执政文化建设史论》,北京:人民出版社,2017 年,第 37 页。
② [英]迪克·威尔逊:《毛泽东》,北京:中央文献出版社,2000 年,第 297 页。
③ 柏华:《中国政治制度史》,北京:中国人民大学出版社,2011 年,第 272 页。
④ 《左传·襄公四十年》。
⑤ 柏华:《中国政治制度史》,北京:中国人民大学出版社,2011 年,第 276 页。
⑥ 2018 年 3 月 11 日,十三届全国人大一次会议通过了《宪法修正案》,增设了国家监察委员会。

各级人大及其常委会组成负责监督"一府两院一委"、监察委员会负责行政监督、行政机关内部实行行政复议和审计监督、"两院"的司法监督,党内设各级纪检委员会负责对党员及领导干部的监督,人民政协和民主党派的政党监督、社会团体组成社会监督,新闻媒体组成舆论监督。

2."德主刑辅"的理念促进了依法治国的转变

"德主刑辅"是封建社会治国理政的基本经验,西周出现端倪,西汉正式确立,唐代得以巩固。"德主刑辅"实行道德教化,推崇德教,德治为主,刑事处罚作为辅助。"先德后法,先教后杀"是其标准和样板。它发端于周公制礼,经孔子、董仲舒等阐述上升为封建社会治国理念。孔子提出的"宽猛相济""为政以德"奠定了"德主刑辅"的基础。董仲舒主张"推明孔氏,抑黜百家""先德后刑,大德小刑",①对其后的经世之道产生深远影响。从魏晋到隋唐、宋明清的治理都是"德主刑辅"的延续和改进。"德主刑辅"其治国理念是"皇权至上""人治大于法治",是典型的封建思想。新中国成立后,一段时期内受"德主刑辅"的影响,过于强调官德,淡化了官员的执政能力,导致了治理的异化,个人凌驾于组织,滋生了"家长制""一言堂"。党的十一届三中全会以后,党中央提出加强法治,治国理政进入法治轨道。党的十五大报告"把依法治国确定为党领导人民治理国家的基本方略"②,实现了从"德主刑辅"到"依法治国"的根本转变,理顺了法与权之间的关系,党和国家机关工作人员形成了"法律至上""权由法定""法律面前人人平等"的治国理念,实现了党科学执政、依法执政。

3.民为邦本执政伦理的借鉴

习近平在2018年中央政治局第6次集体学习时指出:"民心是最大的政治"。党的二十大报告指出:"江山就是人民,人民就是江山。"③古往今来,

---

① 《汉书·董仲舒传》。

② 《十五大以来重要文献选编》(上),北京:人民出版社,2000年,第162页。

③ 习近平:《高举中国特色社会主义伟大旗帜 为全面建设社会主义现代化国家而团结奋斗——在中国共产党第二十次全国代表大会上的报告》,北京:人民出版社,2022年,第46页。

民心向背历来是王朝兴衰的决定性因素。"得民心者得天下""水能载舟，亦能覆舟""民为贵，社稷次之，君为轻"。这些经典古语回答了一个颠扑不破的真理："问苍茫大地谁主沉浮"——民心。民本问题是中国传统文化中"治国安邦"的根本问题，"民为邦本，本固邦宁"是我国关于"民本"思想的最早记录。周武王借上天之口表述"民本"思想："天矜于民，民之所欲，天必从之。"①还有管子的"以民为本"②、孔子的"仁者爱人"③、孟子的"老吾老以及人之老"④。贾谊提出了"移民为命""以民为力"⑤等主张。汉代大儒董仲舒提出"薄赋敛，省徭役，以宽民力"⑥。唐太宗的"君舟民水"的思想、朱熹"爱民如子"的思想等强调了"民本"的重要性。没有"民为邦本"思想不可能有"民本主义"，也不会有当今的"以人为本"。党的十六届三中全会提出的"以人为本"在借鉴"民为邦本"的基础上，实现了对"民为邦本"和"民本主义"的超越。从"民"到"人"扩大了普惠对象的范围，全体社会主义劳动者都是我们服务的对象，表明了为人民谋幸福是中国共产党的初心和使命。

4.选贤任能的制度改进

尧舜禹接班的"禅让制"、古代以郡县制为基础的官僚制度，将普通平民引入了政治生活，隋唐实行的科举考试制度设立了平民进入国家管理部门的标准，使"朝为田舍郎，暮登天子堂"⑦成了古代社会的新常态。这些选贤任能制度为当前选拔优秀治国人才和国家人事改革提供了经验借鉴。1980 年，邓小平在《党和国家领导制度的改革》中提出了"勇于改革不合时宜的组织制度、人事制度"⑧。1984 年我国制定了《国家公务员暂行条例》，1987 年，党

---

① 《尚书·泰誓上》。
② 《管子·霸言》。
③ 《论语·颜渊》。
④ 《孟子·梁惠王上》。
⑤ 《新书·大政上》。
⑥ 《汉书·食货志上》。
⑦ 《神童诗》。
⑧ 《邓小平文选》（第二卷），北京：人民出版社，1994 年，第 326 页。

的十三大报告提出建立了公务员制度,1989年4月以后开始在全国试点,1993年10月全国普遍推行公务员制度,2006年1月国家正式实行《中华人民共和国公务员法》,确立了竞争考试、能上能下、择优录用公务员的基本原则,为人才脱颖而出提供了制度保证。新时代以来,党和国家选拔干部突出政治标准,选拔对党忠诚、廉洁奉公、担当作为的高素质干部,"做到平常时候看得出来、关键时刻站得出来、危难关头豁得出来"①,适应了新时代现代化建设的要求。

### (三)红色革命文化是制度自信的历史印证

中国共产党带领中国人民在国家独立、民族解放进程中形成了红色革命文化。英勇的中华儿女坚定共产主义理想信念,形成的不怕吃苦不怕牺牲、坚定理想信念、勇于艰苦奋斗和无私奉献的革命文化,是中华民族独特的精神标识。"欲知大道,必先为史;灭人之国,必先去其史",一个国家的历史和文化活着,这个国家才活着。"一寸山河一寸血,一抔热土一抔魂",红色革命文化告诉人们中国特色社会主义从哪里来,社会主义制度是如何形成的,改革开放是怎样推进的。以伟大建党精神为源头的中国共产党人精神谱系所涵盖的红色革命文化,其红色基因已经渗入中华民族的血脉,成为我们战胜艰难险阻、不断创造历史奇迹的精神灯塔和信念路标。

1.红色革命文化的三种形态

有学者认为,"红色革命文化是以红色精神为核心的物质形态、精神形态和制度形态的有机统一体"②。从物质形态来看,红色革命文化指的是那些红色文化教育和传承红色文化的物质媒介和传播载体,包括有重大价值的文献资料、博物馆、纪念地、展览馆、烈士陵园、名人故居、陈列展览场馆等。"革

---

① 习近平:《高举中国特色社会主义伟大旗帜 为全面建设社会主义现代化国家而团结奋斗——在中国共产党第二十次全国代表大会上的报告》,北京:人民出版社,2022年,第67页。

② 朱宗友:《中国文化自信解读》,北京:经济科学出版社,2017年,第21页。

命文化承载着革命先辈的理想信念和价值追求，具有独特的文化意蕴。"①习近平带领党的十八届中央政治局常委第一站就是参观国家博物馆，回味中华民族"雄关漫道真如铁"的奋斗历程，形成了中国梦的民族凝聚力。从精神形态来看，红色文化主要是指党和革命先辈们在积极探索救国救民道路并在革命和社会主义建设实践过程中形成的崇高伟大精神、革命传统、崇高理想、优良作风、革命道德等。如，"开天辟地、敢为人先的首创精神，坚定理想、百折不挠的奋斗精神，立党为公、忠诚为民的奉献精神"②构成的"红船精神"；"坚定信念、艰苦奋斗、实事求是、敢闯新路、依靠群众、勇于胜利"③的"井冈山精神"；"拼搏、创新、团结、自律"④的"西柏坡精神"，还有"抗美援朝精神""雷锋精神""两弹一星精神""抗震救灾精神"等，这些精神是红色革命文化的灵魂和核心，属于内核层次。制度形态的红色文化主要是我们党在革命、建设和改革中形成的理论、路线、方针、纲领、政策等。如，中国共产党"全心全意为人民服务"的宗旨、"集体主义""社会主义核心价值观""党的三大优良作风"、国家确定 9 月 30 日为"烈士纪念日"等。

2.红色革命文化与现实的关系

中国特色社会主义是中国革命的实践成果，红色革命文化是"从过去继承下来的条件"⑤。红色革命文化验证了中国共产党"全心全意为人民服务"的根本宗旨，是社会主义事业不断发展和进步的"软实力"。革命文化吸收了中华优秀传统文化精髓，"精忠报国"的爱国情怀、"大公无私"的品德、"全心全意为人民服务"等精神形成的社会心理，起到凝聚人心、振奋斗志的激励作用，它们"彰显中国共产党执政的目的合理性与政权合法性……见证了中国共产党领导中华民族争取独立、民主、富强和各民族团结奋斗共同繁荣发展的

---

① 刘泾：《中国特色社会主义文化形态的功能、特质与价值取向》，《科学社会主义》，2018 年第 4 期。

② 习近平：《弘扬"红船精神"走在时代前列》，《光明日报》，2017 年 12 月 1 日。

③ 戴立兴等：《精神——新时代中国共产党的伟大精神》，北京：人民日报出版社，2018 年，第 27 页。

④ 孔繁柯主编：《中国共产党文化创新史》，济南：山东人民出版社，2017 年，第 146 页。

⑤ 《马克思恩格斯全集》（第 28 卷），北京：人民出版社，1973 年，第 138 页。

艰难历程"①。革命文化为当前社会中少数人存在的道德失范、精神贫困、灵魂迷失等问题找到解决之道。

3.红色革命文化的传承发展

习近平指出："要让文物说话、把历史智慧告诉人们,激发我们的民族自豪感和自信心,坚定全体人民振兴中华、实现中国梦的信心和决心。"②让历史智慧和文物说话,就是坚持"筋骨肉"和"精气神"的高度统一,实现红色革命文化传承发展。"筋骨肉"指的是文化的物质载体,"精气神"指的是红色革命文化资源的历史记忆、思想观念和价值意义。没有"筋骨肉",就无法表达"精气神";没有"精气神","筋骨肉"就如同"木乃伊"。保护、利用好红色革命文化资源,与中华优秀传统文化的传承、取舍相结合,批判"文化复古主义",也反对"历史虚无主义"。列宁指出："只有确切地了解人类全部发展过程所创造的文化,只有对这种文化加以改造,才能建设无产阶级的文化。"③文化传承的目的是发展,关键是能不能将红色革命文化与现实发展相结合,为民族复兴、国家富强、制度自信供应持久动力。

## 二、制度自信之魂:社会主义核心价值体系

党的十九大报告把"坚持社会主义核心价值体系"作为主体报告部分"十四个坚持"内容之一。社会主义核心价值体系在党的十六届六中全会上提出,是"建设和谐文化的根本""引领社会思潮"④的根本。其内容由四部分组成:"马克思主义指导思想、中国特色社会主义共同理想、以爱国主义为核心

---

① 陈世润:《中国特色社会主义道路与红色资源开发利用研究》,北京:人民出版社,2015年,第40页。

② 范鹏主编:《统筹推进"五位一体"总体布局》,北京:人民出版社,2017年,第152页。

③ 《列宁专题文集 论社会主义》,北京:人民出版社,2009年,第394页。

④ 《党的十六届六中全会〈决定〉学习辅导百问》,北京:学习出版社、党建读物出版社,2006年,第17页。

的民族精神和以改革创新为核心的时代精神、社会主义荣辱观。"①党的十七大报告指出,社会主义核心价值体系是"社会主义意识形态的本质体现"②。2008 年 12 月,胡锦涛在纪念中国科协成立 50 周年大会上,认为"建设社会主义核心价值体系……是增强民族凝聚力和国家软实力的客观需要"③。党的十八大报告将其凝练为三个层次,由 24 字组成的社会主义核心价值观,社会主义核心价值体系从深奥到通俗,层次分明,更加有血有肉。

(一)引领和整合社会思潮

40 多年改革开放促使社会从传统向现代、从农业向工业、从封闭向开放转型,人们生活也从传统走向现代。马克思指出:"不是人们的意识决定人们的存在,相反,是人们的社会存在决定人们的意识。"④社会转型、生活多样化带来社会意识的多样化,导致了利益多元化和价值诉求多元化。有学者认为,当前"在社会中形成了传统与现代、主流与非主流、精英与大众、官方与民间、本土与外来等多元价值观并存局面"⑤,造成人们价值困惑、信仰迷失、社会分化。一定程度上说,分化是社会发展进步的标志,但当前社会出现了"分化有余而整合不足"⑥的势态,过度分化就容易滋生社会问题,甚至会产生局部动乱。2009 年,《人民论坛》在人民网、网易等网站配合下,发起了一个"未来 10 年 10 个最严峻挑战"的网络调查,结果显示:"'主流价值观边缘化'位居前十位,认为'主流价值观边缘化'的占 36.3%。"⑦这就说明了作为价值观内核的社会主义核心价值体系引领社会思潮不足。"实践基础上的理论

---

① 《十六大以来重要文献选编》(下),北京:中央文献出版社,2008 年,第 787~788 页。

② 《十七大以来重要文献选编》(上),北京:中央文献出版社,2009 年,第 26 页。

③ 胡锦涛:《在纪念中国科协成立 50 周年大会上的讲话》,北京:人民出版社,2008 年,第 18 页。

④ 《马克思恩格斯选集》(第二卷),北京:人民出版社,1995 年,第 3 页。

⑤ 陈勇等:《社会主义核心价值体系引领社会思潮的方式和途径研究》,北京:中国社会科学出版社,2016 年,第 13 页。

⑥ 林乐香:《社会主义核心价值观初探》,《当代世界与社会主义》,2007 年第 4 期。

⑦ 沈卫星:《社会主义核心价值体系认同面临的挑战与应对》,北京:学习出版社,2016 年,第 92 页。

创新是社会发展和变革的先导"①,是一个国家、政党和社会发展的动力和进步的标志。"社会主义核心价值体系是兴国之魂,是社会主义先进文化的精髓,决定着中国特色社会主义发展方向。"②社会主义核心价值体系"不是教条,而是行动的指南",能吸引、凝聚、引领和稳定社会思潮,通过其他价值观共存、融合、求同存异,形成一套符合国家根本利益和全体人民根本利益有机结合的价值观,起到引领和整合社会思潮的统摄和支配地位,这也是人们认同中国特色社会主义制度的理论根据。在社会主义核心价值体系中,马克思主义是灵魂,解决举旗问题;共同理想是主题,解决走什么样的路、实现什么样的目标问题;民族精神和时代精神是精髓,解决要具体什么样的精神状态、风貌问题;荣辱观是基础,解决行为规范问题。

(二)让主流意识形态入脑入心

马克思指出:"统治阶级的思想在每一时代都是占统治地位的思想。"③改革开放打破了原有的利益关系,新的利益格局的形成使差别迅速扩大,城乡两极分化、收入差距过大、生态环境恶化、医疗卫生改革、城市拆迁、网络欺诈、官员腐败、房价飙升、高校就业等引发的社会问题凸显,"社会缺乏一个扎下根子的道德信仰体系"④。"大失败""文明冲突论""历史终结论"等社会思潮争斗、交锋,解构主流意识形态的认同。以社会主义核心价值体系为内核的主流意识形态面临着如何走向大众,入脑入心的困境。习近平指出:"意识形态工作是为国家立心、为民族立魂的工作。"⑤"意识形态工作……事关

---

① 《江泽民文选》(第三卷),北京:人民出版社,2006 年,第 537 页。
② 《中共中央关于深化文化体制改革推动社会主义文化大发展大繁荣若干重大问题的决定》,北京:人民出版社,2011 年,第 11 页。
③ 《马克思恩格斯选集》(第一卷),北京:人民出版社,2012 年,第 178 页。
④ [美]丹尼尔·贝尔:《后工业社会的来临:对社会预测的一项探索》,高铦等译,北京:商务印书馆,1984 年,第 531 页。
⑤ 习近平:《高举中国特色社会主义伟大旗帜 为全面建设社会主义现代化国家而团结奋斗——在中国共产党第二十次全国代表大会上的报告》,北京:人民出版社,2022 年,第 43 页。

党的前途命运,事关国家长治久安,事关民族凝聚力和向心力。"①意识形态的实质问题是社会主义核心价值体系和资本主义价值体系的较量问题;是在这场较量中如何应对,能否取得胜利问题;是社会主义制度能否经得起检验的问题;是能否坚持马克思主义在意识形态领域指导地位的根本制度问题。社会主义核心价值体系的目标是动员全国各族人民为建设富强民主文明和谐美丽的社会主义现代化国家而奋斗。为更好地服务这一目标,在意识形态建设中坚持马克思主义的指导地位决不动摇,如果放弃马克思主义意识形态的指导地位,势必会断送我国社会主义的伟大事业,"势必导致人心大乱、天下大乱,给党和国家带来灾难"②。意识形态建设要协调好各方面力量,引导广大人民群众的积极参与和实践,更要照顾好人民群众的利益。马克思指出:"'思想'一旦离开'利益',就一定会使自己出丑。"③改革开放40多年的实践证明,毫不动摇地以经济建设为中心,发挥意识形态对经济建设的能动作用,解放和发展社会主义社会生产力,才能体现社会主义的优越性。当人们认识到意识形态建设都是围绕和维护自身利益,能为自己带来切实的利益时,就会义无反顾地接受它、传播它、践行它。"基础不牢,地动山摇"④,要把主流意识形态工作宣传重点放在农村、社区、军营、学校等基层,与中华优秀传统文化相结合,用老百姓喜欢听、听得懂、用得上的方式"飞入寻常百姓家"。党的二十大报告指出:"加强全媒体传播体系建设,塑造主流舆论新格局。"⑤网络空间是意识形态建设的关键场域,要把线上线下、虚拟实际相结合,把网络这一意识形态"最大变量"变成"最大增量",推动形成良好的网络生态,意识形态建设就更可控可为。

---

① 《十八大以来重要文献选编》(上),北京:中央文献出版社,2014年,第464页。

② 《江泽民文选》(第三卷),北京:人民出版社,2006年,第86页。

③ 《马克思恩格斯文集》(第一卷),北京:人民出版社,2009年,第286页。

④ 《十八大以来重要文献选编》(上),北京:中央文献出版社,2014年,第684页。

⑤ 习近平:《高举中国特色社会主义伟大旗帜　为全面建设社会主义现代化国家而团结奋斗——在中国共产党第二十次全国代表大会上的报告》,北京:人民出版社,2022年,第44页。

(三)用社会主义核心价值观凝聚共识

党的十八大报告对社会主义核心价值体系概括为:"在国家层面,倡导富强、民主、文明、和谐;在社会层面,倡导自由、平等、公正、法治;在个人层面,倡导爱国、敬业、诚信、友善。积极培育和践行社会主义核心价值观。"为更好地培育、理解和践行社会主义核心价值观,2013 年 12 月中共中央办公厅印发了《关于培育和践行社会主义核心价值观点的意见》,指出:"社会主义核心价值观是社会主义核心价值体系的内核,体现社会主义核心价值体系的根本性质和基本特征,反映社会主义核心价值体系的丰富内涵和实践要求,是社会主义核心价值体系的高度凝练和集中表达。"①根植于我国优秀传统文化和马克思主义的社会主义核心价值观,吸收了世界文明成果,将国家发展、社会进步、个人追求融于一体,体现了社会主义本质的要求,但其与西方"普世价值"有本质区别。建立在抽象人性论基础上"普世价值",标榜"自由""平等""博爱"无法解决抽象个体之间、个体与社会之间的矛盾。社会主义核心价值以马克思主义系统论为基础,是对"普世价值"的超越。

社会主义核心价值观具有国家、社会和个人层次,每一层次的实现都以其他层次为前提,表明了中国特色社会主义制度的价值诉求和目标导向。国家层面,追求"富强、民主、文明、和谐",是从鸦片战争到新中国的建立的历史写照,"解放和发展社会生产力是社会主义的本质要求"②,国家层面目标也是当前中国共产党带领人民为我国社会主义初级阶段"两个一百年"和实现中华民族复兴中国梦的奋斗目标,具有明确的价值导向,彰显了中国特色社会制度的独特魅力;社会层面,追求"自由、平等、公正、法治",《中华人民共和国宪法》赋予了人民自由、平等的基本权利,依法治国是我国的基本治国方略,中国特色社会主义制度的完善和发展必须维护社会公平,保证人们的平等参与和发展的权利;个人层面,追求"爱国、敬业、诚信、友善",是 5000

---

① 《关于培育和践行社会主义核心价值观的意见》,北京:人民出版社,2013 年,第 3 页。
② 习近平:《在纪念马克思诞辰 200 周年大会上的讲话》,北京:人民出版社,2018 年,第 18 页。

多年来中华民族优秀传统美德,是对个人的价值导向和当下国家"软实力"建设的题中之义。当前,社会主义核心价值观建设引起了中央和地方各级政府、机关、高校等高度重视,习近平在国家重要活动中进行了多次阐述。2014年中央政治局第13次集体学习,习近平强调:"把培育和弘扬社会主义核心价值观作为凝魂聚气、强基固本的基础工程。"① 2014年五四青年节,在同北京大学师生座谈时,习近平强调:"核心价值观,承载着一个民族、一个国家的精神追求,体现着一个社会评判是非曲直的标准。"② 2014年10月在全国文艺工作座谈会上,习近平指出:"核心价值观是一个民族赖以维系的精神纽带,是一个国家共同的思想道德基础。"③ 2015年10月,全国道德模范表彰大会上,习近平强调:"用社会主义核心价值观凝魂聚力,更好构筑中国精神、中国价值、中国力量。"④ 2016年7月1日,庆祝中国共产党成立95周年大会上,习近平再次强调弘扬社会主义核心价值观,增强人民的精神力量,让社会主义核心价值观像空气一样无处不在。

党的二十大报告指出:"社会主义核心价值观是凝聚人心、汇聚民力的强大力量。"⑤社会主义核心价值观是我国社会主义现代化建设的精神力量。马克思指出:"如果从观念上来考察,那么一定的意识形式的解体足以使整个时代覆灭。"⑥意大利共产主义革命家葛兰西称意识形态整合社会的功能为"社会水泥"。当代国内外多国正反经验表明:"一个国家的社会稳定和发展,不仅要靠正确和坚强的政治领导、雄厚的经济基础、完备的社会制度和法治,更需要把握好社会的主流意识形态和核心价值体系,以此来武装群众,使社

① 《习近平谈治国理政》,北京:外文出版社,2014年,第163页。

② 习近平:《青年要自觉践行社会主义核心价值观——在北京大学师生座谈会上的讲话》,北京:人民出版社,2014年,第4页。

③ 习近平:《在文艺工作座谈会上的讲话》,北京:人民出版社,2015年,第22页。

④ 习近平:《更好构筑中国精神、中国价值、中国力量 为中国特色社会主义事业提供精神动力和道德滋养》,《人民日报》,2015年10月14日。

⑤ 习近平:《高举中国特色社会主义伟大旗帜 为全面建设社会主义现代化国家而团结奋斗——在中国共产党第二十次全国代表大会上的报告》,北京:人民出版社,2022年,第44页。

⑥ 《马克思恩格斯文集》(第八卷),北京:人民出版社,2009年,第170页。

会成员在文化上和思想观念上具有认同和归属感。"①

## 三、制度自信之体：人民群众的主体自信

2008 年,在北京大学百年讲堂上,经济学家林毅夫对北京大学师生说:"只要国家民族没有复兴,我们的责任就没有完成。"②在林毅夫发言的八十九年前,也就是 1919 年,毛泽东已经开始构想依靠人民群众的力量建设一个新的社会制度。毛泽东在《湘江评论》呼吁:"天下者,我们的天下;国家者,我们的国家;社会者,我们的社会。我们不说,谁说? 我们不干,谁干?"③中华优秀传统文化的"家国情怀"深深烙印在国民心中,人民群众把国事当家事。正如钱穆先生所说:"有家而有国,次亦是人文化成。中国俗语连称国家,因是化家成国,家国一体,故得连称。"④"家国情怀"使每个人都是国家的"主人翁",形成了人民群众对制度自信的主体性认识,凝聚了中国精神和力量,创造了一个又一个"中国奇迹",奠定了中国特色社会主义制度自信的基础。

（一）制度保证创造出辉煌的发展成就,增强人民群众的信心

一个制度能否获得人民群众的拥护,首要因素就是该制度是有效的,能促进生产力的发展,没有这一点无法谈制度自信。邓小平指出,社会主义制度较之于资本主义制度,"首先要表现在经济发展的速度和效果方面。没有这一条,再吹牛也没有用"⑤。改革开放使中国从一个相对封闭单一的社会,变成了当前开放多元的社会,在经济政治社会等各方面都发生了巨大变化。改革开放 40 年多来,我国发展成绩斐然,逐步解决了温饱问题,摆脱了贫困

---

① 王永贵:《意识形态领域新变化与坚持马克思主义指导地位研究》,北京:人民出版社,2015年,第 189 页。

② 程亚文、王义桅:《天命:一个新领导型国家的诞生》,北京:群言出版社,2016 年,第 6 页。

③ 《毛泽东早期文稿》(1912 年 6 月—1920 年 11 月),长沙:湖南人民出版社,2008 年,第 356 页。

④ 钱穆:《晚年盲学》,桂林:广西师范大学出版社,2004 年,第 112 页。

⑤ 《邓小平文选》(第二卷),北京:人民出版社,1994 年,第 251 页。

的纠缠,极大改善了生活质量,全面建成小康社会,历史性地解决了绝对贫困问题,这些实践成果验证了中国特色社会主义制度的本质和优势。

1.经济实现了高速增长

列宁认为,无产阶级取得国家政权以后,它的最根本的需要就是增加产品数量,大大提高社会生产力。"劳动生产率,归根到底是使新社会制度取得胜利的最重要最主要的东西。"[①]新中国成立时,政府继承的是一个百疮千孔的烂摊子,人均收入只有 27 美元,4000 万灾民等待救助。当时美国国务卿艾奇逊嘲笑般"预言":中国政府解决不了人民的吃饭问题。1978 年我国国内生产总值总量为 3678.7 亿元,人均 385 元,人均国内生产总值位于世界倒数第 20 位。根据国家统计数据显示:通过改革开放,1978 年到 2013 年我国国内生产总值(GDP)年均增速达 9.8%,总量达到 592963.2 亿元,人均 43497 元。新时代以来,我国经济持续向好,以近十年发展为例,2014 年我国 GDP 总量为 643563.1 亿元, 人均 46912 元;2023 年我国国内生产总值总量为 1260582.1 亿元,人均 89358 元。[②] 2010 年我国经济总量达到 39.8 万亿元,超过了日本,居世界第二,成为仅次于美国的第二大经济体。按照国际核算标准,2012 年我国人均国民收入(GNI)为 5870 美元,2013 年 GNI 为 6710 美元,2014 年 GNI 达到 7400 美元,2015 年 GNI 为 7880 美元,2016 年 GNI 达到 8260 美元,2020 年我国人均国民收入为 10610 美元,接近高收入国家标准。城乡居民收入增加, 人民生活质量得到改善, 城乡居民恩格尔系数 1978 年为 57.5% 和 67.7%,2012 年为 36.2% 和 39.3%。[③] 2022 年我国居民恩格尔系数为 30.5%,其中城镇是 29.5%,农村是 33.0%,总体上属于相对富裕状态。[④] 2023 年全国居民平均恩格尔系数达到 29.8%,达到国际社会公认的富足生活标准。

①　《列宁专题文集　论社会主义》,北京:人民出版社,2009 年,第 151 页。

②　国家统计局,https://data.stats.gov.cn/easyquery.htm?cn=C01&zb=A020201&sj=2023。

③　宋晓梧:《构建共享型社会:中国社会体制改革 40 年》,广州:广东经济出版社,2017 年,第 156 页。

④　中共中央宣传部理论局:《中国式现代化面对面·2023》,北京:学习出版社、人民出版社,2023 年,第 131~132 页。

2.从"中国制造"到"中国创造"的飞跃

新中国成立初期,毛泽东说:"现在我们能造什么?能造桌子椅子,能造茶碗茶壶,能种粮食,还能磨成面粉,还能造纸。但是,一辆汽车、一架飞机、一辆坦克、一辆拖拉机都不能造。"①新中国成立70多年来,中国已经成为名副其实的"世界工厂"和世界创新高地。尤其是新时代以来,全球创新指数排名从2012年的第34位上升到2023年的第12位。根据韩国贸易协会2012年"全球占有率第一产品数量"调查显示:中国拥有1485个,位居第一;德国703个,位居第二;美国603个,位居第三。②2022年3月16日,环球网发布了韩国贸易协会旗下国际贸易通商研究院发布的"2020年全球出口市场市占率第一产品"分析报告。报告显示,以2020年为准,中国市占率排名第一的产品最多,有1798个产品在全球出口市场所占份额排名第一,其次是德国668个、美国479个、意大利201个、日本154个。在原来的基础上又有了大幅度的提升。我国通过实施国家创新发展战略,实现了从"中国制造"到"中国创造"的转变,出现了网购、共享单车、高铁、移动支付组成的"新四大发明";也制造出了"天眼"望远镜、"彗星"卫星、"辽宁号""山东号"航空母舰、C919大飞机、"蛟龙"潜水艇、3D打印机等高智能等高科技产品;我国5G移动通信技术具有世界领先地位,连美国也望尘莫及,技术研发单位华为公司已经与30多个国家签订了技术转让或5G手机销售协议;我国的载人航天技术、载人潜水技术在国际上处于领先地位,水陆两栖飞机AG600水上首飞成功,让"可上九天揽月、可下五洋捉鳖,谈笑凯歌还"的豪言壮语成为现实。中国自主研发的高铁CIT500运行速度达到605千米/小时,"复兴号"高铁运行速度350千米/小时。土耳其安伊高铁、印尼雅万高铁全部引进中国技术和主机。2018年5月,美国马萨诸塞州引进我国自主研发的地铁。③2014年,中泰两国签订了用中国高铁换泰国的大米、橡胶等产品,意味着若干年

① 《毛泽东文集》(第六卷),北京:人民出版社,1999年,第329页。

② 程亚文、王义桅:《天命:一个新领导型国家的诞生》,北京:群言出版社,2016年,第146页。

③ 《巨变:中国改革开放四十年记忆》,北京:新华出版社,2018年,第319页。

前中国用上亿件衬衫换一架波音飞机的时代终结。100多年前的晚清,李鸿章访问英国去购买船、大炮等。进入新时代,2014年6月,国务院原总理李克强访问英国推销中国的高铁、核电,推进人民币跨境结算,中国与世界各国联系越来越紧密,对世界的影响越来越大。

(二)坚持人民群众的主体地位,人民自信感增强

习近平指出:"人民对美好生活的向往,就是我们的奋斗目标。"①党的十九大报告三万多字内容,其中提到"人民"的次数占203次。"为什么人的问题,是检验一个政党、一个政权性质的试金石。"②党的二十大提出:"坚持以人民为中心的发展思想,……让现代化建设成果更多更公平惠及全体人民。"③让人民共享发展成果是社会主义的本质要求,是社会主义制度的优越性的集中体现。毛泽东强调:"人民,只有人民,才是创造世界历史的动力"④,建立了"相信群众、依靠群众、从群众中来到群众中去"的思想路线。邓小平认为,建设中国特色社会主义的事业必须要广大人民群众来完成,提出"三个有利于"。江泽民认为:"推进改革和建设需要我们解决的问题不少……归根到底是来自于人民群众创造历史的丰富多彩的实践。"⑤胡锦涛提出:"必须坚持以人为本,尊重人民主体地位,发挥人民首创精神,做到发展为了人民、发展依靠人民、发展成果由人民共享。"⑥"公平正义是中国特色社会主义的内在要求。……共同富裕是中国特色社会主义的根本原则。"⑦党和政府一直牵挂百姓的冷暖,把维护和促进社会公平正义,让人民过上幸福生活作为

---

① 《十八大以来重要文献选编》(上),北京:中央文献出版社,2014年,第70页。

② 习近平:《决胜全面建成小康社会　夺取新时代中国特色社会主义伟大胜利——在中国共产党第十九次全国代表大会上的报告》,北京:人民出版社,2017年,第44~45页。

③ 习近平:《高举中国特色社会主义伟大旗帜　为全面建设社会主义现代化国家而团结奋斗——在中国共产党第二十次全国代表大会上的报告》,北京:人民出版社,2022年,第27页。

④ 《毛泽东著作专题摘录》,北京:人民出版社,1964年,第1046页。

⑤ 《江泽民论有中国特色社会主义(专题摘编)》,北京:中央文献出版社,2002年,第638页。

⑥ 《十七大报告辅导读本》,北京:人民出版社,2007年,第303页。

⑦ 《十八大以来重要文献选编》(上),北京:中央文献出版社,2014年,第11~12页。

党执政的价值目标。政策制定中谋民生之利、解民生之忧,在发展中补齐民生短板,使全体人民共享发展成果。"为民造福是立党为公、执政为民的本质要求。"①党的十八大以后,针对群众最关心的就业、住房、教育、养老等问题实行了 1500 多项改革举措,人民获得感明显增强,人民的生活质量极大提高。以我国国民结婚"三大件"为例,20 世纪 70 年代末期为"手表、自行车、缝纫机",80 年代演变为"冰箱、彩电、洗衣机",90 年代为"空调、电脑、录像机"。现在无论发达城市还是边远山区,哪家结婚基本上都有"车子、房子、票子",并且这些东西也非结婚才购买,普通家庭茶余饭后用手机足不出户就能购买,结婚和平时生活没有两样。

1.精准脱贫取得重大成果

根据《中国扶贫开发报告 2016》,1978—2015 年我国农村贫困人口从 1978 年的 7.7 亿人减少了 7.1 亿多人,占贫困人口总比为 92.8%;如果按照购买力平价的标准计算,中国贫困人口到 2012 年就已经减少了 7.9 亿,占世界减少贫困总人口 71.82%。世界银行把中国的脱贫称为"迄今人类历史上最快速度的大规模脱贫"。为打好脱贫攻坚战,《中共中央关于制定国民经济和社会发展第十三个五年规划的建议》指出:"必须充分发挥政治优势和制度优势,坚决打赢脱贫攻坚战"②,制定了"两不愁三保障"脱贫目标。党的十八大以来,国家选派 77.5 万名驻村干部驻村帮扶,中央、省级政府拨付扶贫资金多达 4600 亿元,建立扶贫责任制,实施精准脱贫方略,将扶贫与扶志相结合,重点扶持农村地区、西部地区、边疆地区、少数民族地区。我国农村贫困人口由 8249 万减少到 4335 万,贫困发生率从 8.5%下降到 4.5%。2020 年,我们打赢了人类历史上规模最大的脱贫攻坚战,全国 832 个贫困县全部摘帽,近 1 亿农村人口实现脱贫,960 多万贫困人口实现易地搬迁,历史性地解决

---

① 习近平:《高举中国特色社会主义伟大旗帜 为全面建设社会主义现代化国家而团结奋斗——在中国共产党第二十次全国代表大会上的报告》,北京:人民出版社,2022 年,第 46 页。

② 《中国共产党第十八届中央委员会第五次全体会议文件汇编》,北京:人民出版社,2015 年,第 70~71 页。

了绝对贫困问题。

2.改革分配方式,减少贫富差距

改革开放以来,通过"让一部分人先富起来"和以按劳分配为主体、多种分配方式并存的收入分配制度,解决了分配中存在的平均主义。邓小平针对共同富裕提出了"两个大局"的思想,邓小平指出:"我们的政策是不使社会导致两极分化,就是说,不会导致富的越富,贫的越贫。"①我国基尼系数从0.491(2008 年),迅速下降为 0.473(2013 年),2016 年为 0.465。2018 年 6 月19 日,十三届全国人大常委会第三次会议审议通过《个人所得税法修正案(草案)》,将原个税起征点由 3500 元调整为 5000 元,提高劳动报酬在初次分配中的比重,并设置了子女教育、大病医疗、赡养老人、住房租金或贷款利息等专项附加扣除项,提高人们收入,解决收入分配差距过大问题。

3.以"更"为人民群众实施了多项民生工程

"民生为大"是改革开放成功的一条最重要经验。"就业是最大的民生",党和国家通过采取多方面就业措施,2013 年到 2016 年, 我国新增城镇就业人口累计达 5200 多万,年均增就业人口 1300 万以上,为人民群众提供了更稳定的工作。实现了义务教育免试入学、划片规范入学、阳光监督入学,实现教育机会均等,高等教育毛入学率达 42.7%,学生享受助学金 9000 万人次,提供了更好的教育。城镇居民基本医疗保险、新农合参保人数达到 13.5 亿元,覆盖面达到 95%,人均寿命提高到 76.5 岁,医疗保险财政补贴人均达到了420元,创造了更可靠的社会保障和医疗服务水平。2016 年,完成了 600 万套城市棚户区改造和 314 万户农村危房改造,满足更舒服的居住条件。"创新、协调、绿色、开放、共享"的新发展理念实施开局顺畅,全国上下打响了蓝天、碧水、净土保卫战,太阳能、风能、沼气等可再生资源得到极大范围利用,新能源汽车应用走到了世界前列。建立"河长制"、生态环境损害责任追究办法,破坏生态环境成为"不可触碰的高压线",完成治沙面积 1.26 亿亩、74 个重

---

① 《邓小平文选》(第三卷),北京:人民出版社,1993 年,第 172 页。

点城市 PM$_{2.5}$ 至 2016 年下降到 50 微克/立方米,下降了 30.6%,天空更蓝色、水质更清,环境更优美。

(三)人民群众主体自信是制度发展的持久动力

习近平指出:"历史活动是群众的活动"[1],过去的辉煌得益于人民群众。在数量上,是占有我国绝大多数人口;在质量上,是一切对社会发展起推动作用的人们,包括中国共产党。中国共产党是人民主体的核心力量,中国共产党始终与人民一起,为人民利益而奋战,"党除了最广大人民的利益,没有自己特殊的利益。党的一切工作,必须以最广大人民的根本利益为最高标准"[2]。"巧妇难为无米之炊",再伟大的国家、再先进的制度,离开了人民群众就如同"无源之水,无本之木"。未来的征程,更要依靠人民群众。中国特色社会主义制度自信实际上就是坚持对人民的自信和人民群众的主体自信的统一。只有人民群众相信党、相信政府,政府才能取得民心,治天下、天下治。《论语》中的一个典故能够很好地说明这个道理。子贡请教孔子如何治理国家,孔子说:"足食""足兵""民信"。子贡问:"去掉一个呢?"子曰:"去兵。"又问,"再去呢?"子曰:"去食。"[3]"人心所向"是历史的主流,社会基本矛盾的运动靠人民群众推动。近年来,"朝阳群众""西城大妈""海淀网友"等积极主动参加社会治理,成了政府的"千里眼""顺风耳"和"智囊团",是因为他们代表了人民的主流认识,形成了对国家深切的主体意识,对中国特色社会主义制度有着深厚的归属感、认同感,他们把国家的命运掌握在自己的手里。毛泽东说过:"中国的命运一经操在人民自己的手里,中国就将如太阳升起在东方那样,以自己的辉煌的光焰普照大地。"[4]在新时代奋进全面建设社会主义现代化国家新征程中,中国共产党始终和人民紧紧连在一起,谋民生之利、解

---

[1] 习近平:《在纪念马克思诞辰 200 周年大会上的讲话》,北京:人民出版社,2018 年,第 17 页。

[2] 江泽民:《论"三个代表"》,北京:中央文献出版社,2001 年,第 162 页。

[3] 《论语·颜渊》。

[4] 《毛泽东选集》(第四卷),北京:人民出版社,1991 年,第 1467 页。

百姓之忧,发挥了中国特色社会主义制度建设的人民主体作用,使中国式现代化始终带有中国特色社会主义制度的基因。

# 第二章
# 中国特色社会主义制度自信的逻辑

　　任何一种制度的出现都有其内在的逻辑演进。马克思指出："人们自己创造自己的历史,但是他们并不是随心所欲地创造……而是在直接碰到的、既定的、从过去承继下来的条件下创造。"①一个国家选择什么样的社会制度要考虑到具体国情、国家性质、经济社会水平和历史文化传统等综合因素,只有这样才能建立一个适合而完备的制度,适合而完备的制度是制度自信的根本前提。习近平指出："中国特色社会主义是科学社会主义理论逻辑和中国社会发展历史逻辑的辩证统一。"②"中国特色社会主义是改革开放以来党的全部理论和实践的主题。"③中国特色社会主义制度在改革开放伟大实践中确立,继承了新民主主义革命时期探索的制度,特别是中华人民共和国成立后确立的制度。制度自信理论,从国际视野分析,空想社会主义学说中已经有了社会主义制度自信的萌芽,科学社会主义学说包含有社会主义制度自信的基础,一国到多国社会主义制度的建立积累了社会主义制度自信的经验。从国内视野分析,制度自信是建立在 5000 多年文明滋养下,立足中华民族近代 170 多年奋斗史和中国共产党 100 多年艰苦卓绝的追寻,形成于新中国 70 多年社会主义建设成就基础上, 成熟于 40 多年改革开放伟大实

---

　　① 《马克思恩格斯文集》(第二卷),北京:人民出版社,2009 年,第 470~471 页。

　　② 《十八大以来重要文献选编》(上),北京:中央文献出版社,2014 年,第 118 页。

　　③ 习近平:《决胜全面建成小康社会 夺取新时代中国特色社会主义伟大胜利——在中国共产党第十九次全国代表大会上的报告》,北京:人民出版社,2017 年,第 16 页。

践,这些是中国特色社会主义制度自信的历史和实践逻辑,也是经过历史检验的客观事实。

# 第一节　中国特色社会主义制度自信的历史逻辑

从历史渊源来看,制度自信建立在对美好社会制度的不断追求之上。中华民族是勇敢和勤劳的民族,中国作为历史悠久的文明古国,是世界文明程度最发达的国家之一, 经济总量长期居于世界第一位, 对外贸易中保持顺差。16 世纪以降,由于盲目自大,中国开始闭关锁国,西方则通过文艺复兴和宗教改革促进科技、物质、文化等高度发展,形成了东方落后、西方先进的时代反差。为改变"落后挨打"的状况,近代仁人志士开始了对美好社会制度的自信追求,地主阶级改革派盲目自信的变革、空想社会主义改革派的制度自信追赶、农民阶级的"天平天国"、地主阶级改革派"大同世界"、资产阶级共和国的自信尝试失败后,中国共产党人开始对美好制度的自信追求,才有了当前的中国特色社会主义制度。

## 一、近代仁人志士对美好社会制度的探索

### (一)"天朝上国"封建制度自大的破灭

在 17 世纪 40 年代, 世界东西方发生了两件大事:1644 年清军入关,在北京建立了中国最后一个封建王朝;1640 年英国爆发资产阶级革命。英国通过资产阶级革命消灭了封建生产关系,建立资本主义生产关系。英国资产阶级掌握政权后,通过海上霸权进行殖民扩张,先后打败了葡萄牙、西班牙、荷兰和法国,成为"海上霸主"。法国也在 1789 年爆发了资产阶级革命,建立资本主义制度。针对英、法资产阶级革命带给世界的重大变化,马克思给予了积

极评价,认为这两次革命不仅反映了英、法的要求,也反映了世界的要求。①美国在 1783 年摆脱英国的殖民统治,建立了独立的国家,走上了资本主义道路。然而当时的清朝沉浸在"天朝上国"喜悦之中,自给自足,采取重农抑商,禁止海外贸易和商品流通,等待"八方来仪"。为了进行资本原始积累和扩大海外市场,英国、法国、美国、葡萄牙、西班牙、荷兰等资本主义国家进行海上殖民掠夺,并在对外贸易中进行鸦片买卖。1793 年 9 月,英国派出使团来到中国,试图用外交途径打开中国门户,乾隆皇帝用"天朝尺土,俱归版籍"断然拒绝。为了克服生产社会化同资本私人占有之间的矛盾导致的经济危机,英、法等资本主义豪强试图通过找到充足的产品销售市场,转移国内斗争视线。于是,英国开始在对华贸易中进行大量鸦片走私交易,鸦片交易蔓延至中国十几个省,"瘾君子"达 200 多万人。②起初是官僚贵族吸食鸦片,后扩展到宫廷太监、商贾等统治阶级依附者,最后到了绿营士兵也手握烟枪,精神萎靡、毫无战斗力。马克思在《鸦片贸易史》中引用蒙·马丁《论中国的政治、商业和社会》中的话,痛斥鸦片贸易的罪恶,认为鸦片腐蚀败坏人的精神,杀害人的肉体。③

鸦片贸易遭到了林则徐等爱国大臣和有觉悟人民的坚决抵制,他们上书朝廷请求禁烟。1838 年 12 月,清政府任命林则徐为钦差大臣开展禁烟运动。1839 年 6 月,林则徐在虎门海滩将收缴英国商人的鸦片当众销毁,取得了禁烟运动的重大胜利。毛泽东对虎门销烟给予高度评价,认为我国民主革命从林则徐销烟算起,已经进行了 100 多年,虎门销烟揭开了近代反帝反封的篇章。1840 年,英军组成"东方远征军"登陆广州附近沿海,发起鸦片战争强迫清政府割地赔款,提出增加通商口岸等无理要求,大清帝国的"夜郎自大"破灭。马克思在《中国革命和欧洲革命》中这样描述:"天朝帝国万世长存的迷信破了产,野蛮的、闭关自守的、与文明世界隔绝的状态被打破。"④

① 《马克思恩格斯文集》(第二卷),北京:人民出版社,2009 年,第 74 页。

② 陈旭麓:《近代中国八十年》,上海:上海人民出版社,1983 年,第 24 页。

③ 《马克思恩格斯文集》(第二卷),北京:人民出版社,2009 年,第 630 页。

④ 《马克思恩格斯选集》(第一卷),北京:人民出版社,2012 年,第 779 页。

（二）地主阶级改革派盲目自信的变革

马克思指出,英国殖民者妄图通过鸦片对中华民族进行催眠,然而"鸦片没有起催眠作用,反而起了惊醒作用"①。鸦片战争的失败使一些封建有识之士不再"避席畏闻文字狱",开始"睁眼看世界",发出了对外抗击强敌,对内寻求变法的呼声,进行了建立更合理社会制度的沉痛反思,主要代表人物有龚自珍、林则徐和魏源,由于他们多是封建地主阶级官员,被称为"地主阶级改革派"。"地主阶级改革派"揭露了封建社会的腐朽,提出寻求变法,发展民间经济、创办民办工业,学习外国先进文化和技术的解决之道。龚自珍认为当时的社会已经处于"昏时",政治上腐朽的官僚体制和经济上的"贫富不均"导致朝廷腐败、民生凋敝,疾呼进行变法、呼唤人才,提出"自古及法,法无不改",认为改革是历史必由之路,留下"我劝天公重抖擞,不拘一格降人才"的疾呼。然而他的理想化方案没有引起当权派重视,"新瓶换旧药"的变革也不能动摇封建社会的制度根基。林则徐提出"师夷长技以制敌",主张禁烟但不排斥正当贸易,主张抵抗侵略但不排斥学习外国长处;主张翻译西书,了解敌情,并翻译了《四洲志》;主张准许民间集合资本,开采矿石。魏源积极寻找救国图强之道,翻译了介绍世界的巨著《海国图志》,主张"师夷长技以制夷",学习富国强兵之道,"师夷"是为了"制夷",抵抗侵略者的坚船利炮,积极主张"兴利除弊",寻求改革之道、主张学习西方。"封建地主阶级改革派"的主张顺应了历史发展潮流,由于阶级局限性终究也没有跳出"忠君"的窠臼,虽然自信地推行改革,但改革的目的是稳固清王朝统治根基,没有涉及社会制度问题,最终失败。但他们关心国家和民族命运的高贵品格、倡导学习西方的思想激励启发了更多仁人志士为建立美好制度而继续努力。

---

① 《马克思恩格斯全集》(第15卷),北京:人民出版社,1963年,第545页。

（三）空想社会主义改革派的制度自信追赶

中国近代史上出现了三股空想社会主义的改革派，分别是："洪秀全的农业社会主义思想、康有为的大同思想、孙中山的主观社会主义思想。"①他们在西方社会思潮影响下，批判本国封建主义，主张建立一个自由、公平、合理的社会制度，试图通过改革追赶上西方国家，反映了近代仁人志士对美好社会制度的憧憬和对封建社会制度改革的自信，但他们受制于历史条件等限制，对理想制度的探索都没有成功。

1."太平天国"草根制度自信探索

1853 年，马克思在《中国革命和欧洲革命》中指出："中国在 1840 年战争失败以后被迫付给英国的赔款、大量的非生产性的鸦片消费、鸦片贸易所引起的金银外流、外国竞争对本国工业的破坏性影响、国家行政机关的腐化，这一切造成了两个后果：旧税更重更难负担，旧税之外又加新税。"②官僚、地主、商人、高利贷者相互勾结，兼并了大量土地，人民生活更加困苦。1843 年洪秀全将民族危难、民生疾苦同个人相结合，创立了"拜上帝会"，秘密开展革命活动。洪秀全吸收了农民平等思想、平均主义和古代大同理想，创作了《原道救世歌》《原道醒世训》《原道觉世训》，提出建立"天下一家，共享太平"的乌托邦式社会。1851 年 1 月，洪秀全在广西桂平县金田村举行武装起义，宣布建国号为"太平天国"。1853 年 3 月定都南京，改名天京，作为太平天国的首都，颁布《天朝田亩制度》，试图建立一个废除私有制、绝对平均主义、"处处平均，人人保暖"的社会制度。1864 年 7 月，在中外反动势力联合绞杀下，"太平天国"制度探索失败。

2.康有为"大同世界"的自信改革

康有为是中国资产阶级改良派式的"乌托邦"思想家，1885 年中法战争失败后，康有为上书光绪皇帝提出"变成法，通下情，慎左右"，没有得到重

---

① 高放、黄达强：《社会主义思想史》（下），北京：中国人民大学出版社，1987 年，第 867 页。

② 《马克思恩格斯选集》（第一卷），北京：人民出版社，2012 年，第 780 页。

视。1895年甲午战争的失败,证明张之洞等洋务派开展"中学为体、西学为用"的"洋务运动"失败。康有为再次上书光绪皇帝,认为洋务派提出的"器不如人"太肤浅,中国的问题出在了制度层面,提出拒和、迁都、变法三项改制意见。中进士后,康有为向光绪皇帝提出了"富国、养民、教士、练兵"等改革主张。1898年6月,光绪皇帝颁布"定国事诏",推行新政,由于顽固派发动政变,变法失败。1902年康有为写了《大同书》,提出理想社会制度从"据乱世"(君主专制)而"升平世"(君主立宪制)至"太平世"(民主共和),达到理想的大同世界,但他脱离阶级斗争设想封建地主阶级统治的国家自行消亡只是一种"乌托邦"。正如毛泽东所说:"康有为写了《大同书》,他没有也不可能找到一条到达大同的路。"[①]

3.资产阶级民主共和制度的自信引进

在纪念孙中山诞辰150周年大会上,习近平这样评价孙中山:"孙中山先生是伟大的民族英雄、伟大的爱国主义者、中国民主革命的伟大先驱。"[②]正是在孙中山的领导下,2000多年的封建王朝灭亡,建立了资产阶级民主共和制度的中华民国。毛泽东、宋庆龄等伟人也高度评价他的历史功绩,称之为"伟大的革命先行者"。孙中山向往"天下为公"的大同世界,曾上书李鸿章提出改革方案,并没有引起当局重视。甲午战争失败后,孙中山放弃改良救国之路,决意通过暴力推翻腐朽的清王朝。1894年,孙中山在檀香山创立兴中会。兴中会以"驱逐鞑虏,恢复中华,建立合众政府"为入会誓词,在中国近代史上第一次提出了推翻清王朝,建立资产阶级民主共和国的纲领。1903年,孙中山将革命目标改为"驱逐鞑虏,恢复中华,建立民国,平均地权"。1905年8月,兴中会与几个反清革命团体联合,成立了中国同盟会。1911年10月10日,孙中山领导举行武昌起义,推翻了清王朝,结束了封建帝制。1912年元旦,孙中山就任临时大总统,在南京建立了中华民国临时政府,但辛亥革命成果很快被袁世凯窃取,袁世凯称帝后孙中山领导的二次革命和

---

① 《毛泽东选集》(第四卷),北京:人民出版社,1991年,第1360页。

② 习近平:《在纪念孙中山先生诞辰150周年大会上的讲话》,北京:人民出版社,2016年,第1页。

护法运动先后失败,国家又陷入混战。1925 年 3 月 12 日,孙中山病逝,革命党人手中没有军事武装,无力钳制北洋军阀,再加上受几千年封建思想的影响,普通民众表现为对专制的服从和政治冷漠,国家政治制度建构仅仅是精英人物的权力游戏,资本主义民主共和的国家制度成了一种被虚置的政治摆设,甚至还有人拥护专制复辟,国家权力又集中在军阀手中,资本主义民主共和制度引进失败。

## 二、中国共产党人对美好制度的自信追求

毛泽东在《论人民民主专政》中指出:"帝国主义的侵略打破了中国人学西方的迷梦。很奇怪,为什么先生老是侵略学生呢?"[①] 1840 年以来,太平天国、戊戌变法、洋务运动及辛亥革命等旧民主主义的制度追求抗争,提出了各式各样的救国自信主张,屡败屡战地探索着,各种救国方案都归于失败,很多人为此付出了血与生命的沉重代价,但没有找到一条救国图存之路,以至于"国家蒙辱、人民蒙难、文明蒙尘"[②]。正如马克思所说:"播下的是龙种,而收获的却是跳蚤。"[③]辛亥革命赶走了"满皇帝"却引来"汉皇帝",带来了常年的军阀混战,忧国忧民之士又陷入对未来道路和制度的深思。习近平在党的十九大报告中三个"深刻认识到"揭示了实现民族复兴的基本规律:"必须建立符合我国实际的先进社会制度。"[④]在近现代史上形成了影响中华民族命运的"两个选择":历史和人民对中国共产党的选择、改革开放后党和人民对中国特色社会主义道路的选择,中国共产党人认定"中国的出路只能是实行社会主义"[⑤]。

---

① 《毛泽东选集》(第四卷),北京:人民出版社,1991 年,第 1470 页。
② 习近平:《在庆祝中国共产党成立 100 周年大会上的讲话》,北京:人民出版社,2021 年,第 2 页。
③ 《马克思恩格斯文集》(第十卷),北京:人民出版社,2009 年,第 590 页。
④ 习近平:《决胜全面建成小康社会　夺取新时代中国特色社会主义伟大胜利——在中国共产党第十九次全国代表大会上的报告》,北京:人民出版社,2017 年,第 14 页。
⑤ 胡绳:《中国共产党的七十年》,北京:中共党史出版社,1991 年,第 22 页。

（一）正确道路选择找准了制度建设方向

在振兴中华的道路上,我们屡屡受挫,很多仁人志士感到迷茫、彷徨。根据林伯渠的回忆,"辛亥革命前觉得只要把帝制推翻便可以天下太平……发现此路不通"①。历史的教训太深刻了,在西方国家成熟的资产阶级共和国方案搬到中国后却变了样:普选制流于形式,多党制成了拉帮结派,议会开会甚至大打出手。经过短时期的阵痛,人们逐渐认识到只有找到一条正确的道路,中华民族才会有光明的前景。"中国迫切需要新的思想引领救亡运动,迫切需要新的组织凝聚革命力量。"②但新的道路不是轻而易举就能找到的。有的人将注意力集中在文化领域,陈独秀认为:造成中国人民愚昧的根源是封建道德,要将反对共和的伦理、文学等旧思想统统洗刷掉,否则共和便不能进行。③张闻天认为,中国混乱的原因在于没有产生新的社会组织。④于是改造旧社会、建设新社会的呼声越来越高。社会要改造已经成了共识,如何改造却成了问题。正如毛泽东所说:"一切别的东西都试过了,都失败了。"⑤中国人民在救亡图存抗争中,1914年爆发了第一次世界大战,战争持续了4年多,战火使欧洲到处满目疮痍。第一次世界大战结束后一个月,梁启超到欧洲游历一年后有一个强烈的感觉:"社会革命恐怕无一国能避免,只不过是早晚罢了。"⑥1920年,英国哲学家罗素受梁启超邀请来到中国,罗素认为中国要走自己的路要避免全盘西化、抛弃自己的传统,并向中国人宣称他自己

---

① 金冲及:《生死关头——中国共产党的道路选择》,北京:生活·读书·新知三联书店,2016年,第5页。

② 习近平:《在庆祝在中国共产党成立100周年大会上的讲话》,北京:人民出版社,2021年,第3页。

③ 金冲及:《生死关头——中国共产党的道路选择》,北京:生活·读书·新知三联书店,2016年,第5页。

④ 金冲及:《生死关头——中国共产党的道路选择》,北京:生活·读书·新知三联书店,2016年,第5页。

⑤ 《毛泽东选集》(第四卷),北京:人民出版社,1991年,第1471页。

⑥ 梁启超:《梁启超选集》,上海:上海人民出版社,1981年,第723页。

是相信社会主义的。人们从中得出了一个强烈的感性认识:社会主义应该比资本主义制度更先进。原来耀眼的资本主义制度现在的缺陷是如此明显,我们还要步别人后尘吗?一边是颓废的资本主义,一边是朝气蓬勃的俄国苏维埃,在苦苦摸索中的中国人民看到了新的希望。

习近平在党的十九大报告中精彩论述:"一百年前,十月革命一声炮响,给中国送来了马克思列宁主义。"[①]在十月革命影响下,以巴黎和会中国外交失败为导火索,1919年5月4日,在北京爆发了反帝反封的革命运动——五四运动,形成了"以爱国、进步、民主、科学为主要内容的伟大五四精神"。[②]五四运动后,李大钊、陈独秀等开始传播新思想,接受了马克思主义,在与改良主义、无政府主义、伪社会主义的三次论战中取得了胜利。1921年7月中国共产党成立,中国人民找到了马克思主义这一思想武器,从此中国人民有了主心骨。自从中国人民选择了中国共产党,中国革命就有了正确的前进方向,避免了走向"无政府主义"等弯路和邪路,中国命运也发生了转机。中国人民逐步认识到要取得中国革命的胜利必须要反对帝国主义,中国共产党带领中国人民"以俄为师",开始了反对帝国主义、封建主义和官僚资本主义的革命,朝社会主义道路前进。在早期革命中,由于缺乏经验,照搬照抄俄国走城市暴动的经验,以至于南昌起义、秋收起义、广州起义先后失败。以毛泽东同志为主要代表的中国共产党人根据敌强我弱的客观实际,将革命力量转移至农村、边远山区,放手发动群众,建立革命根据地,走农村包围城市的革命新路,带领人民进行了28年浴血奋战,赶走了倭寇,推翻了国民党反动统治,结束了半殖民地半封建社会,于1949年10月1日建立了中华人民共和国,实现了"站起来"的伟大历史使命,中国国际地位逐步提升,为中国特色社会主义制度的形成奠定了基础。

① 习近平:《决胜全面建成小康社会 夺取新时代中国特色社会主义伟大胜利——在中国共产党第十九次全国代表大会上的报告》,北京:人民出版社,2017年,第12页。

② 《十九大以来重要文献选编》(中),北京:中央文献出版社,2021年,第27页。

(二)社会主义建设和制度探索自信

新中国成立后,在政治方面,按照"议行合一"的原则组成了中央人民政府,全国划分为 6 个行政区,通过"剿匪"、镇压"反革命""整风"和"整党"运动、土地改革和抗美援朝运动,探索建立了适合中国国情的人民代表大会制度、多党合作政治协商制度、民族区域自治制度等政治制度,巩固了新生的人民政权;[①]教育文化、国防外交等方面取得了重大成就;经济上虽然建立了独立完整的工业体系,但总体来说工业基础薄弱,经济落后。"社会主义现代化必须建立在发达生产力的基础之上。"[②]由于中国长期处于革命和战争之中,在"一穷二白"的基础上开展现代化建设对中国共产党来说是一个全新的命题。党通过以土地革命为主要内容的各项改革,恢复了国民经济,稳固了政权。为了尽快完成从新民主主义社会到社会主义社会的转变,党中央制定了"一化三改"的过渡时期总路线,并写进了 1954 年宪法。1956 年我国完成"三大改造",初步建立起社会主义制度。

对如何建设社会主义,中国没有经验,苏联也显得经验不足,"苏联模式"的弊端在苏共二十大后凸显。毛泽东等第一代中共领导人果断提出"以苏为鉴",改变了以往过于依赖苏联,照抄照搬苏联经验的做法,走出一条对"苏联模式"的改革之路。毛泽东指出:"学习有两种态度。一种是教条主义的态度,不管我国情况,适用的和不适用的,一起搬来。这种态度不好。另一种态度……学那些和我国情况相适合的东西。"[③]在这一时期,加深了对社会主义的认识,形成了《论十大关系》《关于正确处理人民内部矛盾的问题》、"社会主义阶段论""四个现代化""两步走"发展战略、"三个世界划分"等重要理论;但在社会主义建设过程中也出现了一些问题,尤其是在"整风""反右"运动后,

---

① 李正华、张金才主编:《中华人民共和国政治史》(1949—2012),北京:当代中国出版社,2016 年,第 17~27 页。

② 《改革开放三十年重要文献选编》(下),北京:中央文献出版社,2008 年,第 1170 页。

③ 《毛泽东文集》(第七卷),北京:人民出版社,1999 年,第 242 页。

党在指导思想上越来越"左",提出"以阶级斗争为纲",混淆了人民内部矛盾和阶级矛盾,导致了"反右"斗争的扩大化,发生了"大跃进""人民公社化"等沉痛教训。在社会主义建设若干重大关系处理方面过于发展重工业,由于指导思想的失误,一些好的政策没有得到贯彻落实,以致酿成"文化大革命"的严重错误,但这些探索也为中国特色社会主义制度的完善积累了经验。

(三)改革开放中的现代化进程自信

党的十一届三中全会是党的发展历史、国家发展史和社会主义发展史上的伟大转折,大会确立了"解放思想、实事求是"的思想路线,实现了三个重大转变:"以阶级斗争为纲转到以经济建设为中心;从封闭半封闭转到对外开放;从墨守成规转到各方面改革。"①以邓小平同志为主要代表的中国共产党人开辟了社会主义建设和发展的新道路。1979 年 3 月,邓小平指出:"搞建设,也要适合中国情况,走出一条中国式的现代化道路。"② 1982 年 9 月,党的十二大"围绕着什么是社会主义,怎样建设社会主义"这一首要问题,提出了"走自己的路,建设有中国特色的社会主义",中国特色社会主义进入开创时期。邓小平指出:"从十一届三中全会到十二大,我们打开了一条一心一意搞建设的新路。"③"这条道路的显著特点就是社会主义与现代化的结合"④,最关键的是我们在坚持社会主义制度前提下发展市场经济,破除了现代化就是西方化的偏见。

## 三、新时代中国特色主义制度自信的坚持和发展

党的十八大以来,中国特色社会主义进入新时代。新时代有了新的使

---

① 陈晋:《中国共产党一路走来》,北京:中国少年儿童出版社,2017 年,第 92 页。

② 《邓小平文选》(第二卷),北京:人民出版社,1994 年,第 163 页。

③ 《邓小平年谱(1975—1997)》(下),北京:中央文献出版社,2004 年,第 850 页。

④ 秦刚:《社会主义是当代中国实现现代化的成功之路》,《求是》,2018 年第 2 期。

命:以中国式现代化实现中华民族伟大复兴。习近平在党的十九大报告中提出了必须坚持的"三个深刻认识到",对于当前振奋中国发展信心、坚定中国特色社会主义制度自信具有重要的指导意义。中国已经实现了"站起来"到"富起来",但是如何合乎时代潮流?怎么顺应人民意愿?如何深入推进改革开放从"富起来"到"强起来",需要解决好如何坚持和发展中国特色社会主义,需要制度自信。

(一)怎样坚持:完善制度体制机制,使制度更加成熟

邓小平在"南方谈话"中指出:"恐怕再有三十年的时间,我们才会在各方面形成一整套更加成熟、更加定型的制度。"①党的十八大报告提出了完善中国特色社会主义的要求:"构建系统完备、科学规范、运行有效的制度体系,使各方面制度更加成熟更加定型。"②党的十八届三中全会、党的十九大把完善发展中国特色社会主义说的更为重要,直接提高到了八个明确之一,即"全面深化改革的总目标"。党的十九届四中全会提出了新时代完善中国特色社会主义制度的路线图,到2035年各方面制度更加完善,到新中国成立100周年时,中国特色社会主义制度更加巩固、优越性充分体现。在"四个自信"中,制度自信最为关键,中国特色社会主义的完善和发展最终都要落实到制度建设上,任何方面的动摇也会通过制度反映。成熟的中国特色社会主义体制机制需要经历血与火的考验、对与错的判断、实践的探索和历史的检验。正如约翰·密尔所说:"制度不是做成的,而是长成的。"③这就需要人们相信制度,有事诉求于制度,树立对中国特色社会主义制度的信仰,对制度有敬畏之心。建成成熟的体制机制最为重要的是坚持完善制度走中国特色社会主义的发展道路,只要我们沿着中国特色社会主义道路持续走下去,不丢科学社会主义的基本原则,不走"老路"和"邪路",我国的社会主义制度会变得更加成熟。

---

① 《邓小平文选》(第三卷),北京:人民出版社,1993年,第372页。

② 《十八大以来重要文献选编》(上),北京:中央文献出版社,2014年,第76页。

③ [英]约翰·密尔:《代议制政府》,汪瑄译,北京:商务印书馆,1984年,第6页。

（二）怎样发展：制度自信是"富起来"到"强起来"的根本保障

习近平在党的十九大报告中用"三个意味着"勾勒出了新时代中国特色社会主义的历史方位。在时间上，开启"富起来"到"强起来"的新征程；在空间上，举起了科学社会主义大旗，走出了一条独特的现代化之路。习近平通过表述新时代的"五大表现"表明了我们还有很多未竟的事业要一代又一代人接力才能完成。当前我国正处于以中国式现代化全面推进强国建设、民族复兴伟业的关键时期，社会主要矛盾从"人们日益增长的物质文化需要同落后生产之间的矛盾"转化为"人民日益增长的美好生活需要和不平衡不充分发展之间的矛盾"，人们对美好生活的需要更加广泛。生活不但要富裕还要高质量，要有获得感、幸福感、安全感；教育、就业、收入、社会保障、医疗卫生、居住条件和环境、精神文化生活等方面的需求都会大幅度提高，还有很多"伟大斗争、伟大工程、伟大事业、伟大梦想"尚未完成。人民群众是社会变革的主体和决定力量，又是历史发展的动力。中国特色社会主义制度自信来源于现实和实践，实质上是续写的"富起来"到"强起来"的新篇章，"由谁来领导，走什么路，以谁为主体、以什么样的方式和精神状态"实现的历史唯物主义史观，是对当前我国社会主义初级阶段基本国情的正确认识、对民族的命运和人民福祉的责任担当。实现当前"富起来"到"强起来"的新篇章，就是人民群众在中国共产党的领导下，坚定制度自信，依靠我国的根本政治制度、基本政治制度、基本经济制度，政治、经济、文化、社会、生态文明方面的具体制度和中国特色社会主义法律体系，激发人民的主体性和主观能动性，汇聚起实现中华民族伟大复兴新征程的磅礴力量。

# 第二节　中国特色社会主义制度自信的理论逻辑

从理论的源头分析,中国特色社会主义制度从哪里来? 中国特色社会主义制度不是从天上掉下来的,它的源头可以追溯到 500 多年前莫尔在《乌托邦》提出的空想社会主义制度学说,空想社会主义学说中已经有社会主义制度自信的萌芽;经过从空想到马克思、恩格斯创立科学社会主义学说,科学社会主义学说包含有社会主义制度自信的基础;列宁在落后俄国率先取得社会主义革命胜利,苏俄建立了社会主义制度,社会主义制度从一国到多国的建立,积累了社会主义制度自信的经验。

## 一、空想社会主义学说出现社会主义制度自信萌芽

恩格斯指出:"历史从哪里开始,思想进程也应当从哪里开始,而思想进程的进一步发展不过是历史过程在抽象的、理论上前后一贯的形式上的反映。"[①]恩格斯的论述指明理论的起点与历史现实的发展进程是一致的。从追溯制度自信的起源来讲, 社会主义思想的产生为建立社会主义制度提供了重要借鉴,可以说是制度自信的最初萌芽,制度自信的萌芽应该从社会主义思想的产生开始。

"社会主义"是和"资本主义"相对立的一种思想体系或社会制度,在 19世纪 30 年代在欧洲开始使用,英文为"Socialism",主体部分"Social"源于古拉丁文 Socialis,意为"同志或同伙","社会主义"最早由英国、法国空想社会

---

① 《马克思恩格斯文集》(第二卷),北京:人民出版社,2009 年,第 603 页。

主义者使用。1832年2月13日在《环球》杂志①、1933年8月在《贫民卫报》②上把"社会主义"作为未来理想社会的名称,到19世纪40年代,社会主义成为西欧风靡一时的新思潮。我国学者严复1895年在翻译《天演论》时将社会主义翻译为"群"或"人群"。英国传教士李提摩太在1899年《万国公报》第121、123期把马克思主义称为"养民学",指出:"德国讲求养民学者有名人焉,一曰马克思,一曰恩格斯。"③康有为、梁启超最早也将"Socialism"翻译为"人群",梁启超受日本人影响,在1902年9月15日出版的《新民丛报》中将"社会主义"移植到中国,后逐步传开。④关于社会主义的起点,学界也有不同的争议,大致分为八种。⑤第一种观点认为,社会主义的来源可以追溯到公元前8世纪的约旦、巴勒斯坦,从基督教《圣经》中探求社会主义的起源。古以色列人提哥亚牧羊人阿摩斯向往平等、正义,提出了有关伦理和宗教的乌托邦思想,阿摩斯被认为是"社会主义者第一人";第二种观点认为,社会主义思想可以追溯到古希腊思想家柏拉图,柏拉图在《理想国》提出了有关贵族财产、家庭公有化的主张,柏拉图是社会主义的始祖;第三种观点认为,社会主义思想起源于近代英国空想思想家莫尔,莫尔的"乌托邦"思想是社会主义的起源;第四种观点认为,社会主义的思想源于16世纪德国的闵采尔;第五种观点认为,社会主义思想来源于17世纪中叶的英国人温斯坦莱;第六种观点认为,社会主义思想起源于英国人托马斯·斯宾斯在1775年在《人的真正权力》中提出的废除土地私有制建立农业公有制的主张;第七种观点认为,社会主义思想起源于1789年法国资产阶级革命;第八种观点认为,社会主义思想起源于19世纪20—40年代的英法三大空想社会主义者:圣西门、傅立叶和欧文。笔者认同第三种观点:社会主义思想起源于近代英国空想思想

① 该杂志为空想社会主义派圣西门主办的杂志。
② 该报纸为空想社会主义派欧文主办的报纸。
③ 戴清亮等:《社会主义学说史》,北京:人民出版社,1987年,第582页。
④ 高放、黄达强:《社会主义思想史》(上),北京:中国人民大学出版社,1987年,第1~4页。
⑤ 高放、黄达强:《社会主义思想史》(上),北京:中国人民大学出版社,1987年,第9~11页。

家莫尔1516年发表的《乌托邦》。通过查阅经典文献发现,在《德意志意识形态》中,马克思恩格斯列举的英国的共产主义者首先提到的就是莫尔;从1873年李·卜克内西与恩格斯的信件中,可以看出他们都非常认可这一观点。恩格斯在1876年准备写《反杜林论》时也提到350年前莫尔就提出了实现社会正义的要求。

2016年5月17日,在全国哲学社会科学座谈会上的讲话中,习近平对莫尔的《乌托邦》等著作给予了很高的评价:"托马斯·莫尔的《乌托邦》、康帕内拉的《太阳城》……都是思考和研究当时当地社会突出矛盾和问题的结果。"[①]16—17世纪,世界历史进入了资本主义时期,开辟了新航路,发现了新大陆,形成了世界市场。新的生产力形成"资本家对无产者的占有和奴役"式的新的生产关系,也促进了空想社会主义思想的产生。16—17世纪空想社会主义反映了早期无产者群众的经济利益、政治要求、社会理想和战斗生活,开创了两种明显的思想体系:一种是以莫尔为代表的脱离劳苦大众的、纯粹幻想式学说;另一种是以闵采尔为代表的注重革命实践的思想体系,但都带有平均主义、禁欲主义的色彩。

(一)社会主义制度自信的微光:16—17世纪空想社会主义者的探索

托马斯·莫尔(1478—1535)被誉为空想社会主义创始人。莫尔生活在英国封建制度解体和资本主义原始积累时期,目睹了资本主义原始积累时期"圈地运动"给农民带来的沉痛灾难,他用"羊吃人"这种最简洁、最公正、最真实的概括痛斥剥削阶级,揭露了资本主义的罪恶。莫尔1516年出版《乌托邦》(又名《关于最完美的国家制度和乌托邦新岛的既有益又有趣的金书》),第一次系统阐述了空想社会主义的基本思想,描述了一个没有剥削和压迫,实行共产主义制度的理想国度。经济上提出了"私有制是万恶之源",主张生产资料公有——实行全民所有制,完全废除私有制,实行按需分配;政治上

---

① 《十八大以来重要文献选编》(下),北京:中央文献出版社,2018年,第326~327页。

主张实行彻底的民主制度,在婚姻等社会制度方面,尊重妇女,实行严格的一夫一妻制,人们从"乌托邦"中看到了社会主义(共产主义)的微光。和托马斯·莫尔同一时期出现的空想社会主义者还有意大利人康帕内拉(1568—1639)、德国人闵采尔(1489—1525)和英国人温斯坦莱(1609—1652)。康帕内拉在《太阳城》中痛斥资本主义社会的不平等,批判资本主义财产产生的根源——私有制和利己主义;虚构出一个与现实社会相对比的理想社会:实行公社制度的公有制和按需分配,大家共同劳动,最早提出"劳动光荣"的口号。16世纪初期,德国马丁·路德发起的宗教改革引发了农民战争。传教士闵采尔的热烈拥护,通过建立秘密组织,以"得到上帝的启示"的名义宣传"神的戒律",主张通过暴力革命推翻不合理社会,找到消灭剥削和压迫,建立公有制的"千载太平天国",但他不明白"宗教是人民的鸦片"[①]。马克思认为:"这个德国历史上最彻底的事件,因碰到神学而失败了。"[②]1649年5月,英国通过资产阶级革命建立资产阶级共和国,但共和国没有给失地农民带来利益,失地农民联合起来要求统治当局解决他们的土地问题,消灭社会的不平等。温斯坦莱带领失地农民在圣乔治山上共同劳动、开荒耕种,被称为"掘地派运动",后遭到资产阶级镇压。温斯坦莱没有放弃,继续通过著书立说进行斗争,在著作《自由法》(又名《以纲领形式叙述的自由法,或恢复了的真正管制制度》)中,尖锐指出私有制是人们产生贫富差距的根源,提出土地公有、按需分配,实行共和管理制度等改造社会的方案。

(二)直接共产主义的制度自信理论:18世纪空想社会思想

18世纪资本主义进入了工场手工业时期,随着资本主义经济的发展壮大形成了强大的资产阶级。资产阶级通过启蒙运动对封建制度和宗教神学进行了无情的批判,声势浩大的运动使法国成为欧洲革命的中心,也促进了无产阶级意识的觉醒,出现了梅叶(1664—1729)、摩莱里(约1700—1780)、

---

① 《马克思恩格斯文集》(第一卷),北京:人民出版社,2009年,第4页。
② 《马克思恩格斯文集》(第一卷),北京:人民出版社,2009年,第12页。

马布利(1709—1785)、巴贝夫(1760—1797)等对未来理想社会构想的学说，他们以更加理性的方式批判资本主义私有制，以法理的形式阐述未来社会的基本原则。所以马克思评价说："18世纪已经有了直接共产主义的理论(摩莱里和马布利)。"[1]

让·梅叶是18世纪法国空想社会主义的先驱，生前随父母心愿做了天主教神父，但他是坚持唯物论的无神论者，让·梅叶高举唯物论和无神论大旗，书写了三卷本著作《遗书》，揭露资产阶级利用宗教愚弄、剥削、压迫劳动人民的反动本质，认为社会最主要、最显著的祸害是社会的不平等和财富不均，私有制是压迫和剥削的总根子，是一切社会祸害的原因。梅叶提出用暴力革命消灭私有制，消灭社会不平等，建立无产者和贫困农民当家作主的公有制理想社会。摩莱里也是法国杰出的空想社会主义者，他以理性的历史观来论证空想社会主义学说，并以法律条文展现出来。其主要学说集中在1753年发表的《巴齐里阿达》和1755年出版的《自然法典》中。在《自然法典》中，他提出了空想社会主义的法律蓝本，认为私有制是万恶之源，"任何东西不得单独地或作为私有财产属于任何人"[2]。他主张实行公有制，废除私有制，把公民的劳动权和生活权等载入法律等。马布利认为私有制造成了人的贪婪、贫富差距和阶级分化，是违反自然状态的制度。自然界赋予人理性、自由和幸福的本能，任何人、任何组织都无权剥夺，否则公民有权改变不符合自然本能的法律和制度，试图建立一个类似于斯巴达式的共和国。巴贝夫是18世纪法国平等密谋派著名领导人。1794年热月政变后，巴贝夫看清了热月党人的资产阶级利己的本质后，开始反对热月党人的统治。巴贝夫认为不公正的政治和经济制度是社会不平等的根源，巴贝夫设计了一种新的社会制度：在经济上，消灭私有制，生产资料、劳动产品公有，绝对平均分配；在政治上，肃清旧制度、旧势力，建立以人民为中心的、自由、平等的共和国，制定了为人民谋福利的宪法。他看到了人民的力量，并主张通过阶级斗争，建立革命

---

[1] 《马克思恩格斯文集》(第三卷)，北京：人民出版社，2009年，第525页。

[2] 李凤鸣：《空想社会主义思想史》，上海：上海人民出版社，1980年，第93页。

组织,用武力破旧立新等观点超越了早期及同时代空想社会主义学说。

(三)批判的空想的制度自信理论:19 世纪空想社会主义

英国的工业革命和法国资产阶级革命为 19 世纪初空想社会主义的产生提供了历史前提。工场手工业被现代大工业取代,资产阶级和无产者之间的对立不但没有消失反而变得更加尖锐,这为 19 世纪初空想社会主义的学说奠定了阶级条件。法国资产阶级革命前的启蒙运动为其提供了思想准备,空想社会主义学说在这一时期发展到顶峰,代表人物为法国的圣西门(1760—1825)、傅立叶(1772—1837)和欧文(1771—1858)。圣西门出身于贵族家庭,1779—1783 年加入远征兵团参加北美独立战争。1789 年投入法国大革命,放弃伯爵爵位,更名为"公民包诺姆"①,完成了从封建贵族到资产阶级民主主义者的转变。雅各宾派实施的各种暴力措施,唤起了他"为改进人类的文明而努力"。1808 年,他在《19 世纪科学著作导论》中阐述的社会主义思想,标志着圣西门从民主主义者到社会主义者的转变。1821 年,圣西门出版《论实业制度》(又译《论实业体系》),表达了他对未来理想社会的设想,论述了理想社会取代现时代社会的必然性和必要性,奠定了他的空想社会主义思想体系。他认为,未来社会的目的和实现手段是——有计划地组织整个社会的生产;未来社会最大的原则是普遍劳动,按"各按其能、各按其劳"进行分配②,提出了对"按劳分配"的最早认识;论述了推翻资本主义社会的希望,认为资本主义社会是过渡性质的,是封建旧制度和未来理想社会制度之间的"中间的和过渡的体系",他的思想受到恩格斯的称赞:"从圣西门那里发现了天才的远大眼光。"③

傅立叶对大革命后建立的"理性王国"感到极度失望,并完成了从商人到空想社会主义者的转变,在《全世界和谐》中表达了自己的空想社会主义

① "包诺姆"意思为"老百姓、庄稼人"。

② 李凤鸣:《空想社会主义思想史》,上海:上海人民出版社,1980 年,第 145 页。

③ 《马克思恩格斯文集》(第三卷),北京:人民出版社,2009 年,第 531 页。

观,后在法国进行未来社会"法朗基"实验,遭遇失败。傅立叶认为,资本主义制度在一定时期是合理性和必要性,但并不能带给人类幸福,反而带来祸害,原因是其生产的分散性导致个人与集团的利益冲突形成的资本主义的剥削制度。恩格斯认为在科学社会主义产生以前,"对这方面进行批判的只有傅立叶一人"①。欧文出身于手工业者家庭,20岁被聘为曼彻斯特纺织工厂的管理人员,在进行改造工人工作环境和待遇的改革中,欧文认识到资本主义生产的秘密——利润来源于对工人的剥削,逐步积累了自己的社会主义思想。1824年,欧文进行"新和谐公社"实验,坚持了4年后,"新和谐公社"实验失败。欧文认为私有制是造成无数罪行和灾祸的罪恶根源,主张彻底消灭私有制;他看到了机器设备的使用加重了对无产阶级的剥削,认为大机器的使用必然导致经济危机;并提出按照"人生而平等"的原则,建立公社,实行生产资料公有制和按需分配。

19世纪空想社会学说有其独特的特点。首先,斗争锋芒统一指向了资本主义,对资本主义的批判也成为科学社会主义的重要来源;其次,突破了小生产者的局限,抛弃了平均主义和禁欲主义的错误主张;再次,思想中包含有许多历史唯物主义的深刻见解。马克思称圣西门、傅立叶和欧文为"社会主义创始人",他们的观点"长期支配着19世纪的社会主义观点"②,称他们的思想体系为"本来意义的社会主义和共产主义的体系"③。各种空想社会主义思想家提出的观点大体包括三个方面的内容:第一,对资本主义生产关系和社会制度的批判,主张实行公有制、废除私有制,按照共同分配原则分配消费品。第二,未来社会将实行彻底的民主制度,实行"人民主权"的原则。莫尔乌托邦的人民平等、马布利提出的公民有权改变不符合自然本能的法律和制度、欧文提出按照"人生而平等"建立公社等都带有"人民主权"的民主色彩。第三,尝试用和平方式来改变资本主义制度。如温斯坦莱主张用法律

---

① 《马克思恩格斯全集》(第42卷),北京:人民出版社,1979年,第358页。

② 《马克思恩格斯文集》(第三卷),北京:人民出版社,2009年,第536页。

③ 《马克思恩格斯选集》(第一卷),北京:人民出版社,2012年,第431页。

形式;傅立叶认为革命是社会灾难,主张采用阶级调和、反对暴力革命。但他们都设想建立一个没有剥削和压迫,实行共产主义制度的理想国度,这符合历史发展潮流,是历史的进步。马克思、恩格斯非常看重空想社会主义者的这份伟大历史遗产,在科学社会主义形成过程中,19世纪空想社会主义者既揭示了它的历史局限性,又吸取了其合理内核,并在《共产党宣言》中给予其思想高度评价,称19世纪空想社会主义思想为"批判的空想的社会主义和共产主义"①。

## 二、科学社会主义学说包含社会主义制度自信基础

任何一种思想的产生必须具备一定的客观条件:经济根源、阶级根源、科学文化基础,又要具备一定主观条件:伟大历史人物的推动。资本主义不断发展、资本主义基本矛盾不断演进为科学社会主义的产生准备了经济根源、阶级根源,自然科学的三大发现和空想社会主义学说为其准备了思想文化基础,马克思恩格斯的"两个转向"和"两大发现"是其产生的重要前提,"两大发现"为其奠定了重要的理论基础,1848年2月《共产党宣言》的发表是科学社会主义产生的重要标志。

### (一)揭示了社会主义取代资本主义的必然性

18世纪60年代,以蒸汽机的发明和应用为主要标志的产业革命从英国扩大到了欧美其他国家,极大地促进了生产力的发展。大机器的使用把工厂手工业变成了现代的大工业,生产社会化和生产资料私人占有之间的矛盾日益尖锐,引发了周期性的经济危机。19世纪三四十年代,法国里昂工人起义、英国宪章运动和德国西里西亚纺织工人起义为科学社会主义的产生提供了阶级基础。科学社会主义的产生也吸收、改造了人类2000多年思想文

---

① 《马克思恩格斯文集》(第二卷),北京:人民出版社,2009年,第62页。

明的精华。有学者指出："没有前人的理论贡献，就不会有科学社会主义的产生。"①除了吸收圣西门、傅立叶、欧文代表的空想社会主义学说为直接思想来源外，马克思、恩格斯还吸收了德国古典哲学中黑格尔辩证法的"合理内核"、费尔巴哈唯物主义的"基本内核"，以及英国古典政治经济学中亚当·斯密、大卫·李嘉图的劳动价值论。19世纪三四十年代，"细胞学说、能量守恒和转化定律、生物进化论"组成的自然界"三大发现"，提高了人们对自然界的客观认识，抨击了资产阶级所宣扬的唯心主义和形而上学学说，为马克思恩格斯的思想打下了坚实的唯物主义基础。

马克思、恩格斯两人的天才和勤奋、团结奋斗是科学社会主义产生的主观条件之一，更重要的是他们实现了"两个转向"：世界观上从唯心主义转向唯物主义，政治立场上从革命民主主义转向共产主义。马克思在中学毕业时所写的《青年在选择职业时的考虑》一文中表达了"最为人类而工作"的"普罗米修斯情怀"，在柏林大学读书时马克思参加了青年黑格尔派，接受了黑格尔唯心主义辩证法思想。1841年马克思在博士论文中，斥责了宗教的反人道、反个性的本质，但此时他还是一个唯心主义者。1841年马克思大学毕业后开始投入实际的政治斗争。1842年4月—10月，马克思作为《莱茵报》主编期间撰写了大量抨击封建势力的文章，《关于林木盗窃法的辩论》站在穷苦人民的立场上揭露统治阶级的贪得无厌，这些实际斗争促使马克思走向了社会主义。1843—1844年在《论犹太人问题》和《〈黑格尔法哲学批判〉导言》中，马克思提出了无产阶级是社会变革的决定力量、把人类从社会和政治压迫中解放出来的革命思想，完成了从唯心主义转向唯物主义世界观的转变；1844年6—8月，开始从经济方面剖析了资本主义的社会结构，用异化劳动分析资本与劳动之间的关系，完成了《1844年经济学哲学手稿》，马克思从革命民主主义者转变为共产主义者。恩格斯早年加入了青年黑格尔派，1841年在柏林服兵役期间与谢林展开论战，揭露了谢林违反科学、为君主和

---

① 《靳辉明文集》，上海：上海辞书出版社，2005年，第198页。

宗教辩护的反动本质,捍卫了黑格尔哲学的历史地位。在英国期间,恩格斯写下了《国内危机》《英国工人阶级状况》《政治经济学批判大纲》等文章,揭示了资本主义私有制的种种罪恶,提出了无产阶级的历史使命、消灭私有制、建立社会主义制度的思想,完成了世界观和政治立场的转变。为此列宁说:"恩格斯到英国后才成为社会主义者。"① 1844 年 8 月,马克思、恩格斯两人在巴黎再次会面,此后两位伟大导师并肩战斗,为科学社会主义的产生奠定了主观条件。

在《神圣家族》中,马克思、恩格斯批判了青年黑格尔派站在唯心主义立场上,把"自我精神""意识"说成历史主体,蔑视人民群众的观点,指出人民群众是社会历史发展的动力,提出了私有制灭亡的历史必然性。列宁高度评价《神圣家族》:"奠定了革命唯物主义的社会主义的基础。"② 1845 年 3 月恩格斯完成了《英国工人阶级状况》,以唯物史观的思想剖析了工人阶级贫苦的制度根源,指出了工人阶级只有通过暴力革命这一唯一可能出路才能自己解放自己。马克思对《英国工人阶级状况》给予高度评价,说恩格斯是从另一条道路同他一样达到了历史唯物主义的结论。③ 1845—1846 年,马克思恩格斯通过《关于费尔巴哈的提纲》《德意志意识形态》两部经典著作奠定了唯物史观的基石。《关于费尔巴哈的提纲》中把实践引入了人与自然界,认为实践性是人的根本特性,超越了费尔巴哈的旧唯物主义的机械性和人本主义特点。恩格斯认为这一论著是"包含着新世界观的天才萌芽的第一个文献"④。在《德意志意识形态》中,马克思、恩格斯把辩证法和历史唯物主义从自然界移植到社会历史中,批判了黑格尔等在内的德国古典哲学错误的社会历史观,第一次提出了"历史唯物主义"的概念,阐述了历史唯物主义的基本原理,指出生产力和生产关系的矛盾是历史发展的真正动力,概括了未来共产

① 《列宁专题文集 论马克思主义》,北京:人民出版社,2009 年,第 55 页。
② 《列宁专题文集 论马克思主义》,北京:人民出版社,2009 年,第 56 页。
③ 沈云锁、潘强恩主编:《共产党通史》(第一卷上册),北京:人民出版社,2011 年,第 70 页。
④ 《马克思恩格斯文集》(第四卷),北京:人民出版社,2009 年,第 266 页。

主义社会的基本特征,《德意志意识形态》的发表标志着第一个"伟大发现"的完成。之后,马克思、恩格斯开始用唯物史观研究雇佣劳动和资本主义的对立关系。在《哲学的贫困》中,马克思通过区别"劳动"和"劳动力"找到了资本家财富的来源。在《雇佣劳动与资本》中,马克思清楚地告诉人们资本家剥削工人的秘密:工人创造的超过"劳动(力)"的价值——剩余价值,论证了社会主义取代资本主义的必然性。剩余价值是马克思的第二个"伟大发现",奠定了科学社会主义产生的第二块基石。马克思、恩格斯在"两大发现"的基础上,批判吸收了空想社会主义尤其是 19 世纪空想社会主义的思想成果,社会主义完成了"从空想到科学"的发展。1848 年 2 月,马克思、恩格斯在为共产主义同盟大会起草的纲领性文件《共产党宣言》的发表,标志着科学社会主义的诞生。马克思、恩格斯在《共产党宣言》中完整阐述了共产主义的基本原理:分析了生产力和生产关系、经济基础和上层建筑的矛盾运动,阐述了阶级斗争理论,提出资本主义必然灭亡和社会主义必然胜利的规律。《共产党宣言》的发表具有划时代意义,为无产阶级斗争树立了一面旗帜,从此无产阶级找到了认识世界、改造世界的思想武器。正如列宁所说:"它的精神至今还鼓舞着、推动着……正在进行斗争的无产阶级。"①

(二)提出理想社会制度的自信构想

马克思对未来理想社会制度进行了自信设想,在《哥达纲领批判》中,马克思提出共产主义社会分两个阶段完成,其中第一阶段为低级阶段,马克思认为共产主义是"刚刚从资本主义社会中产生出来,在经济、道德和精神方面还带有它脱胎出来的那个旧社会的痕迹"②。后来列宁提出,共产主义社会的第一阶段通常称为社会主义。③第二阶段为高级阶段,也就是现在我们所讲的共产主义社会。马克思指出:"在共产主义社会高级阶段……脑力劳动和体力

---

① 《列宁专题文集 论马克思主义》,北京:人民出版社,2009 年,第 57 页。

② 《马克思恩格斯文集》(第三卷),北京:人民出版社,2009 年,第 434 页。

③ 《列宁全集》(第 31 卷),北京:人民出版社,2017 年,第 90 页。

劳动的对立也随之消失……劳动已经不仅仅是谋生的手段，而且本身成了生活的第一需要……各尽所能，按需分配！"①在《科学共产主义大辞典》中，认为社会主义是"以生产资料公有制、没有剥削人的现象，并实行全社会规模的有计划的商品生产为特征，取代资本主义的社会制度，是共产主义社会经济形态的第一阶段"②。马克思、恩格斯在揭示资本主义被先进社会制度取代的同时，提出了未来理想社会制度——共产主义社会的科学构想：第一，同传统的所有制关系实行彻底的决裂，消灭私有制，实行生产资料公有制。第二，社会占有全部生产资料，商品和货币失去了存在的意义——废除商品经济。第三，生活资料实现各尽所能，按需分配。在共产主义社会的不发达阶段实行按劳分配，在发达阶段生产力高度发展，不存在体力、脑力劳动间差别，劳动是生活第一需要，产品极大丰富，实行按需分配。第四，消灭了阶级和国家。由于共产主义社会没有强制性的社会分工，任何人都可以在任何部门内发展，也就不存在阶级和阶级的差别，"公共权力就失去政治性质"③，作为阶级统治不可调和的暴力机构国家也是多余的了，不可避免地要消失。第五，实现人的自由全面的发展。社会是一个"联合体""每个人的自由发展是一切人的自由发展的条件"。④第六，社会生产的高度发展。没有生产力的高度发展，就不能消灭贫穷和私有制，不能消灭社会分工差别，异化劳动仍然会存在，仍然需要"开始争取必需品的斗争，全部陈腐污浊的东西又要死灰复燃"⑤。

（三）指明了建立理想社会制度的前提

根据马克思、恩格斯对未来社会的设想，社会主义实现的"绝对必需的实际前提"是生产力的高度发展。只有在生产力高度发展的基础上、有足够

① 《马克思恩格斯文集》（第三卷），北京：人民出版社，2009年，第435~436页。

② ［苏联］阿·马·鲁缅采夫主编：《科学共产主义辞典》，北京：中国人民大学出版社，1984年，第254页。

③ 《马克思恩格斯选集》（第一卷），北京：人民出版社，2012年，第422页。

④ 《马克思恩格斯选集》（第一卷），北京：人民出版社，2012年，第422页。

⑤ 《马克思恩格斯选集》（第一卷），北京：人民出版社，2012年，第166页。

的产品,才能具备消灭贫穷、消灭异化劳动和私有制的条件。马克思恩格斯设想社会主义革命不可能单独在一国发生,在资本主义比较发达的英、法、德等国经过共同的努力才能率先取得社会主义革命的胜利。在《共产主义原理》中,马克思恩格斯认为,无产阶级革命后建立民主国家制度在英国可以直接建立,法国、德国可以间接建立,共产主义革命不是一个国家的革命,是至少在英、美、法、德等国同时发生的革命。①马克思恩格斯的这一思想被称为“同时胜利论”。1871年巴黎公社失败后,马克思恩格斯及时总结了革命的经验教训,恩格斯在1874年9月给左尔格的信中指出:“公社无疑是国际的精神产儿,尽管国际没有动一个手指去促使它诞生。”②“只有生产力和资产阶级的生产形式发生矛盾的时候无产阶级革命才有可能发生。”③1893年6月27日,在《致保·拉法格》的信中,恩格斯对保·拉法格提出的在法国发动社会主义革命进行了规劝和指导:“无产阶级的解放只能是国际的事业。”④“无论是法国人、德国人或英国人,都不能单独赢得消灭资本主义的光荣。”⑤仅仅想通过类似于法国1789—1798年那样的资产阶级革命取得社会主义的胜利,缺少英、德两国的支持是不会成功的,如果法国单独进行社会主义革命,那就是“布朗基主义”⑥。马克思恩格斯在分析资本主义社会基本矛盾的基础上,形成社会主义制度设想,为世界无产阶级革命运动和科学社会主义制度的建立指明了方向。

巴黎公社失败后,马克思恩格斯将更多的精力用于研究东方落后国家社会主义发展道路问题,并对东方社会和史前社会进行了系统研究,思考东方落后国家是否有可能“缩短和减轻分娩的痛苦”⑦,不经过走资本主义社会完成从旧社会形态向新社会形态的转变,完成跨越资本主义制度的“卡夫丁

---

① 《马克思恩格斯选集》(第一卷),北京:人民出版社,2012年,第304、306页。

② 《马克思恩格斯文集》(第十卷),北京:人民出版社,2009年,第398页。

③ 《马克思恩格斯全集》(第33卷),北京:人民出版社,1973年,第64页。

④ 《马克思恩格斯全集》(第39卷),北京:人民出版社,1974年,第87页。

⑤ 《马克思恩格斯全集》(第39卷),北京:人民出版社,1974年,第87页。

⑥ 法国革命家布朗基发起的一种革命冒险主义,主张通过密谋和暴力革命推翻资产阶级。

⑦ 《马克思恩格斯选集》(第二卷),北京:人民出版社,2012年,第83页。

峡谷"。马克思的观点集中体现在《人类学笔记》《给〈祖国纪事〉杂志编辑部的信》《给查苏利奇的复信》及《共产党宣言》1882 年俄文版第二版序言中,形成了"东方社会理论"。马克思认为包括俄国在内的东方社会处于落后的君主专制时代,不具备无产阶级革命的可能性,只有待资本主义在西方成熟并对东方社会产生重要影响后,东方社会才能走上资本主义的必然道路。马克思通过对原始社会人类学的考察,通过研读俄国为代表性的农村公社制度及对其土地所有制的历史考察,尤其是在对美国人类学家路易斯·亨·摩尔根的《古代社会》合理借鉴基础上,提出了东方社会发展的特殊规律。马克思认为俄国农村公社"二重性"决定了它的发展也存在两种可能:私有制战胜集体或者是集体因素战胜私有制,走上哪一条道路一切取决于农村公社所处的历史环境。

1877 年 11 月,在《给〈祖国纪事〉杂志编辑部的信》中,马克思认为,"俄国可以在发展它所特有的历史条件的同时取得资本主义制度全部成果,而又可以不经受资本主义制度的苦难"①,第一次表达了"跨越"设想。对于俄国有可能超越资本主义制度发展道路,马克思认为,"如果俄国继续走它在 1861 年所开始走的道路,那它将会失去当时历史所能提供给一个民族的最好的机会,而遭受资本主义制度所带来的一切灾难性的波折。"②但是马克思的这封信并没有寄出,俄国国内关于社会发展前途的争论十分激烈。1881 年 2 月,俄国民粹主义者维·伊·查苏利奇给马克思写信请教对俄国农村公社的命运和世界历史必然性的看法。马克思经慎重思考,四易其稿,1881 年 2 月,在《给维·伊·查苏利奇的复信》中,马克思提到是否"可以不通过资本主义制度的卡夫丁峡谷,把资本主义制度创造的一切积极成果运用到公社中来"的想法,详细论述了俄国公社从原始社会直接跨越到社会主义的前提和可能性,学界称之为跨越"卡夫丁峡谷"理论。在《共产党宣言》1882 年俄文版第二版序言中马克思论述了跨越卡夫丁峡谷的条件,认为"假如俄国革命将成为

---

① 《马克思恩格斯文集》(第三卷),北京:人民出版社,2009 年,第 464 页。
② 《马克思恩格斯文集》(第三卷),北京:人民出版社,2009 年,第 464 页。

西方无产阶级革命的信号而双方互相补充的话，那么现今的俄国土地公有制便能成为共产主义发展的起点"①。马克思讲了一个重要前提是东西方发生革命这一起决定作用的外部力量的推动。恩格斯在《"论俄国的社会问题"跋》中也表达了同样的思想，恩格斯认为："当西欧各国人民的无产阶级取得胜利……只有当落后国家从这个榜样上看到'这是怎么回事'……的时候……才能开始这种缩短的发展过程。"②马克思恩格斯对东方社会主义的发展论述表明：世界历史发展具有统一性的同时，也存在着发展的多样性，社会演进存在着"跨越式"发展的可能性。这一理论对于俄国及与俄国国情相似的东方国家探索自己的发展道路具有重要的启示和引导，对俄国苏维埃社会主义制度的建立、中国社会主义制度的形成具有重大指导意义。

## 三、一国到多国社会主义制度的建立积累了制度自信经验

20世纪初，资本主义从自由竞争进入垄断阶段。1914年，英、法、德等国为争夺世界霸权，结成协约国、同盟国军事集团，引发了第一次世界大战。被马克思恩格斯寄予厚望的英国、法国、德国的社会主义政党背叛了无产阶级革命原则，公开支持所在国政府进行非正义的帝国主义战争，此时如果指望在资本主义比较发达的英、法、德三国率先进行或同时进行社会主义革命就是很荒谬的幻想了。1914年9月，列宁在《战争和俄国社会民主党》一文中提出了"变当前的帝国主义战争为国内战争"③的口号。

随着战争的拉锯，第二国际沙文主义者考茨基等人提出"超帝国主义论"，公开鼓吹社会和平主义，认为采取签订民主和约、裁减军事武装等方式保证永久和平。针对考茨基等人的谬论，列宁认为："革命的阶级在反动的战争中

---

① 《马克思恩格斯文集》(第二卷)，北京：人民出版社，2009年，第8页。

② 《马克思恩格斯文集》(第四卷)，北京：人民出版社，2009年，第459页。

③ 《列宁选集》(第二卷)，北京：人民出版社，2012年，第409页。

只能希望自己的政府失败"①,提出了"促使自己的政府在这场帝国主义战争中失败"的口号,指出 1914—1915 年战争是反动战争,这场战争可能引发社会革命,所有交战国的革命运动有可能相互配合、相互促进。②列宁通过分析帝国主义列强之间的矛盾加深、战争导致帝国主义国家经济政治发展的不平衡加剧,认为社会主义革命"同时胜利"已经不可能,提出了"社会主义可能首先在少数甚至在单独一个资本主义国家内获得胜利"③。在列宁的带领下,布尔什维克深入军队和工人群众中宣传、动员,把反对战争、争取和平,反对帝国主义、争取社会主义革命胜利的斗争结合起来,人民群众、工人、士兵通过罢工、反战游行等推动革命向前发展。"从 1914 年下半年到 1916 年参加罢工人数超过 150 万,多达 2570 次,150 万名士兵成为逃兵。"④在《无产阶级的军事纲领》中列宁指出:"社会主义不能在所有国家内同时获得胜利。它将首先在一个或者几个国家内获得胜利,而其余的国家在一段时期内将仍然是资产阶级的或者资产阶级以前的国家。"⑤这是列宁根据世界政治经济发展不平衡的规律,对马克思恩格斯"同时胜利论"的重大发展,激发了俄国人民乃至各国无产阶级利用帝国主义战争进行国内战争的主动性。

(一)"十月革命"的胜利提高了无产阶级建立社会主义制度的信心

1917 年 2 月 27 日,在布尔什维克领导下,俄国人民举行武装起义,发动"二月革命",推翻了沙皇王朝。但"二月革命"后组建的资产阶级临时政府仍然坚持参加世界大战,对内展开对民众的镇压,革命果实落到了资产阶级手中。1917 年 4 月 17 日,列宁在《论无产阶级在这次革命的任务)(《四月提纲》)中分析了革命面临的系列重大问题。列宁认为武装夺取政权的革命条件已

---

① 《列宁全集》(第 26 卷),北京:人民出版社,2017 年,第 297 页。
② 《列宁全集》(第 26 卷),北京:人民出版社,2017 年,第 299 页。
③ 《列宁专题文集　论社会主义》,北京:人民出版社,2009 年,第 1 页。
④ 刘新宜:《社会主义国家演化简史》北京:社会科学文献出版社,2010 年,第 84 页。
⑤ 《列宁专题文集　论社会主义》,北京:人民出版社,2009 年,第 8 页。

经成熟,如果错失机会,历史不会饶恕我们,提出了继续革命,实现资产阶级民主革命转向社会主义革命,但其主张遭到了党内外一些人的反对。普列汉诺夫反对说:"俄国历史还没有磨好将来用它烤成社会主义馅饼的那种面粉"[①],觉得列宁在"讲梦话"[②];加米涅夫继续坚持"监督临时政府"的主张;李可夫坚持正统的"同时胜利论",认为社会主义革命应该从发达的国家转向俄国。1917年5月,布尔什维克第七次代事大会(四月代表会议)把"全部政权归苏维埃"作为全党当前的中心任务。1917年11月7日,列宁领导的起义武装占领冬宫,取得了"十月革命"的胜利。随即召开全俄苏维埃第二次代表大会,宣告推翻了资产阶级临时政府,建立苏维埃政权。"十月革命"将马克思恩格斯对俄国农村公社能否通过资本主义发展阶段的思考,转变为对经济落后的俄国能否跨越资本主义发展阶段的思考。"十月革命"的胜利打破了资本主义世界体系,建立了世界历史上第一个社会主义国家,开辟了人类历史和社会主义发展的新纪元,实现了社会主义制度自信理论的升华。"十月革命"成为落后国家走向社会主义的灯塔,鼓舞了全世界被压迫人民争取民族解放斗争、建立社会主义国家的信心,推动国际共产主义运动向前发展。

"十月革命"胜利后,在俄国这一经济文化相对落后的国家如何建设社会主义成为苏维埃俄国亟待解决的一个难题。为了巩固新生的苏维埃政权,列宁将马克思主义基本原理与俄国国情相结合,进行了在经济文化比较落后国家社会主义建设的探索。在政治方面,建立了各级工农兵苏维埃政权,建立了新型人民军队,制定了人类历史上第一部社会主义宪法——《苏俄宪法》;在经济上,"用赤卫队进攻资本"的办法,接管临时政府控制的银行、企业和铁路,转化为国有经济,颁布《土地法令》,把地主阶级、资产阶级的土地所有制为农民所有;在外交方面,为了尽快结束战争,赢得喘息机会,1917年12月苏维埃俄国与德国妥协,签订了《布列斯特和约》。为了平息帝国主义武

---

① [苏联]普列汉诺夫:《在祖国的一年》,北京:生活·读书·新知三联书店,1987年,第207页。

② 《列宁全集》(第29卷),北京:人民出版社,2017年,第118页。

装干涉和国内反革命叛乱,1918年上半年实行"战时共产主义"政策,1921年俄共(布)第十次代表大会取消了战时共产主义政策,转而实行新经济政策,苏俄经济走上了良性恢复轨道,到1925年,农业、工业、国内商品总产量都达到战前70%以上,新生的苏维埃政权站稳脚跟。"十月革命"后的7年中,列宁对苏维埃社会主义建设的探索,反映了经济文化落后的国家进行社会主义建设的一般规律,为后来社会主义国家进行社会主义改造和建设提供了经验借鉴。

(二)"苏联模式"积累了社会主义制度建设的早期经验

1924年初列宁逝世后,苏联国内出现了一国能不能建成社会主义的争论。一方以斯大林为代表,斯大林认为国内依靠自身力量可以战胜资产阶级,外部依靠各国无产阶级对苏联的支持和援助,在帝国主义包围中取得"喘息"机会,具备建成社会主义的条件。另一方是以托洛茨基、季诺维也夫、加米涅夫等反对派为代表,托洛茨基提出"不断革命论",认为把革命推向欧洲,依靠西方无产阶级革命胜利后对苏联进行的援助,才能建成社会主义,当前苏联不具备建成社会主义的条件。斯大林在同反对派的争论斗争中占据了优势。1925年4月,联共(布)十四大将列宁关于"社会主义能够首先在苏联取得胜利"作为党的指导方针,托洛茨基、季诺维也夫、加米涅夫先后失去了领导职务,1927年底被开除出党。在取得能够建成社会主义争论的胜利后,斯大林按照自己的设想领导苏联社会主义建设。但对建设社会主义斯大林和布哈林出现了争执,争论的实质是如何对待列宁的新经济政策。斯大林提出"社会主义原始积累论""贡税论",主张推行工业化,通过"剪刀差"向农民征收"贡税",积累工业化资金推行"超工业化",实际上是抛弃了"新经济政策"。布哈林等人提出了不同意见,认为应该采用不断扩大农村市场的办法,使农民富起来,解决工业化资金积累,实际上是"新经济政策"的延续。1929年4月,联共(布)中央委员会和中央监察委员会召开联席会议,斯大林公开批判了布哈林等反对派,布哈林被撤销了《真理报》主编职务,不久中央政治局委员也被撤销。随后,斯大林以基洛夫被暗杀为理由进行"肃反"运动,进行"三次大审判"清除了季诺维也夫、加米涅夫等原反对派,以及皮达可夫、拉狄克为首的"托洛茨基总部"和布哈林、李可夫组成的"布哈林右派和托派联盟阴谋集团",巩固其绝对领导地位。

1922年12月30日,列宁领导成立由俄罗斯联邦、白俄罗斯、南高加索联邦和乌克兰四国组成的苏维埃社会主义共和国联盟(简称"苏联")是一个落后的农业国。1933年初,斯大林以大规模群众运动的方式完成了社会主义工业化、农业全盘集体化的改造,苏联变成了一个先进的工业国,形成了一整套经济、政治、文化和对外关系的体制、以斯大林个人权力和威望治国的政治体制及以最高领导人思想为载体的文化管理体制,即所谓的"斯大林模式"。1936年12月,苏维埃第八次非常代表大会通过新宪法,宣布苏联进入社会主义社会,也标志着"苏联模式"的形成。在革命和战争年代,"苏联模式"集中了人力、物力,保证了苏联在内忧外患中取得社会主义建设的飞速发展, 有积极的一面。但苏联教条化搬用马克思恩格斯关于未来社会的设想,将自己建设经验当成社会主义国家的"样板",要求别国照搬照抄,使"苏联模式"带有浓厚的封建主义色彩。

(三)结成社会主义阵营丰富了社会主义制度形式

1943年,斯大林格勒保卫战的胜利是第二次世界大战的转折点,很多国家在苏联影响下,走上了社会主义道路。1945年到1949年,随着反法西斯战争的胜利,欧洲东部和东南部的8个国家:波兰、南斯拉夫、保加利亚、阿尔巴尼亚、罗马尼亚、捷克斯洛伐克、匈牙利、德国东部相继建立了人民民主国家政权,通过土改和社会主义改造,走上了社会主义道路,建立了社会主义制度;亚洲的越南、朝鲜、中国先后建立了人民民主国家;老挝、古巴也先后通过摆脱殖民统治、进行社会主义革命,分别于1975年12月、1976年12月走上社会主义道路;蒙古国原属于中国外蒙古,1911年在沙俄策划下宣布"自治",1924年11月建立了蒙古人民共和国,1945年10月,中国政府迫于美苏压力,承认蒙古独立。1959年蒙古国完成了农牧业社会主义改造,"工业和牧业中公有制的建立,标志着蒙古社会主义制度的最终确立。"[①]社会主义国家从苏联一国扩大到跨欧洲、亚洲、美洲三大洲等15个国家,丰富了科学社会主义的理论与实践,充分显示了社会主义制度的巨大优越性和旺盛生命力,建立社会主义制度的国家地域和人口超过世界的40%,改变了社会主义国家与资本主义国家国际力量对比,是国际共产主义运动的一次历史性胜利。社会主义制度的先进性在各国实践中得到了体现,各社会主义国家极大地解放了生产力,人民摆脱了受压迫和奴役的地位。随着社会主义各国的发展,越来越多的国家认识到了"苏联模式"在经济、政治、文化及对外关系等方面存在的弊端,逐步根据本国国情在维护社会主义制度的前提下进行了渐进式改革,纠正了"苏联模式"教条式理解社会主义,丰富和发展了社会主义制度形式。

## 第三节 中国特色社会主义制度自信的实践逻辑

中国人民经过刻骨铭心的苦难磨难,进行了"走什么路""往什么社会制度发展"的多次求索,在中国共产党领导下,找到了民族独立、人民民主的根本之路——社会主义。社会主义之路历经新民主主义革命时期、社会主义革命和建设时期、改革开放和社会主义现代化建设新时期,以及中国特色社会主义新时代几个重要历程的实践完善成熟。当前我国经济总量稳居世界第二位,综合国力和国际影响力等迈上一个大台阶。有学者认为,"这一切变化都是中国特色社会主义制度实践的结果"[②]。新民主主义革命时期,党在局部

---

① 宋士昌:《科学社会主义通论》(第3卷),北京:中国社会科学出版社,2016年,第502页。
② 顾钰民:《中国特色社会主义制度自信研究》,《兰州学刊》,2016年第10期。

执政地区进行了社会主义的制度尝试;新中国成立后,"三大改造"完成后,社会主义建设的实践奠定了制度的根基;改革开放后,社会主义制度的改革和创新,形成了成熟的中国特色社会主义制度。制度变迁的过程是"人民群众创造历史"的过程,是中国人民在科学社会主义指导下,对中国社会发展实践的经验总结,也是中国特色社会主义制度自信的表征。

## 一、新民主主义革命时期制度自信的探索

### (一)中国共产党对社会主义基本制度的构建

1921年7月,中国共产党在共产国际的帮助下,试图建立一个以苏俄式为模板的国家。在《中国共产党的第一个纲领》中,中国共产党提出了"承认无产阶级专政,消灭资本家私有制,承认苏维埃管理制度",这些社会制度的取向都是参照俄国确定的。党的一大纲领决定联合第三国际,党的二大宣言中明确指出了"中国共产党是国际共产党的一个支部"①。有学者认为,"在当时的特定背景下,苏俄对中共早期起到了重要影响,接受苏俄社会主义制度就成为一种必然"②。从党的一大到党的六大,主要探索建立工农专政和消灭私有制的社会主义制度。第一次国共合作破裂后,1927—1931年,中国共产党在国民党反动统治的薄弱地区建立了许多工农武装割据政权。1927年11月,毛泽东领导工农红军在湘赣边界建立了工农兵政府,彭湃领导工农红军在广东省陆海丰地区成立了第一个苏维埃政府——海丰苏维埃政府。1931年11月,江西瑞金成立中华苏维埃共和国。中华苏维埃共和国参照巴黎公社和苏维埃制度形式,实行民主集中制和工农兵苏维埃代表大会制,最高权力机关归全国工农兵大会,制定了《中华苏维埃共和国选举细则》,对选举权和被选举权做了明确规定,出现了社会主义政体构建的思想端倪。在抗日战争中,为扩大抗日战争统一战线,1937年5月,在《中国共产党在抗日时期的

① 《中共中央文件选集(1921—1925)》,北京:中共中央党校出版社,1989年,第117页。

② 肖贵清等:《制度自信:中国特色社会主义制度研究》,北京:高等教育出版社,2017年,第61页。

任务》中,毛泽东提出了建立各革命阶级的联合专政的新的民主共和国,各革命阶级包括"无产阶级、农民、城市小资产阶级、资产阶级及一切国内同意民族和民主革命的分子"①,形成了社会主义国体雏形。

(二)形成了新民主主义革命的制度框架

1.新民主主义革命的前途是社会主义

1939年毛泽东在《中国革命和中国共产党》一文中,根据中国半殖民地、半封建的国情,分析了中国革命的性质不是无产阶级革命,而是资产阶级民族主义革命,提出"新民主主义革命"的新命题。毛泽东认为"现时中国的资产阶级民主主义的革命……是新式的特殊的资产阶级民主主义的革命……我们称这种革命为新民主主义的革命"②。这种特殊的民主主义革命处于第二次世界大战的革命时代,处于20世纪三四十年代社会主义运动高涨、资本主义发展低落的国际环境下,决定了"中国革命的终极的前途,不是资本主义的,而是社会主义和共产主义的"③,这就为新民主主义革命找到了准确方向。

2.新民主主义共和国的国体和政体构想

1940年1月,毛泽东在《新民主主义论》中发问:中国革命向何处去?指出了我们的革命第一步通过民主主义革命革除殖民地、半殖民地、半封建的社会形态;第二步通过社会主义革命,要建立一个社会主义的社会。④毛泽东认为,我们建立的新中国不同于以往的各种旧式的、欧美的、资产阶级的,也不同于苏联的、无产阶级和社会主义的,我们建立的共和国只能是各革命阶级联合专政的国体,还有一个政体问题,要有适当的代表国家的政权机关,"这种制度即是民主集中制"①。1948年9月毛泽东《在中共中央政治

---

① 《毛泽东选集》(第一卷),北京:人民出版社,1991年,第260页。
② 《毛泽东选集》(第二卷),北京:人民出版社,1991年,第647页。
③ 《毛泽东选集》(第二卷),北京:人民出版社,1991年,第650页。
④ 《毛泽东选集》(第二卷),北京:人民出版社,1991年,第662~666页。

局会议上的报告和结论》中，提出革命胜利后要"建立无产阶级领导的以工农联盟为基础的人民民主专政"②，用"人民民主专政"取代了"各革命阶级联合"。1949 年 3 月 5 日，毛泽东在党的七届二中全会讲话中，强调党要团结工农和广大知识分子，巩固"无产阶级领导的以工农联盟为基础的人民民主专政"③。1949 年 6 月 30 日，毛泽东在《论人民民主专政》（纪念中国共产党成立 28 周年讲话）中，论述了人民民主专政的基础、领导阶级，对待民族资产阶级和小资产阶级的态度，至此人民民主专政的国体称谓稳定下来。

3.新民主主义具体制度实践

毛泽东在《论联合政府》中认为，由于经济落后，经济成分由"由国家经营、私营经营和合作社经营三者组成"④。国营经济是领导力量，大银行、大工业、大商业归国家所有，允许不操纵国民生计的资本主义经济存在；在农村实行"耕者有其田"，没收地主土地分给无地或少地农民，允许富农经济存在。1947 年制定了"三大经济纲领"：没收封建阶级土地归农民；没收四大家族垄断资本归国家；保护民族工商业。⑤新民主主义经济存在着国营经济、私人资本主义经济、个体经济和手工业经济、合作社经济及国家和私人合作的国家资本主义。1942 年 5 月，在《延安文艺座谈会上的讲话》中，毛泽东论述了要建立的新民主主义的文化制度的方向，发挥文艺的"齿轮和螺丝钉"作用，探索反映新政治和新经济观念的文化。第一，解决"为什么人的问题？"新民主主义的文化是为人民大众的，包括 90% 以上的最广大的人民，由工人、农民、兵士和城市小资产阶级组成。第二，新民主主义文化是民族的、科学的、大众的文化。第三，文化要坚持无产阶级的领导。1922 年 7 月，党的二大宣言中指出："蒙古西藏回疆三部实行自治，成为民族自治邦。"① 1923 年，党

①　《毛泽东选集》（第二卷），北京：人民出版社，1991 年，第 677 页。

②　《毛泽东文集》（第五卷），北京：人民出版社，1996 年，第 135 页。

③　《毛泽东选集》（第四卷），北京：人民出版社，1991 年，第 1436 页。

④　《毛泽东选集》（第三卷），北京：人民出版社，1991 年，第 1058 页。

⑤　《毛泽东选集》（第四卷），北京：人民出版社，1991 年，第 1253 页。

又提出了"西藏、蒙古、新疆、青海等地和中国本部的关系由各该民族自决"②。1938年,根据党的六届六中全会探索形成适合我国具体国情的民族政策精神,陕甘宁边区建立了蒙回自治区。在《论联合政府》中,毛泽东依据孙中山的构想,提出"中国境内各民族一律平等……少数民族的……言语、文字、风俗、习惯和宗教信仰,应被尊重"③。1947年5月1日,设置内蒙古自治区。这些探索和实践为民族区域自治制度的完善奠定了坚实基础。在长期的革命战争中,中国共产党一直秉承"协商民主"精神,与其他党派和爱国人士合作共事。1935年8月,中国共产党在《为抗日救国告全体同胞书》中,呼吁要有"'兄弟阋于墙外御其侮'的觉悟,停止内战,共同救国"④。1935年12月25日,中共瓦窑堡会议提出建立"最广泛的反日民族统一战线"⑤。和平解决"西安事变"后,中共与国民党建立了抗日民族统一战线。1938年,在《中国共产党在民族战争中的地位》中,毛泽东提出了"坚持民族统一战线才能克服困难,战胜敌人"⑥。1940年,在陕甘宁边区实行政党协商的新的组织化途径——"三三制"原则,成为中国政治协商的一次实验。1941年11月6日,在《陕甘宁边区参议会的演说》中,毛泽东再次强调"共产党的这个同党外人士实行民主合作的原则……是永远不变的"⑦。据薄一波回忆,毛泽东设想新的联合政府组成人员中,"共产党和进步分子占三分之二,中间分子与右翼分子占三分之一"⑧。这些探索为新中国成立后实施多党合作与政治协商制度奠定了基础。

---

① 《中共中央文件选集》(1921—1925),北京:中共中央党校出版社,1989年,第115页。
② 《民族问题文献汇编》,北京:中央党校出版社,1991年,第17页。
③ 《毛泽东选集》(第三卷),北京:人民出版社,1991年,第1084页。
④ 《中共中央文件选集》(1934—1935),北京:中共中央党校出版社,1986年,第486页。
⑤ 《中共中央文件选集》(1934—1935),北京:中共中央党校出版社,1986年,第610页。
⑥ 《毛泽东选集》(第二卷),北京:人民出版社,1991年,第524页。
⑦ 《毛泽东选集》(第三卷),北京:人民出版社,1991年,第809页。
⑧ 薄一波:《若干重大决策与事件的回顾》(上),北京:中共中央党校出版社,1991年,第32页。

## 二、过渡时期社会主义制度自信的探索

1949 年 9 月，中国人民政治协商第一届全体会议代行全国人民代表大会职权，通过了《中国人民政治协商会议共同纲领》（以下简称《共同纲领》），把新民主主义革命时期毛泽东等中国共产党人的建国构想确定下来，标志着新中国的建立。1954 年 9 月，全国人民代表大会第一次会议通过了新中国第一部宪法，1954 年《中华人民共和国宪法》对《共同纲领》的规定进行了确立和改进。

（一）社会主义政治制度的确立

1.确立了人民民主专政的国体

毛泽东在《新民主主义论》中指出，国体问题清末闹了几十年没有搞清楚，其指的是"社会各阶级在国家中的地位"[①]。由资产阶级掌握政权的国家国体是资本主义性质的，反之，由无产阶级掌握政权的国家就是社会主义性质的。列宁认为："无产阶级民主比任何资产阶级民主要民主百万倍。"[②]我国通过建立人民民主专政的国体，确立了各项人民当家作主的国家制度。《共同纲领》规定了"中华人民共和国为新民主主义即人民民主主义的国家，实行工人阶级领导的、以工农联盟为基础的、团结各民主阶级和国内各民族的人民民主专政"[③]。中国共产党人建立新型国体的构想从成立初的苏俄式"无产阶级专政"到土地革命时期的"工农民主专政"，抗日战争时期演变为"各革命阶级联合专政"，解放战争时期又演变为"人民民主专政"。1949 年 9 月 22 日，庆祝中国人民政治协商会议开幕的《人民日报》社论指出："新的国家制度，必须是以工人阶级为领导的，以工农联盟为基础的，团结各民主阶级

---

① 《毛泽东选集》（第二卷），北京：人民出版社，1991 年，第 676 页。

② 《列宁专题文集　论资本主义》，北京：人民出版社，2009 年，第 243 页。

③ 《中国共产党的九十年（新民主主义革命时期）》，北京：中共党史出版社，2016 年，第 344 页。

和国内各民族的人民民主专政的国家制度。"① 1954 年《中华人民共和国宪法》确认了《共同纲领》通过的国体,但做了适当调整,明确规定:"中华人民共和国是工人阶级领导的、以工农联盟为基础的人民民主国家。"②

2.确立了人民代表大会制度的政体

新中国成立初期,中国共产党中央委员会改变了原计划通过全国人民代表大会选举中央人民政府的计划,听取了民主人士的建议,暂时由全国人民政治协商会议代行人民代表大会职能,全国政治协商第一次会议制定了中央人民政府选举法,选举出中央人民政府委员会,实行议行合一,由中央人民政府代行中央权力机关职能。地方逐级召开的人民代表大会,逐步向全国人民代表大会过渡。1952 年 12 月,第一届全国政协即将期满,政务院向全国政协常委会提出了召开全国人民代表大会,制定《中华人民共和国宪法》的建议,获得了全国政协常委会批准。1953 年 1 月,中央决定在地方实行全国普选,逐级选举出全国人民代表大会代表。2 月 11 日,《中华人民共和国选举法》获中央批准。1953 年至 1954 年春,选举产生全国人民代表 1226 名。1954 年 9 月,第一届全国人民代表大会在北京隆重召开,大会通过《中华人民共和国宪法》《全国人民代表大会组织法》《地方各级人民代表大会和地方各级人民委员会组织法》及其他国家机关组织法等法律,标志着人民代表大会制度正式建立。

3.确立了中国共产党领导的多党合作和政治协商制度

新民主主义时期,民主党派主要是民族资产阶级、城市小资产阶级,以及这些阶级相联系的知识分子、爱国人士,在中国长期的革命中成立发展起来的,他们有与共产党不完全相同的革命纲领,但也有最重要的共同之处:他们都热爱祖国、反对卖国主义,支持民主,反对专制和独裁。在新民主主义革命走向胜利的过程中,各民主党派经过比较,最终选择接受中国共产党的

---

① 《胡乔木文集》(第一卷),北京:人民出版社,2012 年,第 418 页。
② 《中国共产党的九十年(社会主义革命和建设时期)》,北京:中共党史出版社,2016 年,第 435 页。

领导。抗日战争胜利后，中国共产党签订了《国民政府与中共代表会谈纪要》（以下简称《纪要》），按照《纪要》规定，1946 年 1 月召开了由国民党、共产党、民主同盟等民主党派参加的政治协商会议，会议通过"和平建国纲领"等有利于和平民主的协议，蒋介石却单方面撕毁协议。民主同盟提出的用和平、民主方式实现建国，争取"中间路线"，也遭到了国民党的打击，民主人士惨遭国民党杀害，民盟被国民党取缔。1948 年 1 月，民盟召开一届三中全会放弃了和平、合法的改良救国的"中间路线"，坚决拥护共产党领导，共同反对国民党和美帝国主义，得到了其他民主党派的强烈呼应。1948 年 4 月 30 日，中共中央发布"五一口号"，呼吁尽快召开政治协商会议，成立民主联合政府，各民主党派和爱国人士冲破国民党的封锁、阻碍来到解放区，就建国大事等重大问题进行协商。1949 年 1 月 22 日，民主党派领导人和一些无党派人士共 55 人联合发表《对时局的意见》，响应中共"五一口号"。1949 年 9 月 21 日，由中共、各民主党派、无党派民主人士和人民团体参加的一届中国人民政治协商会议第一次全体会议在北平召开，标志着中国共产党领导的多党合作和政治协商制度正式形成。按照会议通过的《人民政协组织法》，全国人民政治协商会议暂代行使人民代表大会职能，选举产生中央人民政府委员会，决定了政务院、中央军委、最高司法机关组成人员，协商决定了国旗、国歌、国徽等重大问题。

4.确立了民族区域自治制度

在筹建新中国的过程中，中央对国家结构形式和民族关系进行慎重思考。时任中央统战部部长李维汉认为："我国的国情不同于苏联，我国少数民族占人口 6%，而苏联少数民族人口占 47%，我国宜采用单一制国家结构形式，不宜使用邦联制，在统一的国家内实行民族区域自治，更有利于民族平等团结。"① 1949 年 9 月 7 日，周恩来向政协代表作报告时认为，为了防止帝国主义分裂西藏甚至新疆，我们国家应叫中华人民共和国，不叫联邦，"虽然

---

① 《中国共产党的九十年（新民主主义革命时期）》，北京：中共党史出版社，2016 年，第 341 页。

不是联邦，但却主张民族区域自治"①。《共同纲领》规定"各民族一律平等，实行团结互助……各少数民族聚居的地区，应实行民族的区域自治"②，我国初步形成了民族区域自治的基本制度。为保证民族区域自治制度更好实施，1951年5月16日，政务院颁布了《关于处理带有歧视或侮辱少数民族性质的称谓、地名，碑碣、匾联的指示》，一些地名按照少数民族意愿做了更改。1952年2月22日，政务院通过了《政务院关于保障一切散居的少数民族成分享有民族平等权利的决定》，依法保障散居于汉族地区的少数民族享有各项平等权利。这些规定是对《共同纲领》确定的民族区域自治的完善和具体化，保证了大杂居、小聚居的各类少数民族充分享有民族自治权利。1952年8月，中央颁布了指导我国民族工作的纲领性文件——《民族区域自治实施纲要》，民族区域自治政策在全国范围内推广，1954年《中华人民共和国宪法》的制定使民族区域自治制度的实施有了法律上保障。1955年12月，国务院颁布了《关于更改相当于区的民族自治区的指示》《关于建立民族乡若干问题的指示》《关于改变地方民族民主联合政府的指示》三项行政法规，依法保证了民族区域自治的健康运行。为自治区、自治州、自治县三级民族区域自治单位的形成奠定了重要基础。内蒙古自治区（1947年5月1日）、新疆维吾尔自治区（1955年10月1日成立）、广西壮族自治区（1958年3月5日成立）、宁夏回族自治区（1958年10月25日成立）、西藏自治区（1965年9月9日成立）五大自治区与30个自治州、120个自治县（旗）共同构成了民族自治机关，并新设了1120多个民族乡。③

（二）社会主义基本经济制度的确立

1.形成了社会主义所有制结构

美国经济学家曼库尔·奥尔森认为："一个政权取代另一个政权，意味着

---

①　《周恩来统一战线文选》，北京：人民出版社，1984年，第140页。

②　胡绳：《中国共产党的七十年》，北京：中共党史出版社，1991年，第266页。

③　《中国民族统计年鉴》，北京：民族出版社，2008年，第877页。

一个既得利益集团被另一个既得利益集团所取代，被迫退出的既得利益集团会想法设法组织新政权的正常周转，制造障碍和麻烦。"①奥尔森的观点对我国建立社会主义所有制结构有重要启发。新中国成立后，中国共产党通过稳定物价，统一财经，打击了投资资本，建立国营经济，巩固了新生的人民政权。国有经济领导下的多种所有制经济成分并存是新民主主义经济的主要特点。国营经济的建立，主要通过没收掌握国民经济命脉的四大家族官僚资本，征用或征购、收购了外国资本在华企业来完成，极大地提高了公有制经济在所有制结构中的比例，"三大改造"解决了所有制结构中公有制比例过低问题。毛泽东认为："过渡时期总路线的实质是完成生产资料私有制向公有制转变，使社会主义所有制成为唯一的经济基础。"②"三大改造"完成时，资本主义经济在国民经济结构中基本上不复存在，国民经济结构中主要存在个体经济(占比 2.8%)、合作社经济(占比 56.4%)、公私合营经济(占比 7.6%)、国营经济(占比 33.2%)，社会主义生产资料公有制得以全面建立。

2.选择并确立了社会主义计划经济体制

新中国成立后选择计划经济体制，多数学者认为是学习苏联和朝鲜战争影响等外生变量导致的，然而内生变量才是决定性因素。新中国成立后，如何在短时间内恢复发展、开展经济建设，马克思、恩格斯的教科书里找不到，学习苏联成功经验无疑是当时的最好选择，加上新中国成立后苏联废除了对华的不平等条约、1950 年《中苏友好同盟互助条约》的签订，我们只能向反帝统一战线苏联学习，建立计划经济体制也就理所当然了。朝鲜战争的爆发也助推了中国选择了能够计划配置资源这种最有效集中动员和资源配置的制度。虽然外生变量对中共选择计划经济体制有很大的影响，但制度变迁最终取决于变迁主体选择那种会带来高收益而节约成本的制度。③马克思、恩格斯认为，社会主义的一个基本特征就是克服经济的无政府状态，进行有

①　杨德才：《中国经济史新论：1949—2009》(上)，北京：经济科学出版社，2009 年，第 45 页。

②　《建国以来毛泽东手稿》(第 4 册)，北京：中央文献出版社，1990 年，第 405 页。

③　杨德才：《中国经济史新论：1949—2009》(上)，北京：经济科学出版社，2009 年，第 60 页。

组织有计划的生产,列宁称之为"计划经济"。新中国成立初期,我国制定了重工业优先的发展战略,重工业建设周期长、投资大等特点决定了单纯依靠市场难以完成资源配置,很多事情需要政府利用行政指令完成。在长期的革命战争时期,党中央无疑最熟悉战时命令这种最有效的管理体制,计划经济体制无疑是当时最优的选择。1954年《中华人民共和国宪法》规定了"国家用计划经济指导国民经济的发展和改造"①。在组织上,1952年成立了国家计划委员会。随着社会主义改造的完成,以国有和集体为主的单一的公有制经济已经形成,国家在财政、金融、外贸、劳资市场和产品市场方面建立了高度集中的计划经济管理体制。

（三）社会主义法律体系框架的形成

《共同纲领》第17条规定:"废除国民党反动政府一切压迫人民的法律、法令和司法制度,制定保护人民的法律、法令,建立人民司法制度。"②新中国成立后,百废待兴的各项社会主义事业急需法律规范、法治保障,党和政府带领专家认真开展社会调研、论证,抓紧了各项法律、法规的创制,逐步形成以《中华人民共和国宪法》为核心的简易的中国社会主义法律体系框架。

1.《共同纲领》和1954年《中华人民共和国宪法》奠定社会主义法律基础

《共同纲领》规定了我国国体、政体和国家组织原则,规定了人民军队和军事建设方案,规定了国家经济建设的根本方针和民族政策、外交政策,为新中国的各项事业提供了法律依据,标志着新中国法治建设的开端,是"起着临时宪法作用的中国人民大宪章"③。1954年宪法建立在《共同纲领》基础上,它的出台结束了《共同纲领》替代宪法的特殊历史,奠定了人民民主和社会主义原则基础,是新中国首部社会主义类型宪法。

---

① 《建国以来重要文献选编》（第五册）,北京:中央文献出版社,1993年,第524页。

② 《建国以来重要文献选编》（第一册）,北京:中央文献出版社,1992年,第5页。

③ 《中国共产党的九十年（新民主主义革命时期）》,北京:中共党史出版社,2016年,第345页。

2.制定了完善政治制度改革方面的法律法规

1949 年,全国政治协商会议通过《中国人民政治协商会议组织法》和《中央人民政府组织法》,《中国人民政治协商会议组织法》为中国人民政治协商会议召开提供了法律依据;《中央人民政府组织法》规定了中央人民政府委员会的产生、组织原则、职权等,为最高国家行政机关产生和运行提供了法律依据。1950 年 6 月,政务院颁布了《中华人民共和国工会法》,依法保证了职工合法劳动等权利。1952 年 8 月和 1953 年 2 月,中央人民政府委员会分别出台了《中华人民共和国民族区域自治实施纲要》和《中华人民共和国选举法》依法保证了少数民族地区自治权和公民选举与被选举权等权利。

3.出台了保障公民权利的法律法规

1950 年 6 月,中央出台《中华人民共和国土地改革法》,政务院随之出台了《农民协会组织通则》《人民法庭组织通则》及《关于划分农民阶级成分的决定》,作为土地改革配套的法规、政策。这些法律法规的出台,废除了封建土地制度,依法保障了贫困农民获得土地,解放了农村生产力。1950 年 4 月,政务院开始实施《中华人民共和国婚姻法》,废除了包办等封建婚姻制度,以国家权力保障了“男女平等”,妇女从封建制度枷锁中得到解放。1954 年《中华人民共和国宪法》确立了“公民在法律面前人人平等”的原则。

## 三、社会主义制度的自信改革创新

恩格斯指出:“所谓‘社会主义社会’不是一种一成不变的东西,而应当和任何其他社会制度一样,把它看成是经常变化和改革的社会。”①改革是社会主义制度完善发展的根本动力。社会主义制度确立以来,经历从毛泽东反思“苏联模式”的改革创新,邓小平探索中国特色社会主义制度的改革创新,江泽民、胡锦涛对社会主义制度改革创新的日臻成熟,形成习近平新时代中

---

① 《马克思恩格斯文集》(第十卷),北京:人民出版社,2009 年,第 588 页。

国特色社会主义制度的完善。改革创新的总依据是将具体国情与时代发展和社会需求相结合,追求最大化人民利益。

(一)制度自信:巩固社会主义制度基础

1956 年,我国借鉴苏联经验建立了社会主义制度,这种制度基本上是适合我国国情的,但在实际运行中也存在党政职责不清、以政代企、存在过分集权现象、民主集中制没有得到好的发挥、监督机制薄弱、法制不健全等弊端。为避免苏共二十大暴露的体制问题,毛泽东对社会主义制度进行了适当改革。1956 年 4 月发表的《论十大关系》是毛泽东进行社会主义制度改革的重要标志。毛泽东对社会主义制度的改革可以归结为四大方面:改变了中央集权、精简了机构、扩大了社会主义民主;通过政治运动巩固社会主义制度;围绕社会主义和党的领导,进行了基本政治制度改革;以政治改革为主,其他改革为必要补充。

1.改变高度集权,精简机构,扩大了社会主义民主

在《论十大关系》中,毛泽东认为,在处理中央和地方关系时,要巩固中央前提下,扩大地方权力,给地方独立性。"不能像苏联那样,把什么都集中到中央,把地方卡得死死的,一点机动权也没有"[1]。要有统一也要有特殊,在不违背中央前提下,立法方面地方可以搞条例、章程等,在全国统一的计划和纪律下,发挥地方的积极性。毛泽东认为,地方与下级地方之间的关系也要按照这一原则处理。毛泽东还提出了精简机构的方法,认为要"在一不死人二不废事的条件下",对党政机构"进行大精简"。[2]毛泽东认为处理人民内部矛盾时要分清敌我矛盾和人民内部矛盾,处理人民内部矛盾"不是用强迫的方法,而是用民主的方法"[3]。毛泽东还探求了完善领导制度的方法,提出加强集体领导,建立代表大会常任制,废除领导干部终身制及发挥人民群众

---

[1] 《毛泽东文集》(第七卷),北京:人民出版社,1999 年,第 32 页。

[2] 《毛泽东文集》(第七卷),北京:人民出版社,1999 年,第 36 页。

[3] 《毛泽东文集》(第七卷),北京:人民出版社,1999 年,第 212 页。

和民主党派对党的监督等民主思想。

2.通过政治运动巩固社会主义制度

1957 年 2 月，毛泽东提出了把正确处理人民内部矛盾作为我国政治生活的主题。4 月 27 日,中共中央颁布《中央关于整风和党政主要干部参加劳动的指示》,要求即日起在全国范围内开展正确处理人民内部矛盾为主题的,纠正主观主义、官僚主义、宗派主义的思想作风的整风运动。[①]《1957 年夏季的形势》提出通过开展整风运动、批判右派,使资产阶级、小资产阶级、富裕中农接受社会主义改造,整顿工人阶级和共产党作风,巩固同人民群众的关系,争取中间群众,走群众路线,"如果党群关系搞不好,社会主义制度就不能建成;社会主义制度建成了,也不能巩固"[②]。

3.围绕社会主义和党的领导,进行了基本政治制度改革

在《关于正确处理人民内部矛盾的问题》中,毛泽东指出了中国共产党的"六个有利于"[③]的政治主张,认为最重要的两条是社会主义道路和中国共产党的领导。在处理党与非党、党与民主党派的关系时,毛泽东认为几个党好,丰富了马克思主义政党学说,认为"一个党同一个人一样,耳边很需要听到不同的声音"[④]。毛泽东创造性地提出了"长期共存,互相监督"的方针,使民主党派获得了新的生命。在处理汉族与少数民族关系上,毛泽东提出了"反对大汉族主义"[⑤],吸取苏联俄罗斯民族与少数民族教训,探求少数民族地区经济管理体制和财政体制改革,丰富了民族区域自治制度的建设学说。

4.以政治改革为主,其他改革为必要补充

前面几点多是政治方面的改革。经济改革方面,毛泽东还提出了处理重工业和轻工业、农业的关系,更多的发展农业、轻工业;在处理国家、生产单位和生产者之间的关系中,提出不要学习苏联,要兼顾国家和农民的利益;

---

① 《建国以来毛泽东手稿》(第 6 册),北京:中央文献出版社,1992 年,第 447 页。
② 《建国以来毛泽东手稿》(第 6 册),北京:中央文献出版社,1992 年,第 547 页。
③ 《毛泽东文集》(第七卷),北京:人民出版社,1999 年,第 234 页。
④ 《毛泽东文集》(第七卷),北京:人民出版社,1999 年,第 235 页。
⑤ 《毛泽东文集》(第七卷),北京:人民出版社,1999 年,第 33~34 页。

外交方面,提出了向外国学习的方针,"一切民族、一切国家的长处都要学……批判地学、不能盲目地学,不能一切照抄"①,社会科学要学,自然科学要学,今天要学,几十个五年计划后甚至一万年都要学,调动党内外、国内外积极因素,建设一个强大的社会主义国家。

(二)制度自信:社会主义走出了独特的现代化新路

如果说改革开放前毛泽东的社会主义建设改革探索是上篇,改革开放后邓小平的社会主义建设探索则是下篇,后者是对前者的路径依赖和创新发展。邓小平通过开展真理标准大讨论,批判了"两个凡是",确立了"实践是检验真理的唯一标准",使党树立正确的思想路线,在继承毛泽东探索框架的基础上,紧紧围绕"什么是社会主义,怎样建设社会主义",以"一个中心、两个基本点"进行了制度创新,重构了一种新型的制度模式。②邓小平对社会主义制度的改革,没有重走"两个凡是"的老路,也没有走资本主义道路的邪路,走出了独特的现代化新路。

1.纠正了"文化大革命"错误,实行"拨乱反正",恢复国家机关和基本制度

"文化大革命"期间,党和政府机关、权力机关、司法机关等国家机构遭到严重破坏,国家的根本政治制度、基本政治制度和法律体系等遭到了严重破坏。邓小平通过"拨乱反正",恢复了人民代表大会制度、共产党领导的多党合作和政治协商制度等社会主义基本制度,恢复了中央纪律检查委员会、中央书记处及各级政府机构,恢复了高考招生等各项具体制度。在 1978 年 2 月,召开第五次全国人民代表大会,修改了 1975 年《中华人民共和国宪法》的不合理内容,恢复了 1954 年《中华人民共和国宪法》的基本原则。1978 年 2 月,恢复召开了中国人民政治协商第五届全体会议,为民主党派和无党派人士积极参与到党和国家政治生活提供了重要的组织保障。司法机关和司

---

① 《毛泽东文集》(第七卷),北京:人民出版社,1999 年,第 41 页。

② 肖贵清等:《制度自信:中国特色社会主义制度研究》,北京:高等教育出版社,2017 年,第 108 页。

法制度得以恢复,妇联、工会、共青团等群团组织也得以恢复。

2.通过改革开放推进社会主义现代化

党的十一届三中全会做出了实行改革开放的伟大国策,实质是既要坚持社会主义基本制度,又要改变各种具体体制不适应生产力发展的现状。在经济领域,改变了高度集中的计划经济体制,确立了适合中国国情的经济体制和分配制度,为建立社会主义市场经济体制扫清了障碍。改革从经济最薄弱农村开始发起,党的十一届四中全会通过的《关于加快农业发展若干问题的决定》评价说:"1978 年全国粮食产量只相当于 1957 年,农村平均收入人年均只有 70 多元。"[①] 1978 年 12 月,安徽省凤阳县梨园公社小岗队 18 户农民悄悄搞起包干到户,农民收入大增。1983 年 1 月 2 日,中央发出 1 号文件,肯定了以家庭联产承包为主要形式的农业生产责任制。家庭联产承包责任制,实行包干到户,是我国农民的伟大创举,极大地解放了生产力,也引发了中国农村社会经济的深刻变革,是我国改革开放的急先锋。1982 年《中华人民共和国宪法》规定乡(镇)是我国基层行政单位,这样就宣告了 1958 年设立乡村政社合一的人民公社历史的终结。另外,改革过渡到城市,走出了一条新的农村包围城市的现代化道路。在城市主要推广企业承包经营制、租赁制和企业领导体制改革,后加大改革开放力度,设立出口加工区,1980 年设立四个经济特区,1984 年 14 个沿海城市开放,改变了我国经济体制和经济结构,推进了城市现代化进程。1992 年,邓小平"南方谈话"突破了长期把计划和市场两种经济手段与两种社会制度挂钩的理论束缚,为我国建立起社会主义市场经济体制扫除了障碍。

3.坚持四项基本原则,批判错误思潮,坚定制度自信

四项基本原则是立国之本,邓小平认为:"离开坚持四项基本原则,就没有根,没有方向。"[②]只有坚持四项基本原则才能反对制度建设中"左倾"和

---

① 郑有贵:《中华人民共和国经济史(1949—2012)》,北京:当代中国出版社,2016 年,第 151 页。

② 《邓小平文选》(第二卷),北京:人民出版社,1994 年,第 278 页。

"右倾"两种错误观念。"左倾"错误表现为，教条化对待马克思主义理论，按照马恩教科书指导现实，脱离实际地进行制度建设；右倾错误表现为，在社会主义改革中一遇到挫折就悲观失望，怀疑党的领导，甚至质疑社会主义制度，攻击党和国家领导人，全盘否定社会主义建设成果，认为社会主义不可能实现，动摇对马克思主义的信心。针对社会主义改革的悲观失望者，邓小平说："不要认为马克思主义就消失了，没用了，失败了。哪有这回事！"[①]有学者认为，"邓小平对社会主义制度改革中，坚持四项基本原则和实践的结合，这既是中国特色社会主义制度构建的原则，也是制度运行实践的原则"[②]。

4.推进政治体制改革，丰富了中国特色社会主义制度体系

邓小平指出："制度好可以使坏人无法任意横行，制度不好可以使好人无法充分做好事。"[③]围绕政治体制改革，除了恢复"文化大革命"前原有国家机构外，创设了中央顾问委员会，推进了干部的"四化"、废除了领导干部终身制。从1982年开始，国务院进行了多次机构改革，精简政府机构，提高了效率。在国家结构方面，实行"一国两制"突出中国特色，解决了香港、澳门历史遗留问题；提出"肝胆相照、荣辱与共"多党合作的方针，发展了中国共产党领导的多党合作和政治协商制度；城市设立居民委员会，农村设立村民委员会，企事业设立职工代表大会等基层群众制度等民主制度，推进法治建设，形成了科学合理的中国特色社会主义制度体系。邓小平在坚持基本制度的同时，还对社会主义制度进行完善，将好的经验也上升为制度，中国特色社会主义制度的内容越来越丰富。[④]"精神文明""物质文明"两手抓等思想为以后的"三位一体""四位一体"，今天的"五位一体"发展总布局奠定了基础。

---

① 《邓小平文选》(第三卷)，北京：人民出版社，1993年，第383页。

② 刘玉芝：《中国特色主义制度多维研究》，石家庄：河北人民出版社，2015年，第144页。

③ 《邓小平文选》(第二卷)，北京：人民出版社，1994年，第333页。

④ 辛向阳：《中国特色社会主义制度的三个基本问题探析》，《理论探讨》，2012年第2期。

（三）制度自信的发展：新时代制度完善的接力

从建设更加成熟、定型的中国特色社会主义制度来看，主要通过两段路来实施。前半程在毛泽东、邓小平等努力下已经完成，确立了人民民主专政的国体、人民代表大会制度的政体，它们体现国家性质，基本是恒定不变的，要毫不动摇地坚持。后半程的主要任务就是完善和发展中国特色社会主义，并且不能零敲碎打的调整和碎片化的修补，而是要进行系统的改革、改进。要保持基本制度相对稳定，并在实践中不断完善，对具体制度进行改革创新，在变动中"扬弃"。党的十三届四中全会到党的十六大，以江泽民同志为主要代表的中国共产党人高举中国特色社会主义伟大旗帜，围绕"建设什么样的党，怎样建设党"，深入实施"三个代表"党的建设伟大工程，坚持"四项基本原则"，建立并完善社会主义市场经济体制，进行了分配制度的改革，形成了以"以按劳分配为主体、多种分配方式并存"的中国特色社会主义分配制度；带领中国人民以经济建设为中心，通过实施"三步走"、科教兴国、可持续发展、西部大开发、依法治国等战略将中国特色社会主义走上一个新阶段。党的十六大到党的十八大，以胡锦涛同志为主要代表的中国共产党人高举中国特色社会主义伟大旗帜，围绕"实现什么样的发展，怎样发展"，提出了"科学发展观"重大战略思想，围绕创建和谐社会、推进新农村建设、完善社会主义民主制度和法律体系、文化和意识形态建设方面以"社会主义核心价值体系"为指导，拓展了中国特色社会主义发展道路、完善了中国特色社会主义制度。党的十八大提出了"中国特色社会主义制度自信"，阐述了中国特色社会主义制度优势。

党的十八大以来，以习近平同志为核心的党中央，围绕"新时代坚持和发展什么样的中国特色社会主义、怎样坚持和发展中国特色社会主义"这一重大时代课题，紧密围绕中国梦、"两个一百年"奋斗目标、"决胜全面建成小康社会""全面从严治党"等时代重大课题，坚持党对一切的领导、以人民为中心，从三个自信到四个自信，分析了影响我国社会主义制度自信的因素，持续推进制度创新,完善现有制度,并在党的十八届三中全会提出了到 2020 年"构建系统完备、科学规范、运行有效的制度体系"①,党的十九大报告提出到 2035 年"法治国家、法治政府、法治社会基本建成,各方面制度更加完善"②,中国特色社会主义制度更加成熟定型,提升了人民对中国特色社会主义制度自信的认同。

党的十九届四中全会提出了坚持和完善中国特色主义制度、推进国家治理体系和治理能力现代化三个总体目标,其中第一个目标已经完成:"到我们党成立一百年时,在各方面制度更加成熟更加定型上取得明显成效;到二〇三五年,各方面制度更加完善,基本实现国家治理体系和治理能力现代化;到新中国成立一百年时,全面实现国家治理体系和治理能力现代化,使中国特色社会主义制度更加巩固、优越性充分展现。"③这些制度及国家治理体系和治理能力现代化建设的目标是我们建成社会主义现代化强国,实现中华民族伟大复兴的必然要求,也是中国式现代化的本质要求,并为我国完善制度、发展制度提供了详细的路线图。

党的十八大以来,经过十多年的伟大变革,"中国共产党和中国人民正信心百倍推进中华民族从站起来、富起来到强起来的伟大飞跃"④,"书写了经济快速发展和社会长期稳定两大奇迹新篇章,我国发展具备了更为坚实的物质基础、更为完善的制度保障,实现中华民族伟大复兴进入了不可逆转的历史进程。"⑤这些写在党的二十大报告中的话语,展现了中国共产党带领中国人民更加自觉、主动、自信地建设中国式现代化,彰显了制度自信。

---

① 《习近平谈治国理政》,北京:外文出版社,2014 年,第 10 页。

② 习近平:《决胜全面建成小康社会 夺取新时代中国特色社会主义伟大胜利——在中国共产党第十九次全国代表大会上的报告》,北京:人民出版社,2017 年,第 28 页。

③ 《中共中央关于坚持和完善中国特色社会主义制度 推进国家治理体系和治理能力现代化若干重大问题的决定》,北京:人民出版社,2019 年,第 5~6 页。

④ 习近平:《高举中国特色社会主义伟大旗帜 为全面建设社会主义现代化国家而团结奋斗——在中国共产党第二十次全国代表大会上的报告》,北京:人民出版社,2022 年,第 15 页。

⑤ 习近平:《高举中国特色社会主义伟大旗帜 为全面建设社会主义现代化国家而团结奋斗——在中国共产党第二十次全国代表大会上的报告》,北京:人民出版社,2022 年,第 16 页。

# 第三章
# 中国特色社会主义制度自信
# 需要处理的重要关系

制度自信不是孤立存在的,也不是抽象的,而是要置于当代中国发展的大环境中,服务于具体的现代化建设。制度自信要处理好与其他三个自信的关系,还要处理好与实现中国梦、构建人类命运共同体、推动国际共产主义运动之间的关系,制度自信推动中国梦的实现,促进人类命运共同体的构建,掀起国际共产主义运动的新高潮。

## 第一节　制度自信与其他三个自信

中国特色社会主义制度、道路、理论、文化是一个密不可分的系统体系。中国特色社会主义制度实质上存在于理论架构、道路探索、文化发展之中,四者共同发力促进改革开放取得了巨大成就。党的十八大报告指出:"中国特色社会主义道路是实现途径,中国特色社会主义理论体系是行动指南,中国特色社会主义制度是根本保障,三者统一于中国特色社会主义伟大实践,这是党领导人民在建设社会主义长期实践中形成的最鲜明特色。"[1]报告还

① 《中国共产党第十八次全国代表大会文件汇编》,北京:人民出版社,2012年,第12页。

提出了三个自信。习近平指出："坚定中国特色社会主义道路自信、理论自信、制度自信，说到底是要坚定文化自信。"①党的十九大报告指出："中国特色社会主义文化是激励全党全国各族人民奋勇前进的强大精神力量。"②要坚持中国特色社会主义文化发展道路，将中国特色社会主义文化与道路、理论、制度一道，作为中国特色社会主义的重要组成部分，强调增强"四个自信"。中国共产党用正确的道路、科学的理论、先进的文化、优越的制度实现了人们对中国特色社会主义的认同。四个自信是一个有机整体，不存在脱离于另外三个方面独立存在的自信，道路自信是根本，理论自信是指引，制度自信是保障，文化自信是根基。制度自信以理论自信为前提、以文化自信为精神力量、以道路自信为实践路径，制度自信是"道路、理论、文化"三个自信的落脚点，四个自信相互促进，任何一方面的巩固，都是对四个自信整体的深化。

## 一、制度自信与道路自信之间的关系

### （一）中国特色社会主义道路是制度实现途径

我们党经过革命、建设和改革的历史检验，走出了一条不同于苏联、不同于西方的发展道路，保证了发展道路的正确性。新民主主义革命时期，毛泽东带领中国共产党找到了农村包围城市的革命新路。社会主义建设初期，毛泽东认为，我国那么多人在资源丰富且国土面积广阔的地方搞社会主义，搞了五六十年要是还不能超过英美，就不能说社会主义具有优越性，就面临着被"开除球籍"的危险。毛泽东等逐步摆脱"苏联模式"，试图探索出一条适合我国实际情况的现代化建设道路，由于对"什么是社会主义、如何建设社会主义"认识不清，新道路的探索发生了严重的偏差和失误，但其探索基础为改革开放的提出积累了丰富经验。在社会主义建设中强调，"一大二

---

① 《习近平谈治国理政》（第二卷），北京：外文出版社，2017年，第339页。

② 习近平：《决胜全面建成小康社会　夺取新时代中国特色社会主义伟大胜利——在中国共产党第十九次全国代表大会上的报告》，北京：人民出版社，2017年，第17页。

公""宁要社会主义的草,不要资本主义的苗",导致反"右"斗争扩大化、"大跃进"和人民公社化运动,酿成了"文化大革命",致使社会生产力水平大幅度下降,经济面临崩溃边缘。针对以往的发展,邓小平这样评价:"中国社会从一九五八年到一九七八年二十年时间,实际上处于停滞和徘徊的状态。"①

党的十一届三中全会后,邓小平带领全党把"以阶级斗争为纲"的道路方向转向了社会主义现代化建设,实行改革开放。党的十二大报告提出"建设有中国特色的社会主义",标志着我们党开始探索社会主义新路。党的十三大报告提出我国还处在社会主义初级阶段,对我国国情作出了正确的判断,构成了中国特色社会主义道路建设的理论基石,从党的十三大到十六大,我国社会主义道路建设理论不断完善,党的十六大报告提出"中国特色社会主义",江泽民将其概括为必须坚持的"十条基本经验"。党的十八大报告提出了建设中国特色社会主义的总依据:社会主义初级阶段;总布局:"五位一体";总任务:实现社会主义现代化和中华民族伟大复兴。党的十八大报告也提出了中国特色社会主义道路的基本内涵,包括中国共产党的领导、社会主义初级阶段的基本路线、"五位一体"总体布局、把我国建设成为富强民主文明和谐美丽的社会主义现代化国家。中国特色社会主义道路的实现途径是以经济建设为中心,坚持四项基本原则,坚持改革开放。以经济建设为中心是道路的物质基础,四项基本原则是道路的政治基石,改革开放是道路的活力源泉;中国特色社会主义道路的价值诉求是促进人的全面发展,减少贫富差距,维护社会公平正义。目前学界基本上将"中国特色社会主义道路"直接等同于"中国道路",认为:"中国道路就是以坚持和发展中国特色社会主义为主题,实现国家治理现代化为途径,以实现中华民族伟大复兴、为人类对更好社会主义的探索提供中国方案为目标和方向而形成并不断深化的一条道路。"②

① 《邓小平文选》(第三卷),北京:人民出版社,1993年,第237页。

② 韩庆祥、黄相怀等:《中国道路能为世界贡献什么》,北京:中国人民大学出版社,2017年,第49页。

（二）道路自信指明中国特色社会主义制度建设方向

邓小平曾经说过："路要靠自己走出来。自己走出来的路是最可靠的路。"①走什么路关系到党的生命、国家前途、民族命运、人民幸福和中国特色社会主义兴衰成败。中国特色社会主义道路是中国发展进步的根本方向，道路自信是中华民族前进发展的强大动力。习近平指出："我们要坚信，中国特色社会主义道路是实现社会主义现代化的必由之路，是创造人民美好生活的必由之路。"②道路自信就是"志不改、道不移"，对改革开放"杀出一条血路""走出一条新路"，逐步实现民族振兴、国家富强和人民幸福的自豪感，是人民群众对当前党带领人们所走的"五位一体"的科学发展之路、和平发展之路、党的自我革新之路的高度认同。党的十九大报告勾勒出实现"两个一百年"奋斗目标和中华民族伟大复兴中国梦的路线图，中国特色社会主义道路在实践中持续攻坚克难，宽度不断拓展，画卷越来越美，逐步走向成熟，道路拓展到哪里，制度就要建设到哪里，中国特色社会主义道路是制度建设的指向，道路的发展，制度体系也会越来越完善。

（三）制度自信为中国特色社会主义道路发展提供了根本保证

在四个自信中，制度自信最为关键，是首要的自信，中国道路的完善和发展最终要靠制度来完成，任何方面的改变都要落实到制度变化上。制度自信与道路自信之间的关系就如同一支庞大军队的"后勤保障部队"与"先锋部队"之间的关系，没有制度的"后勤"保证，道路"先锋"不可能攻无不克、战无不胜，当然这支庞大军队的"总指挥"是中国共产党。同理，没有制度自信的保证，我国不可能实现改革开放之路40多年来的快速发展。正如习近平在总结改革开放40周年经验时所言："我们扭住完善和发展中国特色社会

---

① 《邓小平年谱（1975—1997）》（上），北京：中央文献出版社，2004年，第11页。
② 习近平：《在庆祝中国共产党成立95周年大会上的讲话》，北京：人民出版社，2016年，第13页。

主义制度这个关键,为解放和发展社会生产力、解放和增强社会活力、永葆党和国家生机活力提供了有力保证,为保持社会大局稳定、保证人民安居乐业、保障国家安全提供了有力保证。"①随着中国特色社会主义的深入发展,制度逐步成熟、优越性进一步显现,道路越走越宽广,世界影响力越来越大。以马克思主义为指导,在中国共产党的领导下,坚持公有制为主体地位的中国特色社会主义制度不允许有背离人民利益的特殊利益、不允许享有侵害人民权益的既得利益,制度打破了侵犯人民利益的藩篱,保障了人民的切身利益、长远利益。

## 二、制度自信与理论自信之间的关系

### (一)中国特色社会主义理论是制度行动指南

党的十三大报告提出"建设有中国特色社会主义的理论",中国特色社会主义理论不断丰富和完善。党的十七大报告提出"中国特色社会主义理论体系"。在党的十七大报告的基础上,党的十八大报告指出:"中国特色社会主义理论体系就是包括邓小平理论、'三个代表'重要思想、科学发展观在内的科学理论体系,是对马克思列宁主义、毛泽东思想的坚持和发展。"②党的十九大通过的《中国共产党章程(修正案)的决议》指出,习近平新时代中国特色社会主义思想是中国特色社会主义理论体系的重要组成部分。至此,中国特色社会主义理论体系包括"邓小平理论、'三个代表'重要思想、科学发展观和习近平新时代中国特色社会主义思想"。马克思指出:"我们的理论是发展着的理论,而不是必须背得烂熟并机械地加以重复的教条。"③中国特色社会主义理论体系同毛泽东思想一起构成了马克思主义中国化两大理论成果,是当代中国发展着的马克思主义。党的十九大报告指出:"中国特色社会

---

① 习近平:《在庆祝改革开放40周年大会上的讲话》,北京:人民出版社,2018年,第29页。

② 《中国共产党第十八次全国代表大会文件汇编》,北京:人民出版社,2012年,第11页。

③ 《马克思恩格斯文集》(第十卷),北京:人民出版社,2009年,第562页。

主义理论体系是指导党和人民实现中华民族伟大复兴的正确理论。"①中国特色社会主义理论体系的形成过程实质上是对"什么是社会主义、怎么样建设社会主义""建设什么样的党、怎样建设党""实现什么样的发展、怎么样发展""新时代坚持和发展什么样的中国特色社会主义"等问题的认识深化和科学回答,是中国特色社会主义道路必须坚持的指导思想。

(二)制度是理论的载体,理论自信促进制度自信

制度自信是理论自信的规章和制度方面的表达,有什么样的理论就会有什么样的制度,制度在实践中检验着理论的科学性,理论的完善和发展以制度为载体。理论自信不是一个空洞的口号,理论自信来源于"对马克思主义理论宗旨的信仰、对马克思主义基本原理的信服、对马克思主义伟大实践及中国特色社会主义伟大实践的信心和对马克思主义转化为'人民的自觉追求'的信念"②。信仰、信服、信心、信念是理论自信的支撑体系,理论上的清醒,才能够形成对制度的认可,才能形成科学、规范的制度体系。如,邓小平南方谈话中"计划与市场的关系论""社会主义本质论""黑猫白猫论"等理论深化了人们对社会主义制度的认识,也指导着人们在实践中如何完善制度,找到消灭剥削、消除两极分化、达到共同富裕的科学方略。"东欧剧变"后,针对有人对社会主义制度的悲观失望,邓小平指出:"我们的制度将一天天完善起来,它将吸收我们可以从世界各国吸收的进步因素,成为世界上最好的制度"③,鼓励了人们进一步完善社会主义制度,打消了人们的顾虑。再如,新中国成立以来我国已经实施并完成了 13 个"五年规划",为完成理论上的规划,又制定出新的管理制度,维护了人民群众的根本利益,激发了人民群众的理论创造能力,增进了制度认同,可以说科学的理论促进了制度自信。

---

① 习近平:《决胜全面建成小康社会 夺取新时代中国特色社会主义伟大胜利——在中国共产党第十九次全国代表大会上的报告》,北京:人民出版社,2017 年,第 16~17 页。

② 孙正聿:《理论自信源于伟大实践》,转引自:《我们为什么看好中国》,北京:东方出版社,2018 年,第 31~33 页。

③ 《邓小平文选》(第二卷),北京:人民出版社,1994 年,第 337 页。

### 三、制度自信与文化自信之间的关系

（一）文化自信为制度自信提供了精神力量

党的十九大报告指出："文化是一个国家、一个民族的灵魂。文化兴国运兴，文化强民族强"[1]，要"不忘本来、吸收外来、面向未来，更好构筑中国精神、中国价值、中国力量，为人民提供精神指引"[2]。实现中华民族伟大复兴需要物质力量和精神力量的强大，复兴的源泉在于文化，文化积淀越深厚、文化越先进，民族的凝聚力和创造力就越丰富、越能持久，制度认同感就越强，就更坚定民族复兴的信心。中国特色社会主义文化之所以能够在世界文化中大放异彩，就在于它从历史长河的洗礼中借鉴了中华文明，积累了自信的韧性；从艰难困苦的磨砺中吸收了红色文化，提升了自信内涵；从改革开放中孕育出中国精神，汲取了自信力量。

新中国成立初期，毛泽东指出："文化是不可少的，任何社会没有文化就建设不起来。"[3]毛泽东向全党提出学习历史文化遗产，阐释了新民主主义文化内涵，指出"民族的科学的大众的文化"就是中华民族的新文化，提出了"百花齐放、百家争鸣"的"双百方针"和"百花齐放、推陈出新、古为今用、洋为中用"的"两用"原则，指出社会主义文化要"为工农兵服务、为社会主义服务"的"两为"目的。邓小平在此基础上形成了"物质文明和精神文明两手抓、两手都要硬"的思想。党的十五大，江泽民提出了"中国特色社会主义文化"的概念，作出"文化是综合国力的重要标志"的新论断。胡锦涛在纪念党的十一届三中全会召开三十周年大会上提出"物质贫乏不是社会主义，精神空虚

①　习近平：《决胜全面建成小康社会　夺取新时代中国特色社会主义伟大胜利——在中国共产党第十九次全国代表大会上的报告》，北京：人民出版社，2017年，第40~41页。

②　习近平：《决胜全面建成小康社会　夺取新时代中国特色社会主义伟大胜利——在中国共产党第十九次全国代表大会上的报告》，北京：人民出版社，2017年，第23页。

③　《毛泽东文集》（第三卷），北京：人民出版社，1996年，第110页。

也不是社会主义"①,并在党的十六大报告中将"文化更加繁荣"作为全面建设小康社会的重要目标。文化自信是制度自信的精神条件,制度自信是文化自信的发展保障,二者统一于社会主义建设和改革伟大实践中。

当前,中国特色社会主义制度面临贫富差距加大、消费主义、社会诚信的缺失、人与自然日趋关系紧张、精神空虚等世界性难题。国外有学者指出,解决诸如以上人类面临的共同难题,应该到孔子那里寻找智慧。国内也有学者指出:"人只有借助文化才能平衡躁动不安的情绪或者为这些情绪找到宣泄的出口。"②文化"可以为人们认识和改造世界提供有益启迪,可以为治国理政提供有益启示,也可以为道德建设提供有益启发"③。习近平强调:"我们讲要坚定道路自信、理论自信、制度自信,要有坚如磐石的精神和信仰力量"④,这种精神和信仰力量就是"文化自信"。

(二)制度自信展现了文化自信的多样性

文化自信与制度自信具有统一性,"增强文化自觉和文化自信,是坚定道路自信、理论自信、制度自信的题中应有之义"⑤。制度自信中蕴含着文化自信,讲制度自信就必然要讲文化自信。文化为制度提供了社会环境、思想源泉和社会基础,制度体现了人们的文化认同和价值认同。中国特色社会主义制度体系涵盖了多个领域,是包含有文化体制在内的制度系统。2015 年11 月,在接见第二届"读懂中国"外宾时,习近平提出,三个自信本质上建立在 5000 年来文明传承的基础上,指明了包含制度自信的三个自信本质属性就是文化自信,文化自信是制度自信的基础和精神涵养。有学者认为,"文化

---

① 《胡锦涛文选》(第三卷),北京:人民出版社,2016 年,第 163~164 页。

② 谭大友:《人类生存的家园——自然生态、社会关系与精神文化的协调和统一》,《武汉大学学报》(哲学社会科学版),2004 年第 1 期。

③ 习近平:《在纪念孔子诞辰 2565 周年国际学术研讨会暨国际儒学联合会第五届会员大会开幕会上的讲话》,北京:人民出版社,2014 年,第 7 页。

④ 《十八大以来重要文献选编》(上),北京:中央文献出版社,2014 年,第 550 页。

⑤ 习近平:《在文艺工作座谈会上的讲话》,北京:人民出版社,2015 年,第 25 页。

自信具有连续性、现实性、开放性和基础性的特征，文化自信不是就文化而文化的事情，'三个自信'到'四个自信'不只是表述形式上的变化，更是对社会发展的深刻体悟"①。每个国家根据历史传统、文化积淀选择国家发展道路和社会制度。中国特色社会主义制度具有很多中国文化元素，多党合作和政治协商制度体现了"集思广益、群策群力"的思想，民族区域自治制度来源于"求同存异""和而不同"的政治文化，从这个方面来说，坚定制度自信就是坚定中国文化的自信，有了文化的认同才会产生对中国道路、理论、制度的认同。一个国家的文化活着，这个国家才活着，"对中华优秀传统文化、革命文化、社会主义先进文化的认同和自信，是人民进而更加深刻地理解、认同中国特色社会主义道路、理论、制度的重要基础"②。

## 第二节　制度自信与中华民族伟大复兴

党的二十大报告指明了新时代新征程中国共产党的历史使命，也是近代以来一代代人的百年梦想："全面建成社会主义现代化强国、实现第二个百年奋斗目标，以中国式现代化全面推进中华民族伟大复兴。"③梦想是国家、民族和个人等社会主体的理想、志向，是人的精神活动，每一个国家、民族和个人都有自己的梦想，拥有梦想就有了奋斗目标和前进动力。毛泽东说过："人是要有一点精神的，无产阶级的革命精神就是由这里头出来的。"④俗话说："人无精神不立，国无精神不兴"，中国梦就是当代中华民族的革命精神，

---

① 王永贵、孟宪平：《文化自信的鲜明特征》，《光明日报》，2017 年 4 月 24 日。

② 沈壮海：《我们党要坚定什么样的文化自信》，《中国纪检监察》，2016 年第 23 期。

③ 习近平：《高举中国特色社会主义伟大旗帜　为全面建设社会主义现代化国家而团结奋斗——在中国共产党第二十次全国代表大会上的报告》，北京：人民出版社，2022 年，第 21 页。

④ 《毛泽东文集》（第七卷），北京：人民出版社，1999 年，第 162 页。

反映着中国人民的价值追求,可以说中国梦和制度自信同向同力、同频共振。

## 一、中国梦的提出展现了制度自信

### (一)中国梦展示了中国未来发展前景

2012 年 11 月 29 日,习近平带领十八届中央政治局到国家博物馆参观"复兴之路"展览时,提出了"中国梦",用"雄关漫道真如铁"形容近代中华民族的昨天、用"人间正道是沧桑"形容改革开放以来中华民族的今天、用"长风破浪会有时"展望中华民族的明天,提出了"中国梦"的概念和理念。2013 年 3 月,在十二届全国人大第一次会议上,习近平对中国梦做了进一步阐释,指出"国家富强、民族振兴、人民幸福"是中国梦的本质内容。同年 4 月 28 日,习近平在全国劳模代表座谈会上再次谈到了"中国梦",并将"中国梦"的具体奋斗目标诠释为"两个一百年"。同年 5 月 4 日,习近平同青年代表座谈时,指出"中国梦是历史的现实的也是未来的,是国家的民族的也是个人的",中国梦的实现也依靠广大青年的接力奋斗。习近平在接受特立尼达和多巴哥等三国媒体联合书面采访时指出:"实现中国梦,必须坚持和平发展。我们将始终不渝走和平发展道路,始终不渝奉行互利共赢的开放战略……不仅造福中国人民,而且造福世界人民。……给世界带来的是和平,不是动荡。"[1]习近平表明中国梦是国家、民族和个人梦想的统一,是奋斗的梦和世界和平的梦。

中国梦是全体中国人的共同理想追求,凝聚了几代中国人的夙愿,体现了中华民族整体利益,是中国儿女的共同精神期盼。中国梦的提出不是一时的心血来潮,也不是单纯的政治宣言,中国梦的提出"既基于人类共建共享和谐世界的共同梦想,又回应中华民族'两个一百年'奋斗目标的生动现实,更关照人民群众的生活改善"[2]。近代崛起的国家先后都提出了本民族和人

---

① 《习近平谈治国理政》,北京:外文出版社,2014 年,第 57 页。
② 黄蓉生:《中国梦的理论视域》,重庆:重庆出版社,2016 年,第 1 页。

民的梦想。1931年,美国历史学家亚当斯提出了"美国梦"。2011年,法国总统奥朗德提出了"法国梦"。2012年伦敦奥运会开幕式上展示了工业时代的"英国梦"。2014年2月,俄罗斯索契冬奥会开幕式以"俄罗斯之梦"为主题,寓意唤醒沉睡的俄罗斯。在拥有本国梦想的同时,世界各国人民也期望共建共享和谐世界,促进人类共同繁荣。中国梦是推动为全世界人民谋幸福的动力,必将推动世界的持久和平和共同发展。毛泽东在诗词《浣溪沙·和柳亚子先生》中用"长夜难明赤县天,百年魔怪舞翩跹"描述了1840年到1949年这个百年中国人民遭受的屈辱历史。1961年,毛泽东在会见蒙哥马利元帅时指出:"在我国,要建设起强大的社会主义经济,我估计要花一百多年。"①"中国人民有志气,有能力,一定要在不远的将来,赶上和超过世界先进水平。"②邓小平按照这个思想,发展为"三步走"战略,进而形成了中国梦的"两个一百年"目标。中国梦不仅是目标,也是现实,它的实现要体现在老百姓的幸福生活上。公平正义、民主法治、清正廉洁、自由平等、文明和谐、天蓝水清等目标都是对"人民对美好生活向往的回应"。中华民族伟大复兴的中国梦不仅仅是国家实力的上升,更不是狭隘的"雪耻"和"复仇",而是历经磨难的中华文明一次浴火重生。

(二)实现中国梦的制度优势

实现中国梦必须坚定走中国道路,但长期性、曲折性的前进道路必须要靠一系列根本性、全局性、稳定性的制度保障,中国梦对制度自信起着重要的精神指引作用。马克思、恩格斯在《共产党宣言》中指出,无产阶级运动、共产党和其他党派的最大区别是依靠"多数人",重视"多数人"的利益,为人民群众谋利益。"过去的一切运动都是少数人的,或者为少数人谋利益的运动。无产阶级的运动是绝大多数人的,为绝大多数人谋利益的独立的运动。"③近代以来,中国人民饱尝屈辱,没有自我消沉、自暴自弃,国家富强、民族复兴

① 《毛泽东文集》(第八卷),北京:人民出版社,1999年,第301页。
② 《建国以来重要文献选编》(第十九册),北京:中央文献出版社,1998年,第491页。
③ 《马克思恩格斯文集》(第二卷),北京:人民出版社,2009年,第42页。

始终是中国人民的精神追求，"中国梦的深厚源泉在于人民，中国梦的根本归宿也在于人民。"①"中国梦"与马克思、恩格斯为"多数人"利益的精神是根本一致的。中国梦不是中国共产党的独角戏，必须弘扬中国精神、凝聚中国力量。中国特色社会主义制度优势是中国梦前行方向和定力，实现中华民族伟大复兴"长风破浪会有时"的梦想，必须坚定中国特色社会主义的制度自信。有学者认为，当代中国共产党发展了经典作家关于工农联盟的理论，找到了凝聚中国力量的方法或途径，即巩固和发展最广泛的爱国统一战线。②爱国主义统一战线将绝大多数中国力量吸引到中国梦旗帜下，多党合作和政治协商制度调动了绝大多数中国政党力量。2015年9月30日，习近平会见基层民族优秀代表时提出"中华民族一家亲，同心共筑中国梦"。民族区域自治制度调动了全民族力量；2014年2月，习近平会见国民党荣誉主席连战时提出"两岸一家亲，共圆中国梦"。"一国两制"调动了港澳台侨胞力量。2014年6月，习近平在第七届世界华侨华人社团联谊大会上，提出中国梦是每个中华儿女的梦，向海外侨胞提出了"中华儿女有力出力，有智出智，团结一心奋斗"③的希望；协商民主等制度的发挥调动了一切积极因素为实现中国梦而奋斗，中国共产党在中国梦的实现力量遵循了依靠"多数人"的原则，中国特色社会主义制度优势是中国梦的前行方向和定力保证。

## 二、实现中国梦过程中必须坚定制度自信

有学者指出："坚持完善和发展中国特色社会主义制度，不断发挥和增强我国制度优势，是40年改革开放给我们的宝贵启示，也是新时代我们坚定制度自信的核心要义。"④中国特色社会主义进入新时代，改革开放到了深

---

① 中共中央宣传部：《习近平总书记系列重要讲话读本》，北京：学习出版社、人民出版社，2016年，第9页。

② 俞良早：《经典作家探索理想社会与实现中国梦》，北京：人民出版社，2017年，第64页。

③ 《习近平谈治国理政》，北京：外文出版社，2014年，第64页。

④ 沈壮海：《必须坚持完善和发展中国特色社会主义制度》，《求是》，2018年第24期。

水区、有很多难啃的骨头要啃。"中国梦"在昂首阔步前进的同时，也受到一系列复杂的问题和挑战，没有"金科玉律"教科书的指导，颐指气使的"教师爷"既没有能力更不会给我们指导，如何保证不走"老路""邪路"，成为实现"中国梦"过程中长期面临的实际问题，只有依靠制度保障才能确保"中国梦"始终沿着正确轨道前进。"中国梦"的实现要坚定制度自信，充分发挥制度的保障和推进作用，激发制度活力、形成制度红利、释放制度优势。

（一）实现富强的梦想需要坚定制度自信

党的二十大报告指出："中国式现代化是全体人民共同富裕的现代化。"①邓小平多次强调："贫穷不是社会主义，社会主义要消灭贫穷。"②贫困问题是中国梦的一个重大影响因素，实现共同富裕是中国共产党人的理想和奋斗目标。《共产党宣言》指出："共产主义革命就是同传统的所有制关系实行最彻底的决裂。"③马克思给人们构思了一个"人人平等""按需分配""消灭了私有制和阶级差别"的大同世界梦。但我们要清晰地看到，贫困问题依然是实现中国梦的短板。2013 年 11 月，习近平在湘西土家族苗族自治州十八洞村考察时提出了"精准扶贫"。中共中央在《第十三个五年规划的建议》中指出："农村贫困人口脱贫是全面建成小康社会最艰巨的任务。必须发挥政治优势和制度优势，坚决打赢脱贫攻坚战"。脱贫攻坚以来，全国累计选派 25.5 万个驻村工作队、300 多万名第一书记和驻村干部。中央、省级政府建立扶贫责任制，实施精准脱贫方略，将扶贫与扶志相结合，重点扶持农村地区、西部地区、边疆地区、少数民族地区。2021 年 2 月，我国脱贫攻坚战取得全面胜利，现行标准下 9899 万农村贫困人口全部脱贫。2021 年 7 月，习近平庄严宣告：我国实现了第一百年奋斗目标，在中华大地上全面建成了小康社会，历史性

① 习近平：《高举中国特色社会主义伟大旗帜　为全面建设社会主义现代化国家而团结奋斗——在中国共产党第二十次全国代表大会上的报告》，北京：人民出版社，2022 年，第 22 页。

② 《邓小平文选》（第三卷），北京：人民出版社，1993 年，第 116 页。

③ 《马克思恩格斯文集》（第二卷），北京：人民出版社，2009 年，第 52 页。

地解决了绝对贫困问题。但依然要看到,我国在地区差距、城乡差距、行业收入差距方面还存在着一些问题。也就是说,尽管当前我国已经全面建成了小康社会,共同富裕取得了实质性进展,但距离共同富裕的目标还有很大的差距。当前,要实现全体人民共同富裕的中国式现代化,必须通过改革建立科学合理的分配制度,完善再分配制度进行不断的制度创新,发挥制度效率优势。从这一点来讲,实现国家富强的梦必须要坚定制度自信。

(二)实现民族振兴的梦想需要坚定制度自信

习近平在比利时布鲁日欧洲学院演讲指出:"历史是现实的根源,任何一个国家的今天都来自昨天。只有了解一个国家从哪里来,才能弄懂这个国家今天怎么会是这样而不是那样,也才能搞清楚这个国家未来会往哪里去和不会往哪里去。"[1]由于西方国家许多人不知道中国"从哪里来",有的人很不理解中国为什么现在发展这么快,发展起来了怎么还会有这么大的力量。西方人眼里的中国多是以 19 世纪为起点,而这正是中华民族的最低谷时期。习近平指出:"我国发展历史上长期处于世界领先地位,我国思想文化、社会制度、经济发展、科学技术以及其他许多方面对周边发挥了重要辐射和引领作用。"[2]在 16 世纪以前,我国拥有世界上最重要发明 173 项(共 300 项),同时期的欧洲明显处于劣势。在经济方面,"中国在近 2000 年时间里,一直是世界上最大的经济体。公元元年后 1700 年间中国的 GDP 一直占据世界总量的 25%左右。1700 年占 22%,1820 年上升至 33%"[3]。在政治方面,公元前 3 世纪中国已经具备了现代国家的要素,比欧洲要早 1800 年。福山认为,"公元元年时中国总人口可与罗马帝国媲美,人口比例中受统一规则管

---

① 习近平:《出席第三届核安全峰会并访问欧洲四国和联合国教科文组织总部、欧盟总部时的演讲》,北京:人民出版社,2014 年,第 41 页。
② 《习近平谈治国理政》(第二卷),北京:外文出版社,2017 年,第 203 页。
③ [英]麦迪森:《世界经济千年史》,伍晓鹰等译,北京:北京大学出版社,2003 年,第 259 页。

辖的,要远远超过罗马帝国"①。那时候的中国尽管处于贫弱状态,但远远超过同时代一盘散沙的欧洲。中国历史上汉唐时期是最辉煌的时期,汉朝距今有 2000 多年,汉朝人口逾六千万,种植土地规模超过八亿亩,汉语、汉学都是当时中国兴盛的重要标志。唐朝时期"贞观之治",长安人口超过百万,中国"强大而可亲"。北宋时期人口总数超过 10 万的城市约有 50 座,而当时巴黎、伦敦、佛罗伦萨等欧洲重镇城市人口均不到十万。鸦片战争后中国开始了屈辱的历史,这也是前面所讲的有的西方人眼里的中国。当"中国崛起"成为热议时,熟悉中国历史的美国前国务卿基辛格指出:"中国不是崛起,而是复兴。"美国哲学家威尔·杜兰特指出:"中国在以前死过好多次,好多次它都又复兴起来。"②实施改革开放 40 多年时间,人口与资源的不均衡,我国经济发展与发达国家还有一定的差距,离中华文明辉煌时期还有很多的差距,制度建设还不成熟、不完善。在实现中国梦过程中也会面临着西方敌对势力的挑战,一些人开始戴着有色眼镜看中国,认为中国发展起来是一种威胁、中国梦是一种"扩张梦""霸权梦",甚至将中国"妖魔化"为歌德笔下的"墨菲斯托",制造"钓鱼岛争端""南海争端"等事件试图扰乱中国梦的进程。实现中国梦的道路中还需要付出长期艰苦的努力,需要完善中国特色社会主义制度,坚定制度自信,形成一套代表广大人民的利益、行为主体最大化认同并遵守制度,为中国梦提供有效制度保障。

（三）实现个人幸福的梦想需要坚定制度自信

习近平指出:"实现中华民族伟大复兴是一项光荣而艰巨的事业,需要一代又一代中国人共同为之努力。"③中国梦引领着我们奔跑的方向,每个中

---

① ［美］弗朗西斯·福山:《政治秩序的起源:从前人类时代到法国大革命》,毛俊杰译,桂林:广西师范大学出版社,2012 年,第 21 页。

② 韩庆祥、黄相怀等:《建设世界上最强大的政党》,北京:中国人民大学出版社,2018 年,第 32 页。

③ 《十八大以来重要文献选编》(上),北京:中央文献出版社,2014 年,第 84 页。

国人都是追梦人。中国梦勾画了人民美好生活前景,把国家、民族、个人紧密联系在一起,归根到底是人民的梦,人民是中国梦的主体和享有者,必须要依靠人民才能实现。这就需要全国人民牢记使命,把个人理想融入伟大的民族梦想之中,同心协力,锲而不舍,坚定制度自信形成战无不胜的伟大力量。"实干才能兴邦",习近平指出:"面向未来,全面建成小康社会要靠实干,基本实现现代化要靠实干,实现中华民族伟大复兴要靠实干。"①如果只会纸上谈兵、甚至坐享其成,再美好的梦想也不可能成真。所谓"前途是光明的,但道路是曲折的",展望未来,重任在肩,在前进的道路上还会遇到许多难以预料的困难,需要认识到中国制度的科学性、优越性,认识到中国梦与制度之间的关联性,具有制度自信的革命热情、拼命精神,用中国特色社会主义制度服务中国梦的伟大实践。

## 三、中国制度是中华民族伟大复兴的"软实力"

### (一)国家实力的考量:综合国力和国际竞争力

国家实力是一国在世界政治中的地位和影响力,以往评价一国实力的标准往往倾向于人口、领土面积、自然资源、经济规模和军事力量的强弱等物质要素。良好的制度能保证在国际竞争中赢得战略主动,因此,制度是国家实力的重要组成部分,"制度竞争是综合国力竞争的重要方面"②。

1948 年,德裔美国学者汉斯·摩根索在《国际政治权力与和平》一书中对国家实力进行了全面系统分析,提出了"综合国力"的概念,认为国际政治就是各国依靠综合国力的博弈,国家实力其实质就是综合国力的发展和增强,汉斯·摩根索被称为现代综合国力的奠基人。此后,民族素质及凝聚力、文化传统、国家战略、政府政策、科技力量、法治水平等因素也都纳入一国国家实

---

① 《习近平关于全面建成小康社会论述摘编》,北京:中央文献出版社,2016 年,第 187 页。

② 《习近平谈治国理政》(第四卷),北京:外文出版社,2022 年,第 251 页。

力的范畴。改革开放以后,邓小平提出的"两个文明""两手抓"等实质就是建立在综合国力的考量上。伴随着经济全球化,"国际竞争力"越来越受到各国的重视,其理论研究也从最早的经济学理论领域扩展到了量化评估和质性分析,并在国际社会中被普遍运用,形成了评价国家竞争力的硬指标和软指标,并且呈现出越来越依赖软指标的趋势。美国哈佛大学教授约瑟夫·奈在20世纪80年代提出了"软实力"概念,"软实力"逐步纳入国家战略的考量中。根据约瑟夫·奈的定义,硬实力是指支配性实力,包括基本资源(国土面积、人口、自然资源等)、军事力量和科技力量等。"软实力"则分为国家的凝聚力、文化被普遍认同的程度和参与国际机构的能力。1990年,约瑟夫·奈完善了"软实力"理论。他认为"软实力"是通过吸引而非威胁或收买他人,获得我们所需的能力。"软实力"以一国的文化、政治思想和政策为基础,"软实力"相比较"硬实力"是一种无形的精神力量、成本低,能延伸一国"硬实力"的发挥,一国单靠"硬实力"在国际竞争中也难以持久,软硬力量的相互关联,具有很强的互补性,"软实力"也越来越成为国家综合国力的重要考量。

(二)中国梦体现了社会主义制度的本质

中国梦的提出,从"硬实力"看,我国是世界第二大经济体,自然也说明了"硬实力"的强大;从"软实力"看,"'中国梦'内在的文化和价值凸显其强大的软实力"[1]。习近平在多种场合对中国梦的讲述,告诉世界中国梦是中华民族独特历史的自然生成,源于中华民族昔日的辉煌,不甘屈服、踔厉奋发的民族性格,讲清楚了"我们从哪里来",对民族苦难的抗争形成了中华民族自觉、民族自强。"己所不欲,勿施于人",中华民族爱好和平、追求世界和谐,中国梦不是"霸权梦""帝国梦"。国外学者认为,中国强调发展的人民性而不是特权的阶层性。中国梦阐释了"我们走什么路",中国梦不是"一国梦""排他梦",而是"世界梦""共享梦",中国梦致力于中国人民幸福、世界各国合作

---

① 艾四林:《"中国梦"与中国软实力》,《中国特色社会主义研究》,2013年第3期。

共赢,建设持久中国人民与世界人民的和平、共同繁荣。中国梦讲明了"我们到哪里去",中国梦在国际上已经成为响亮的中国名片和中国符号,在国内已经变成了中华民族奋起梦、强国梦、强军梦、发展接力梦、各行各业竞赛梦,演变出了奥运梦,航天梦、航母梦,甘肃梦、河南梦、脱贫攻坚梦、住房梦、高考梦、绿水青山梦,等等,一句话概括为:和平的梦想、发展的梦想、幸福生活的梦想、自我实现的梦想。中国梦体现了中国发展的社会主义本质属性,是国家、民族和人民坚定中国特色社会主义制度、道路、理论体系和文化自信的支柱。

## 第三节　制度自信与承担世界责任

在全球化越来越密切的当今世界,中国的发展离不开世界,世界的发展也需要中国。承担世界责任是中国共产党人内在的价值取向,中国共产党人通过承担世界责任,展示了制度自信。从毛泽东起,中国共产党人就自觉建构了履行世界责任的基本价值观。毛泽东指出:"中国不仅要自己料理自己,自己过生活,还应该对别的国家和民族进行帮助,对世界有些益处。同别的国家一样,不仅要为自己而且还要对世界做些贡献。"[1]新时代,以习近平同志为核心的党中央深入思考"建设一个什么样的世界、如何建设这个世界"等关乎人类前途命运的重大课题,通过共建"一带一路"的实际行动,表达了中国共产党人对世界关怀的诚意,展示了中国站在全人类高度为解决世界面临的和平与发展问题提出的中国方案。人类命运共同体理念既有中国特色,也蕴含了全人类的价值追求,倡导各国在追求自身利益的同时,要兼顾他国利益,国与国之间彼此命运相连,通过共同发展和合作解决面临的一致

---

① 《毛泽东文集》(第八卷),北京:人民出版社,1999年,第71页。

问题,展现了新时代中国外交的中国特色、中国风格和中国气派,显示出中国特色社会主义制度与资本主义制度的本质区别。

## 一、构建人类命运共同体展示了制度自信

在当前,世界处于大变革大调整时期,各国面临着金融危机、环境问题、资源短缺、贫富差距等共同难题,任何国家都不能独自应对,各种传统与非传统安全需要各国齐心协力,共同解决。构建命运共同体的提出,展现了中国作为一个负责任的大国对全人类发展责任担当,其发展经历了"周边命运共同体""亚洲命运共同体""区域性命运共同体""网络空间命运共同体""核安全命运共同体"等多种提法,现已经写进联合国决议,已经成为世界多数共识。

(一)中国共产党与全人类价值追求相一致

2011 年 9 月,"命运共同体"出现在《2011 年中国和平发展》白皮书中,表明中国把握世界潮流的视角。"要以命运共同体的新视角,以同舟共济、合作共赢的新理念,寻求多元文明交流互鉴的新局面,寻求人类共同利益和共同价值的新内涵,寻求各国合作应对多样化挑战和实现包容性发展的新道路。"①自党的十八大以来,习近平在多个重大国际场合倡议构建人类命运共同体。2013 年 3 月 23 日,习近平在莫斯科国际关系学院演讲指出:"各国相互联系、相互依存的程度空前加深,人类生活在同一个地球村里,越来越成为你中有我、我中有你的命运共同体。"②2013 年 10 月,习近平在印尼国会提出了构建中国−东盟命运共同体的五大举措。2014 年 11 月,习近平在中央外事工作会议上提出打造"周边命运共同体"。2015 年 3 月 28 日,习近平在

---

① 中华人民共和国国务院新闻办公室:《中国的和平发展》,北京:人民出版社,2011 年,第 24 页。
② 《习近平谈治国理政》,北京:外文出版社,2014 年,第 272 页。

博鳌亚洲论坛年会提出了"通过迈向亚洲命运共同体,推动建设人类命运共同体"①。2015年4月,提出了建立"中国-巴基斯坦命运共同体"的双边关系。2015年9月,习近平在第70届联合国大会上提出了各国要以合作共赢新伙伴,打造人类命运共同体的思想,并系统阐述了构建人类命运共同体在政治、安全、经济、文化、环境等倡议的"五大支柱"。同年11月,巴黎气候变化大会,在人类命运共同体理念推动下,签订了《巴黎协定》。同年12月16日,世界第二届互联网大会,习近平倡导各国共同构建网络空间命运共同体。2016年4月,第四届核安全峰会习近平提出"努力打造核安全命运共同体"②。2017年1月,在联合国日内瓦总部习近平提出了解决世界和平的中国方案:"构建人类命运共同体,实现共赢共享。"③2017年2月,在中国倡导"构建人类命运共同体"理念写进联合国决议中。中国共产党发挥制度优势,把"构建人类命运共同体"提升为党的十九大报告提出的"14个坚持"的重要任务之一,表明了中国以实际行动推动"构建人类命运共同体"的诚意、决心和信心。党的十九大报告概括了人类命运共同体的深刻内涵:"持久和平、普遍安全、共同繁荣、开放包容、清洁美丽。"④即建设政治上持久和平、国际关系普遍安全的保障、经济上的共同繁荣、开放包容的文化、清洁美丽生态环境的世界。此后,2017年12月举办的中国共产党与世界政党高层对话会、2018年4月博鳌亚洲论坛年会、2018年9月中非合作论坛北京峰会上中国政府一直在倡导构建人类命运共同体。

习近平指出:"中国共产党是为中国人民谋幸福的党,也是为人类进步

① 习近平:《迈向命运共同体 开创亚洲新未来——在博鳌亚洲论坛2015年年会上的主旨演讲》,《人民日报》,2015年3月29日。

② 习近平:《加强国际核安全体系 推进全球核安全治理——在华盛顿核安全峰会上的讲话》,《人民日报》,2016年4月3日。

③ 习近平:《共同构建人类命运共同体——在联合国日内瓦总部的演讲》,《人民日报》,2017年1月20日。

④ 习近平:《决胜全面建成小康社会 夺取新时代中国特色社会主义伟大胜利——在中国共产党第十九次全国代表大会上的报告》,北京:人民出版社,2017年,第58~59页。

事业而奋斗的党,中国共产党将一如既往为世界和平安宁、世界共同发展及为世界文明交流互鉴作贡献。"①党的十九大报告强调:"中国共产党始终把为人类作出新的更大的贡献作为自己的使命。"②习近平在党的二十大报告中指出:"中国始终坚持维护世界和平、促进共同发展的外交政策宗旨,致力于推动构建人类命运共同体。"③公平、正义、和平、发展、民主、自由是人类共同的价值追求,也是中国共产党始终倡导的治国理念。土耳其国际战略研究组织副主席塞尔丘克·乔拉克奥卢认为:"中国在可持续发展、绿色增长、减贫等方面表现为世界各国、特别是发展中国家提供了成功范例和发展路径。"④

(二)构建人类命运共同体的思想渊源

1.人类命运共同体思想发祥于中华优秀传统文化

中国各个时代的文化、传统、社会的精神气质指引着当代中国为世界做出重要贡献。李约瑟曾指出,"要按照东方见解行事"⑤。"世界大同,和合共生"是几千年中华文明秉持的交往理念,中华民族崇尚和合的理念已经深深融于中国人民血脉之中。2013 年 10 月,习近平在印度尼西亚国会演讲中用"合抱之木,生于毫末;九层之台,起于累土"表明要夯实两国友谊、和睦友好、心心相印;"既以为人,己愈有;既以与人,己愈多"告诉世人互惠互利、双向互赢,摆脱有你没我、有我没你的零和思维。"己所不欲,勿施于人"的观念,告诉人们冷战思维、追求自身绝对安全已经在当前行不通,中国人民深

---

① 新华网:http://news.xinhuanet.com/politics/leaders/2017-12/01/c_1122045499.htm。

② 习近平:《决胜全面建成小康社会　夺取新时代中国特色社会主义伟大胜利——在中国共产党第十九次全国代表大会上的报告》,北京:人民出版社,2017 年,第 57~58 页。

③ 习近平:《高举中国特色社会主义伟大旗帜　为全面建设社会主义现代化国家而团结奋斗——在中国共产党第二十次全国代表大会上的报告》,北京:人民出版社,2022 年,第 60 页。

④ 于运全、孙敬鑫:《改革开放 40 年成就赢得国际社会广泛赞誉》,《求是》,2018 年第 20 期。

⑤ Joseph Needham. History of human values:a chines perspective for world science and technology. Centennial review,1976(XX):1.

信只有和平安宁才能促进世界的安宁,承诺永远不称霸,永远不做超级大国,中国将高举和平、发展、合作、共赢的旗帜,推动大国交往,发展伙伴关系;"大道之行,天下为公""和羹之美,在于合异""亲仁善邻""协和万邦",体现了中国尊重世界文明多样性,宽广世界眼光和人类胸怀;"万物各得其和以生,各得其养以成",人类命运共同体不是要取消人类文化差异,倡导统一价值观,而要世界不同文化都能够在承认差异的前提下各得其所;"宁要绿水青山,不要金山银山"强调中华民族历来尊重自然,爱护自然的思想情怀,贯彻"创新、协调、绿色、开放、共享"的发展理念,承诺完成保护世界环境我们确定的任务;"天下兼相爱则治,交相恶则乱""海纳百川,有容乃大""和而不同"体现了中华民族以维护和发展人类共同利益为准则,在打造人类命运共同体中超越社会制度和意识形态分歧,求同存异、相互尊重,同舟共济、互信互利。

2.人类命运共同体思想灵活运用马克思主义理论

《共产党宣言》指出:"代替那存在着阶级和阶级对立的资产阶级旧社会的,将是这样一个联合体,在那里,每个人的自由发展是一切人的自由发展的条件。"①这充分说明了由于资本主义的剥削、压迫,根本实现不了全人类解放,国与国之间只有通过合作才能实现共赢,人类命运共同体打通了"中国梦"和"世界梦"的关键环节。人类命运共同体思想也是对"马克思'两个必然'的理论自觉和实践自觉"②,在不否认"两种制度"对立的前提下,既尊重资本主义的发展成就又发挥中国制度优势,致力于世界各国人民的美好未来。

3.人类命运共同体思想继承了新中国优秀外交思想

1956年11月,毛泽东为纪念孙中山诞辰90周年书写《纪念孙中山先生》一文,指出:"中国应该对于人类有较大贡献,而这种贡献,在过去一个长

---

① 《马克思恩格斯文集》(第二卷),人民出版社,2009年,第53页。

② 田鹏颖、武雯婧:《天下为公:中国共产党与人类命运共同体》,北京:社会科学文献出版社,2018年,第239页。

时期内,则是太少了。"①1989年11月,邓小平在会见基辛格时提出了不同国家的"利益共同体",奠定了"命运共同体"的基础。邓小平指出:"不同社会制度的国家完全可以和平共处,发展友谊,找到共同的利益。"②1990年4月,邓小平会见泰国客人时自信地指出:"所谓'亚洲太平洋世纪',没有中国的发展是形不成的。"③新中国成立70多年来,我国始终奉行和平共处五项原则,坚持求同存异,形成了"两个中间地带","三个世界"战略划分,不称霸、不结盟等重要外交思想为人类命运共同体构建奠定了基础。

(三)构建人类命运共同体的现实基础

和平与发展时代主题没有变,这是构建人类命运共同体的最大现实基础。当前,国际关系也出现了单极与多极、冲突与合作、对抗和对话、动荡与稳定等多态势并存局面,但总的来说和平、发展、合作、共赢仍然是绝大多数世界人民的追求,这是人类命运共同体构建的"最大公约数"。

经济全球化、世界多极化趋势、社会信息化和文化多样化等是人类命运体构建的现实条件。冷战结束后,尤其是"9·11"事件以来,美国的超级大国越来越感到力不从心,单边主义政策背离世界潮流,遭到越来越多国家的抵制和反对,尤其在经济全球化背景下,国与国之间的依存程度越来越紧密,非此即彼的"零和博弈"逐步被多赢和共赢取代,一国的危机产生的"蝴蝶效应"甚至危机整个世界经济,任何国家也不能超脱于国际社会之外,协调、合作成了国际关系的主流。正如习近平在G20杭州峰会主旨演讲中提到的"经济全球化的今天,没有与世隔绝的孤岛",经济全球化为人类命运共同体构造提供了可能,科技的进步,交通的便利,国际间人们交往紧密。技术的发展导致了人们交往方式的变化,便利的交通工具也容易使人越出地理边界。当

---

① 毛泽东:《纪念孙中山先生》,《人民日报》,1956年11月12日。

② 《邓小平年谱(1975—1997)》(下),北京:中央文献出版社,2004年,第1297页。

③ 《邓小平文选》(第三卷),北京:人民出版社,1993年,第358页。

前，"技术发展中，旧的联系都变得松弛，文化的边界因此被打破"①。当今世界，客观存在着因社会制度、历史传统、宗教信仰等差异形成的多元文化，无论大小、强弱的国家都有其文明的特点和长处，其思想文化都应该得到尊重。构建人类命运共同体不是打造社会制度共同体，人类命运共同体思想超越文明之间的隔阂和社会制度偏见，其倡导尊重世界文化多样性的主张得到越来越多的国家认可，"不同文明体的核心国家间的冲突""文明断层线上冲突"②越来越没有国际市场。邓小平指出："中国和所有第三世界国家的命运是共同的。中国永远不会称霸，永远不会欺负别人，永远站在第三世界一边。"③亨廷顿早就提出，"在多元的、多种文明并存的世界中，西方的责任是保护自己利益，而不是促进其他民族的利益，也不应为与西方没有多大利益关系的民族排忧解难"。中国人讲"和而不同"，不同文明相互关联、相互尊重、相互体让，相对于亨廷顿的"文明冲突论"而言，中国的"和而不同"更加具有优势。人类经历了农业革命、工业革命，正经历一场给传统生活和交往方式带来重大变革的信息革命。信息化的发展为构建人类命运共同体提供了便利条件，"互联网让世界变成了地球村，推动国际社会越来越成为你中有我、我中有你的命运共同体"④。互联网的发展为构建人类命运共同体做好了准备。

世界各国面临的全球性问题是构建人类命运共同体的重要前提。经济发展动能不足、环境污染、粮食安全、网络治理、国际恐怖主义、毒品泛滥、贫富分化、人口膨胀、反腐败等单靠任何一个国家都难以解决，西方国家以自身利益为中心主导现行国际制度，"普世价值"带来的只是本国的利益，一些国家"画虎不成反类犬"，"阿拉伯之春"已经变成了"阿拉伯之冬"，"普世价

---

① 孟宪平：《马克思主义文化动力思想及其实践研究》，北京：北京师范大学出版社，2018 年，第90页。

② ［美］塞缪尔·亨廷顿：《文明的冲突与世界秩序的重建》，周琪等译，北京：新华出版社，1998年，第 229 页。

③ 《邓小平文选》（第三卷），北京：人民出版社，1993 年，第 56 页。

④ 习近平：《在网络安全和信息化工作座谈会上的讲话》，北京：人民出版社，2016 年，第 12 页。

值"圣光普照下的人民生活水平没有得到改善,还陷入了仍无休止的金融危机、债务危机、政治危机和社会危机。"问题是时代的号角、时代的声音",这些问题的解决需要新的国际平台,人类命运共同体是世界各国相互依存,平等交流,融共赢性和包容性于一体的国际新秩序平台。

## 二、共建"一带一路"提高了制度自信

习近平认为,共建"一带一路","就是要再为我们这只大鹏插上两只翅膀,建设好了,大鹏就可以飞得更高更远"①。"一带一路"借鉴古丝绸之路的宝贵经验,是构建人类命运共同体的实际行动,彰显了中国制度的独特魅力。古丝绸之路是一条贸易和人文交流之路,发端于中国,横贯东西、连接欧亚,促进了东西贸易发展和文明交流,推动了沿线各国共同进步。"一带一路"是新时代我国外交和新一轮对外开放的重要举措,也是推动沿线国家乃至世界各国共同繁荣进步、和平发展的中国方案。

（一）共建"一带一路"展示了中国责任和自信

2013 年 9 月,习近平访问哈萨克斯坦第一次向世界发出共建"丝绸之路经济带"的友好愿望。同年 10 月 3 日,习近平访问印尼期间阐发了将古丝绸之路由陆地推向沿海地区的宏伟蓝图,"中国愿同东盟国家……共同建设 21世纪'海上丝绸之路'"②。"一带一路"的框架基本形成。2013 年 11 月召开的党的十八届三中全会提出了"推进丝绸之路经济带、海上丝绸之路建设,形成全方位开放新格局"③。共建"一带一路"升级为国家对外关系的顶层设计。同年 12 月召开的中央经济工作会议提出了抓紧"一带一路"的战略规划。此后,习近平运用出访、参加国际会议等多种外交途径进行"一带一路"的解

---

① 《习近平关于全面深化改革论述摘编》,北京:中央文献出版社,2014 年,第 134~135 页。

② 《习近平谈治国理政》,北京:外文出版社,2014 年,第 293 页。

③ 《中共中央关于全面深化改革若干重大问题的决定》,北京:人民出版社,2013 年,第 28 页。

读。2016年3月,推进"一带一路"建设的党中央决策写进了国家"十三五"规划;同年11月,第71届联合国大会通过的第A/71/9号决议,提出了"欢迎'一带一路'等经济合作倡议向阿富汗提供援助","一带一路"建设首次写进联大决议,展示了中国政府推进"一带一路"得到联合国的认可。2017年1月,在达沃斯世界经济论坛上习近平介绍了"一带一路"的成效:现已得到40多个国家和100多个国际组织的合作和大力支持,中国对外投资500多亿美元。同年5月14日—15日,中国举办"一带一路"高峰论坛,130个国家、70多个国际组织约1500名代表参会,包括联合国秘书长古特雷斯等3个国际组织负责人及29位外国元首、政府首脑,共建"一带一路"得到了大多数国家响应。2017年3月,联合国大会在2344号决议中提到"呼吁国际社会凝聚援助阿富汗共识,通过'一带一路'建设等加强区域经济合作"[①]。同年10月,"一带一路"建设写进党的十九大报告,作为构建人类命运共同体的重要组成部分。2018年,"一带一路"精神也写进上海合作组织、亚欧会议和中非合作论坛等重要国际机制成果文件。

(二)共建"一带一路"展示了中国良好形象

从世界地图上可以看出,"一带一路"是世界上跨度最长的经济长廊,沿线总人口44亿,经济总量约21万亿美元,沿线国家多为新兴经济体和发展中国家,其建设必将是世界经济的一个新的经济增长点。我国与"一带一路"沿线各国有着长期友好的合作,"一带一路"建设并不是从零开始,而是一种新的合作平台和合作机制,也不是一个空洞的口号,而是一个实实在在地给沿线国家带来发展和福祉的国际战略举措,通过"一带一路"建设,推动沿线各国"政策沟通、设施联通、贸易畅通、资金融通、民心相通"[②]。"五通"完成之时,就是"一带一路"建成之时。"一带一路"建设抛弃了传统的地缘政治对

---

① 陈岳、蒲俜:《构建人类命运共同体》,北京:中国人民大学出版社,2017年,第129页。

② 习近平:《决胜全面建成小康社会 夺取新时代中国特色社会主义伟大胜利——在中国共产党第十九次全国代表大会上的报告》,北京:人民出版社,2017年,第60页。

抗,打破了"国强必霸"的逻辑,走共建、共享、共赢之路,提升了中国特色社会主义的影响力和认同度。为增强与"一带一路"沿线国家和地区的合作,中国出资 400 亿美元成立了丝路基金,并设立亚洲基础投资银行为"一带一路"建设提供资金,现中缅铁路、中印高铁走廊、中巴经济走廊、中亚天然气管道等一大批标志性项目稳定推进。"一带一路"建设将"中国梦"与"世界梦"交相辉映,验证了中国"亲、诚、惠、容"的交往理念和共建利益共同体、命运共同体的诚意,展示了中国政府的良好形象。2019 年 4 月,中国主办的第二届"一带一路"国际合作高峰论坛,联合国秘书长、国际货币基金组织总裁、38个国家的元首和政府首脑共 40 位领导人,以及来自 150 个国家、92 个国际组织的 6000 余名外宾齐聚北京,与会嘉宾认为"一带一路"是机遇之路、互利共赢之路,已有 127 个国家和 29 个国际组织同中方签署"一带一路"合作文件,与会嘉宾就高质量共建"一带一路"达成广泛共识,推动"一带一路"迈向更高标准、更高质量、更高水平,增强了中国制度的影响力。

## 三、实现和平发展见证了中国智慧

中国特色社会主义制度是人类追求文明进步的完美社会制度,是人类社会制度上的创举。中国特色社会主义道路是人类之幸,中国走出了一条不同于西方国家、独特的和平发展现代化道路,与西方发达国家比较,中国实现了和平崛起。从世界历史角度来看,"中国崛起"的一个最大特点就是走的是和平发展道路,没有通过战争和掠夺来实现现代化之路。西方发达国家崛起的历史,就是人类战争和动荡的历史。马克思指出:"资本来到世间,从头到脚,每个毛孔都滴着血和肮脏的东西。"①英国的现代化历史就是一部海外殖民扩展的历史,通过掠夺、战争、公开的抢劫实现了资本的原始积累;美国、法国、德国、日本、俄国等国家的现代化之路可谓罪行累累、血迹斑斑。党

---

① 《马克思恩格斯选集》(第二卷),北京:人民出版社,1995 年,第 266 页。

的二十大报告指出："中国式现代化是走和平发展道路的现代化。"①在"南方谈话"中，邓小平强调："中国反对霸权主义、强权政治、永不称霸。中国是维护世界和平的坚定力量。"②中国通过和平国际环境发展自己，以自己的发展反对霸权，倡导求同存异、平等协商、相互合作。中国始终倡导以邻为善、以邻为伴，积极参与反恐、防止核扩散，坚持奉行防御性国防策略，积极推动建立更加公正、合理的国际新秩序，中国成为维护国际正义的中坚力量，中国的行为向世人展现了中国特色社会主义制度的优越性。联合国秘书长古特雷斯给予中国很高评价："中国已成为多边主义的最重要支柱和促进世界和平与发展不可或缺、值得信赖的重要力量。"③英国48家集团俱乐部主席斯蒂芬·佩里认为，中国参与国际事务的方式，为解决国际热点问题提供了和平模式，中国正全方位地影响世界，越来越多的国家受中国影响排斥冲突、珍惜和平。

## 第四节　制度自信与国际共产主义运动

　　国际共产主义运动有两次高潮。第一次高潮，时间跨度为1914—1923年，从第一次世界大战爆发到欧洲革命失败，几乎所有的发达国家都成立了共产党。"十月革命"的胜利和俄国社会主义制度的建立是第一次高潮的最大成就，东欧一些国家和地区受"十月革命"影响建立了苏维埃政权，中国、朝鲜等国在"十月革命"影响下，成立了共产党，掀起了民族解放运动。第二次高潮，时间跨度为1945—1959年，从第二次世界大战结束到古巴革命成

---

　　① 习近平：《高举中国特色社会主义伟大旗帜　为全面建设社会主义现代化国家而团结奋斗——在中国共产党第二十次全国代表大会上的报告》，北京：人民出版社，2022年，第23页。

　　② 《邓小平文选》（第三卷），北京：人民出版社，1993年，第383页。

　　③ 于运全、孙敬鑫：《改革开放40年成就赢得国际社会广泛赞誉》，《求是》，2018年第20期。

功。这一时期形成了以苏联为中心的世界社会主义阵营。古巴革命成功,形成了横跨亚、欧、拉美等15国,人口占全球三分之一与资本主义抗衡的世界社会主义体系。这次高潮的最大成果是中国新民主主义革命的胜利和中国社会主义制度的建立。国际共产主义运动也有低谷期,1953年3月5日,斯大林去世后,东欧一些国家试图摆脱苏联"大党大国主义"的弊端,国内民众发起了针对"苏联模式"的群众骚乱,如捷克斯洛伐克的"比尔森事件"、民主德国的"东柏林事件"、匈牙利的"切尔佩事件"等。苏共二十大以后,发生了"波兹南事件""匈牙利事件""中苏论战"等事件,国际共产主义运动逐步走向低潮。20世纪80年代末、90年代初期"东欧剧变"后,大批社会主义国家或转变为资本主义国家,或者不复存在,苏联、南斯拉夫、捷克斯洛伐克三个多民族联邦制社会主义国家先后解体,共产党成为在野党或改变了党的性质,国际共产主义运动步入"低谷期"。西方国家大肆宣传"共产主义已经死亡",尼克松在《超越和平》中指出:"正如历史已经撇开共产主义一样,历史也撇开了共产党人。"[①]"十月革命"的胜利、中华人民共和国的成立表明了国际共产主义运动凯歌行进,东欧剧变、苏联解体却是国际共产主义运动"最令人震惊、忧郁和沉痛的事件"[②]。

## 一、制度自信改变了国际共产主义运动现状

当前国际共产主义运动仍然处于低谷期,但"正在低谷中奋进"[③]。除中国外,仅有朝鲜、古巴、越南、老挝四个国家仍在走社会主义道路,但国际共产主义运动依然存在。在资本主义世界,社会党国际拥有160多个成员党,党员总数约4500万人;还有约130个非执政地位的共产党在搞社会主义运

---

① 陈学明等:《中国道路的世界意义》,天津:天津人民出版社,2015年,第219页。
② 李慎明主编:《居安思危——苏共亡党二十年的思考》,北京:社会科学文献出版社,2011年,第16页。
③ 聂运麟:《世界社会主义运动发展的现状及面临挑战》,《思想理论教育》,2016年第11期。

动,党员总数约 700 万人,规模最大的印度共产党(马克思主义)党员人数超过了 100 万人;10 万人以上的共产党还有法国、日本、巴西、俄罗斯等国共产党及尼泊尔共产党(联合马列);1 万人以上的有 25 个,有的国家共产党只有几千人、几百人,最少的波希米亚共产党只有 1 名成员。根据中组部统计,截止 2021 年底,中国共产党员人数为 9671.2 万名,党的基层组织 493.6 万个,约占世界共产党员总数 88% 以上。随着中国特色社会主义道路的成功,国际共产主义运动整体正在复苏,但运动道路依然艰难曲折。邓小平认为:"中国肯定要沿着自己选择的社会主义道路走到底。谁也压不垮我们。只要中国不垮,世界上就有五分之一的人口在坚持社会主义。我们对社会主义的前途充满信心。"① 2017 年 12 月,尼泊尔大选,由尼泊尔共产党(联合马列)和尼泊尔(毛中心)组成的左翼联盟以压倒性优势获胜。2018 年 5 月,尼泊尔联合执政的左翼联盟将两党合并为尼泊尔共产党,增强了人们对当前国际共产主义运动胜利的信心。

## 二、制度自信为其他社会主义国家提供了经验

中国改革开放的实践证明了社会基本矛盾可以在社会主义制度范围内,通过改革加以解决,在改革过程中制度建设必须与时俱进。中国坚定制度自信改革吸引了其他社会主义国家的效仿,中国的发展经验对其他社会主义国家产生了深远影响。正如邓小平预言:"我们的改革不仅在中国,而且在国际范围内也是一种试验,我们相信会成功。如果成功了,可以对世界上的社会主义事业和不发达国家的发展提供某些经验。"② 2016 年 9 月,古中关系专家鲁文·萨多亚在接受新华社专访指出:"中国是古巴改革的灵感来源。"③越南社科院中国研究所所长杜进森认为:"中国的改革照亮了越南的

---

① 《邓小平文选》(第三卷),北京:人民出版社,1993 年,第 321 页。

② 《邓小平文选》(第三卷),北京:人民出版社,1993 年,第 135 页。

③ 新华社:http://www.gov.cn/xinwen/2016-09/24/content_5111583.htm。

革新之路。"①

（一）越南革新之路

越南 1884 年沦为法国殖民地，受"十月革命"影响，越南人民选择了"走俄国人的路"。1930 年 1 月，越南成立了共产党，并在同年 10 月把党的名称改为印度支那共产党。1940 年日军侵占越南，1945 年胡志明率领印度支那共产党借鉴中国抗日民族统一战线的经验，举行"八月革命"，取得了抗日战争的胜利。1945 年 9 月 2 日，越南成立民主共和国，后法国和美国侵入越南。经过 10 年（1945—1954）抗法战争，越南北部获得解放，越南开始学习中国的社会主义建设之路。土地改革、"三大改造"等都是中国的翻版。1959 年越南宣布社会主义制度正式确立。1969 年胡志明去世后，中越关系发生变化，越南北部移植了"苏联模式"。1975 年 5 月，越南赶走了美军，领土全部解放。1976 年 7 月，越南改国名为越南社会主义共和国，将"苏联模式"也在南方推广，带来了严重的消极后果。中国改革开放的成功启发了越南，1986 年越共六大后，越南开始了革新开放之路。1991 年越共七大把胡志明思想写进党的文件，同马列主义一道作为越共思想基石，并提出了"政治革新"，强调越共的"先锋队"，废除了职务终身制，实行干部任期制，加强集体领导，精简机构，实行任期淘汰制。2001 年越共九大确立了建立社会主义定向的市场经济体制，在政治上形成党的总书记、国家主席、国会主席和政府总理由 4 人担任的"四驾马车"的集体领导。2006 年越南加入了世界贸易组织（WTO）后，经济融入世界经济体系的程度越来越深。经过 30 多年的革新探索，2011 年越共十一大确立了"民富、国强、民主、公平、文明"的发展目标。"越南经济上呈现持续高增长态势，人民生活稳定改善，2011 年人均国内生产总值达到了1300 美元，已经迈入中低收入国家行列。"② 2016 年 1 月，越共十二届大、十

---

① 孙忠良：《后危机时代中国模式的世界意义》，《科学社会主义》，2012 年第 1 期。

② 高放、李景治、蒲国良主编：《科学社会主义的理论与实践》（第 6 版），北京：中国人民大学出版社，2014 年，第 184~185 页。

二届一中全会召开,保证了革新开放政策的稳定性。但越南依然面临着工业基础薄弱、人口压力、贫富差距悬殊、政治腐败及市场经济发展不成熟等问题,革新开放面临巨大挑战。

### (二)老挝革新之路

老挝同越南国土相接,又有相同的历史渊源,走上社会主义道路、革新开放之路几乎和越南一样。建立老挝社会主义制度的人民革命党本是印度支那共产党的一个支部。1972 年,老挝取得民族独立,并根据"苏联模式"进行了本国社会主义建设,在老挝第二次全国代表大会上提出了"为不经过资本主义发展道路直接进入社会主义准备一切必要条件"[①]。1975 年老挝人民革命党不顾本国国情,在二届三中全会提出了"开始不经过资本主义发展阶段而直接进入社会主义初级阶段"[②]。同年 12 月 2 日,老挝建立了老挝人民民主共和国,并在政治上建立了苏联式的过渡模式,导致经济和政治状况的恶化。1979 年,老挝人民党在二届七中全会上提出了"制定经济计划时要考虑生产力状况和水平",但未找到过渡到社会主义的科学方法。20 世纪 80 年代中期,老挝依然没有脱离亚洲最贫穷的国家之一、世界上最不发达的 20 个国家行列。1986 年 11 月,老挝人民革命党召开第四次全国代表大会,开始了依照本国国情的革新开放之路。受"东欧剧变"影响,1989 年老挝社会出现了思想上的混乱,人民革命党在四届八中全会提出了革新的六项基本原则:"坚持社会主义目标、坚持马列主义是党的思想基础、坚持党的领导、坚持民主集中制、坚持人民民主制度、坚持爱国主义与国际主义相结合。"[③]之后的历届党代会都重申这六项基本原则,2001 年老挝人民革命党七大开启了 21 世纪革新之路,依照中国改革开放政策和中国特色社会主义建设经验,老挝

---

① 谭荣邦:《走向全面革新的老挝》,《科学社会主义》,2001 年第 1 期。

② 陶红:《老挝人民革命党对社会主义的认识与实践》,《当代世界与社会主义》,1999 年第 1 期。

③ 郭春生:《社会主义革新:从地区到全球的拓展(1978—2016)》,北京:北京师范大学出版社,2018 年,第 118 页。

制定了五年发展目标和 20 年发展中长期计划,并改进了党的领导。2006 年 3 月,老挝人民革命党第八次代表大会完成了党的最高领导人顺利交接。2016 年 1 月,老挝人民革命党第十次代表大会对未来革新之路进行了全面部署。继 1997 年成为东盟正式成员国后,老挝积极开展外交,至 2012 年已与 132 个国家建立外交关系。2016 年老挝成为东盟轮值主席国后,时任美国总统奥巴马到访老挝,老挝国际影响力大大增强。老挝坚持走适合自己国情的社会主义发展之路,其社会主义建设也会取得更大成就。

(三)朝鲜革新之路

朝鲜民主主义人民共和国的建立是"冷战时期"美苏争霸的产物。自 1910 年,抗日战争胜利前长达 35 年时间中,朝鲜一直是日本的殖民地。抗日战争胜利后, 美苏以北纬 38 度线为界对朝鲜半岛进行了分区占领和管辖。1948 年 8 月,在美国操纵下朝鲜半岛南部成立了大韩民国。9 月,在苏联支持下朝鲜半岛北部成立了朝鲜民主主义人民共和国。朝鲜按照"苏联模式"建立了高度集中的计划经济体制、政治体制。在"中苏论战"中,金日成提出了既不同于苏联又不同于中国的"主体思想"理论。1970 年,朝鲜劳动党全国第五次大会将"主体思想"写进党的文件,并写进了 1972 年宪法。由于"主体思想"强调主体性忽视了客观性,朝鲜闭门造车的发展导致了经济社会发展水平低下,粮食严重短缺,经济停滞不前,甚至出现负增长。1994 年金日成病逝后,其子金正日成为朝鲜最高领导人,并推行"先军政治"发展军事工业,并将"主体思想"系统化为"金正日主义",引发个人崇拜。2011 年 12 月金正日病逝,其年仅 28 岁儿子金正恩执政,金正恩提出了"一心团结+战无不胜的军力+新世纪工业革命=社会主义强盛国家"的革新理念。金正恩执政后,朝鲜的最大变化就是放眼世界、紧跟世界潮流,朝鲜出现了一些西方事物,加快了朝鲜变化的步伐,但原有的经济体制、个人集权制、职务终身制、个人崇拜、以党代政等没有发生实质变化,革新开放方面时常变化,且没有什么新的举措,经济发展依然缓慢、水平低下。

（四）古巴革新之路

古巴走上社会主义之路是本国人民坚持民族独立、民族解放的结果。古巴是西印度洋群岛的一个岛国,1482年沦为西班牙殖民地。1898年4月美西战争结束后,表面独立的古巴实质上处于美国的统治之下。1959年初,下级军官菲德尔·卡斯特罗发动"7·26兵变"推翻了美国扶持的巴蒂斯塔傀儡政权,建立了古巴共和国,美国第一个承认古巴新政权,古美度过了短暂的"蜜月期"。后由于古巴新政权触动了美国的利益,古美关系恶化,美国先后采取"集体干涉"、经济封锁、断交,并于1961年4月派军队入侵古巴,在此形势下古巴领导人卡斯特罗将民族民主革命转变为社会主义革命,宣布古巴为社会主义国家,并将原有的革命组织合并统一改名为"古巴社会主义革命统一党",在此基础上,1965年古巴建立了古巴共产党,并获得了苏联的大力援助。古巴这一时期进行了土地革命和国有化改革,建立了社会保障体系。1968年,古巴大力支持苏联镇压"布拉格之春",古巴、苏联两国迎来了"蜜月期"。1972年古巴加入"互经会",依靠苏联和其他社会主义国家模式进行了社会主义改革。"东欧剧变"后,古巴失去了靠山,经济社会发展出现了严重困难。美国经济上加紧了对古巴的封锁,意识形态方面加大反古宣传的"和平演变",导致了古巴经济危机、社会危机和政治危机交织。

古巴共产党开始思考以往的社会主义道路,提出了借鉴中国、越南等建设社会主义国家经验,找出适合国情的古巴特色社会主义之路。古巴领导人菲德尔·卡斯特罗与江泽民会谈时指出:"古巴正在稳定改革和开放,建设有古巴特色的社会主义。"2006年7月,年届80岁的菲德尔·卡斯特罗将权力移交给劳尔·卡斯特罗。劳尔·卡斯特罗十分熟悉中国国情,欣赏中国改革开放之路,建议学习中国经验,实行改革开放。古巴将工作重心渐渐转移到经济建设上来,2010年古巴开始了以市场导向为基础的经济改革。2011年4月,古巴共产党第六次代表大会制定了涵盖经济社会领域313条改革纲领的《经济社会政策方针》,形成了古巴社会主义革新的基础性文件。古巴实行免费义务教育,建立了完善的医疗体系,实行免费医疗。古巴约每 5.3 人就拥有 1 名医生,公共健康稳定在发达国家水平,居民平均寿命高达 78 岁。在政治领域,古巴共产党代表会议在 2012 年通过了《工作目标》,废除了领导终身制,加大了反腐败力度。2016 年 4 月,古巴共产党第七次代表大会提出"坚定共产主义理想,不走资本主义之路",但古巴革新之路并不理想,表现为"缓慢但不停滞",阻力较大,313 项改革到 2016 年仅完成 21%,古巴依然坚定实行社会主义制度,沿着社会主义革新之路前进。

### 三、制度自信推动国际共产主义运动发展

（一）制度自信帮助国际共产主义运动走出低谷

在国际共产主义运动处于低谷时,中国坚守社会主义制度阵地,扭转了 20 世纪后期国际共产主义运动陷入低谷的趋势,挽救了社会主义这条"要失事的大船"。中国特色社会主义的成功是国际共产主义运动的"强心剂",鼓舞了世界人民坚持走社会主义的信心,从低潮中看到了中国特色社会主义制度优势的"曙光",帮助国际共产主义运动走出低谷,走向新的高潮,这也验证了邓小平在 20 世纪 80 年代预言的正确性。1988 年 10 月,邓小平会见罗马尼亚外宾时指出:"我们走社会主义道路是正确的, 我们都在努力证明社会主义优于资本主义。……共用七十年的时间……证明社会主义优于资本主义。"[1]在第六届国际共产主义运动论坛上,学界专家认为:"中国特色社会主义的成功是世界社会主义复苏的主要动力, 社会主义思潮与运动在世界各地呈现出积极态势。"[2]中国特色社会主义射出的光芒为国际共产主义运动"姹紫嫣红的百花园增添异彩"[3],国际共产主义运动正走出低谷。

---

[1] 《邓小平年谱（1975—1997）》（下）,北京:中央文献出版社,2004 年,第 1254~1255 页。

[2] 殷峻、俞路曦:《新时代世界社会主义运动的新形势——"第六届国际共产主义运动论坛"综述》,《马克思主义研究》,2018 年第 10 期。

[3] 胡振良:《论中国特色社会主义与当代世界社会主义》,《科学社会主义》,2010 年第 3 期。

（二）制度自信破解国际共产主义运动难题

经济文化落后的国家夺取政权、建立社会主义制度后，如何建设、巩固和发展社会主义是国际共产主义运动的难题。列宁指出："我们的革命是开始容易，继续比较困难。"①用通俗的话语讲就是"破坏一个旧制度容易，建设和巩固一个新制度难"。国际共产主义运动的高潮部分地证实了马克思跨越"卡夫丁峡谷"的设想，但社会主义制度建立后如何进行社会主义建设这一问题并没有解决。中国特色社会主义制度自信的世界性价值在于科学地回答了"社会主义究竟什么样子，建设社会主义到底要走怎样的道路这一'世界之问'"②，破解了国际共产主义运动的时代难题。其"特色"之处在于改变了对社会主义"一大、二公、三高、四纯"的错误认识，认清楚了当前我们的社会主义是"资本主义前"社会主义，是落后的、低级阶段的社会主义，不同于《资本论》中描述的"资本主义后"社会主义和共产主义，开创了落后国家建设社会主义的模式。这种模式可以概括为：不照搬照抄、立足国情改革开放，解放和发展生产力，处理好计划和市场之间的关系，独立自主、和平发展、科学发展，坚持改革的社会主义方向，坚持四项基本原则，处理好改革、发展与稳定之间的关系等。

（三）制度自信引领国际共产主义运动的未来

莫尔 500 多年前提出的"乌托邦"（Utopia）思想已经传遍了五大洲，"乌托邦"演变为科学的理论和社会主义一国到多国的实践。只要我们坚定社会主义制度，找到引领国际共产主义运动的通途，势必改变资本主义社会制度，共产主义不是虚无缥缈的乌托邦，极大可能演变为"华托邦（Chitopia=

---

① 《列宁全集》（第 34 卷），北京：人民出版社，1985 年，第 343 页。
② 张澍军：《科学回答人类的"世界之问"——中国特色社会主义的世界性价值》，《思想教育研究》，2013 年第 2 期。

China+topia)、真托邦、善托邦、美托邦、世托邦(worltopia=world+topia)"①。如同《共产党宣言》指出的:"资产阶级的灭亡和无产阶级的胜利是同样不可避免的。"②习近平指出,科学社会主义在中国的成功,对世界社会主义的意义是十分重大的。中国特色社会主义的成功,彰显了科学社会主义的时代价值,是向全世界证明社会主义优越性的鲜活实例,更是批驳各种诋毁论调、恢复世界人民对国际共产主义运动的前途和信心的雄辩证据。制度自信把当前处于低潮的国际共产主义运动带向高潮,引领实现中华民族的伟大复兴和实现未来国际共产主义运动的伟大复兴。

---

① 高放:《社会主义运动:从理论到实践的转变(1848—1917)》,北京:北京师范大学出版社,2018 年,序言第 36 页。

② 《马克思恩格斯文集》(第二卷),北京:人民出版社,2009 年,第 43 页。

# 第四章
# 中国特色社会主义制度自信的认同表征

中国特色社会主义制度与"苏联模式"、民主社会主义国家、新自由主义国家相比，具有高效运行、集中力量办大事等优势，我国经济的飞速发展和不断增强的国际影响力，显示了"中国特色社会主义制度是特色鲜明、富有效率的"，中国特色社会主义制度获得了国内人民的认同和国际社会的赞美，国内人民制度自信认同感强，日益成熟的中国模式受到国外推崇，国际社会主张学习借鉴中国制度。但当前，离一个成熟定型的社会制度还有一定的距离，依然存在着一些影响制度自信认同的干扰因素，仍然需要不断完善。

## 第一节　中国特色社会主义制度的认同现状

制度认同是制度发展的动力和政权执政合法的基础。其逻辑演进表现为制度认同会形成积极的政治行为，进而增进国家认同、执政党认同，形成制度自信。制度认同是过程和结果的统一，制度认同是制度自信的内化。从发生过程来看，按照制度意识→制度情感→制度动机→制度行为递进产生。从结果来看，制度意识、制度情感、制度动机、制度行为构成了制度认同四要素。①制度意识受到个体差异性的制约,有时候能完全或部分反映制度的客观存在,有时候会出现漠视或者忽视制度的客观存在,或者对制度建设的地位和作用认识不够。制度情感是对制度认同的"稳定锚",缺少了情感,制度就如同一条冰冷冷的链条,带给人们的是一种压制和逆反心理,不会得到人们内心的拥护。制度认同动机取决于人们对制度的需求和制度对制度需求的满足。人的动机来源于人的需求,没有需求就缺少生产的目的和实践的动因。制度行为是制度意识、情感、动机的终端,是意识—情感—动机的外在表现形式和事实结果。行为是人的现实表现,"人的一生就是一系列行为"②,制度主体在一定程度上就等于一连串行为。制度认同经制度行为确认体现出制度的意义,制度行为是制度运行的"晴雨表",人们认同制度就会表现出肯定、支持行为;反之,则是否定、反对的行为,甚至是对制度的抗议或破坏。中国特色社会主义制度满足了最广大人民的根本利益,人们认识到对中国特色社会主义制度的认同就是为自己争取利益,就会有积极自觉的制度行为,无形中增强了制度自信,制度认同是国家进步、民族团结和社会发展的动力,更大程度上促进了制度自信。

## 一、人民群众对中国制度认同感强

制度认同就是对中国特色社会主义制度获得了人民群众的认知、认可和共同践行。习近平强调,"积极引导各族群众增强对伟大祖国的认同、对中华民族的认同、对中华文化的认同、对中国特色社会主义道路的认同"③,实质上就包含了引导人民群众对中国制度的认同。人民群众是历史和制度的创造主体,判断一种制度的好坏优劣,关键要看其为谁服务、为谁谋利,最根

---

① 郭莉:《中国特色社会主义制度认同教育研究》,武汉大学 2015 年博士学位论文,第 29 页。

② [法]皮埃尔·勒鲁:《论平等》,王允道译,北京:商务印书馆,1988 年,第 12 页。

③ 习近平:《在庆祝中国人民政治协商会议成立 65 周年大会上的讲话》,北京:人民出版社,2014年,第 9 页。

本的标准是看人民群众是否拥护。以最广大人民根本利益为价值取向的制度,才能得到人民群众认同和支持。人民群众对制度的认同来自中国制度扎根于改革开放和社会主义现代化建设的成功实践,依靠制度保障实现了经济发展、政治民主、文化繁荣、社会和谐、生态良好的价值目标。在制度自信建构过程中,社会成员通过纵向、横向的实践成效进行比较权衡,形成了高度的价值自信、价值认同,形成更深层次的制度自信。相关实证研究表明:当前国内人民群众对中国制度信心十足,制度认同感强。

(一)国内民众对国家现状的满意度远高于西方

美国皮尤研究中心、美国盖洛普、中国台湾大学和中国零点公司十几年来的民意调查显示:中国民众对中国特色社会主义发展方向总体满意度很高,中国人是世界上对国家前途最乐观的,中央政府在人民群众中的威望是最高的。美国皮尤研究中心 2005 年对 17 个国家民调显示:"72%的中国人对国家现状表示满意,排名第一,美国仅为 39%、英国为 44%、加拿大为 45%、印度为 41%、印度尼西亚 35%、法国 28%、俄罗斯 23%、波兰 13%。"[①]根据《2006 年中国社会心态调查报告》,我国民众对政府信任度高,民众对中央政府比较信任,评价分为 3.56 分(满分 4 分,很信任);对法官、警察、地方政府及信访机构的信任度在 2.79~2.93 之间(3 分为"比较信任")。[②]美国皮尤研究中心对 24 个国家的民调显示:中国政府民调满意度占榜首,86%的中国人对国家总体状况满意。美国作为当今世界唯一的超级大国,民众对美国联邦政府的信任度却持续下滑,2007 年以来没有超过 30%,形成了对西方民主制度的巨大打击。2008 年美国"世界民意网站"开展了一项针对国家领导人信任度的调查,中国领导人的信任度为 93%,中国的民调又一次让西方国家"失

---

① 数据来源:PEW Global Attitudes Project,2005.转引自张维为:《中国触动:百国视野下的观察与思考》,上海:上海人民出版社,2016 年,第 114~115 页。

② 数据来源:《中国社会形势分析与预测(社会蓝皮书)》,转引自陈正良:《中国"软实力发展战略研究"》,北京:人民出版社,2008 年,第 75 页。

望"。2010年皮尤研究中心民调再次验证了中国人对国家的满意度高：中国为87%位于第一，美国为30%，法国为26%。2013年85%的中国人对国家发展方向感到满意，美国人为31%，英国人为25%。[1] 2020年5月，美国知名公关公司爱德曼发布《2020年信任度调查报告》显示，中国民众对本国政府的信任度达95%，在受访国家中排名第一。[2]东欧剧变30多年了，这些国家政府在人民心中的信任度如何？根据欧洲权威机构Eurobarometer的民调，大部分东欧国家政府在本国人民的信任度较低，远远低于中国的75%、85%，"匈牙利、罗马尼亚和捷克政府有21%的信任度，拉脱维亚的人民信任度为19%，波兰为17%，保加利亚仅为16%"[3]。

（二）主流意识形态建设稳固，人民对国家前途充满信心

根据一项对北京、上海、江苏、安徽等10省（市），针对高校、党校、基层党组织、企业、城市社区和农村，面向高校教师（900份）、大学生（2200份）、基层党员干部（550份）、普通群众（2500份）共6150份调查问卷（回收5910份，有效问卷比例93.9%）显示："绝大多数基层党员干部、高校师生、群众都坚信马克思主义的指导地位，对国家前途充满信心。"基层党员77.9%的人"始终相信"或"以前不信，现在信"马克思主义；74%的高校教师、75.4%的大学生反对"马克思主义过时论"；66.3%的群众认为"马克思主义对日常生活和工作具有指导作用"。这表明了社会各界对中国共产党拥护度高，党的领导地位坚定。95%的基层党员和79.7%的普通群众认为"中国共产党始终代表中国最广大人民的根本利益"，90.6%的高校教师和82.3%的普通群众认为"中国共产党是中国特色社会主义的领导核心"；调研显示：社会各界对国家、民族及个人未来充满自信，在校大学生对建成中国特色社会主义、实现中华

---

[1]　张维为：《中国人，你要自信》，上海：中信出版社，2017年，第167页。

[2]　《蓬佩奥涉华演讲的满嘴谎言与事实真相》，《人民日报》，2020年8月25日。

[3]　张维为：《中国触动：百国视野下的观察与思考》，上海：上海人民出版社，2016年，第42页。

民族伟大复兴的中国梦持肯定态度的分别为 91.2% 和 87.6%。[1]另一项对南京大学、南京师范大学、南京工程学院等 10 所院校,涵盖"985""211"和一般本科院校在校大学生随机调研[2]显示:肩负中华民族伟大复兴的中国梦和"两个一百年"目标重任的当代大学生对中国特色社会主义充满优越感、自豪感、认同度高。对"我对中国发展取得的成就十分自豪"的回答中,认为自豪的占了 96.66%,认为"中国特色社会主义具有优越性"的占 84.81%。

在现代化的政治中,农村扮演着关键性的"钟摆"角色。中国社会的主体是农村,中国人的主体是农民,农民对中国未来发展的信心或许更能够代表中国特色社会主义制度自信的现状。根据一项对以 31 省 270 个村 4765 位农民调研形成的《中国农民的政治认知与参与》报告显示:"89.72%农民对国家未来发展信心十足,其中对国家发展'很有信心'的占 43.2%、'比较有信心'占 46.5%。"[3]另一项研究也可以验证,通过一项对测量农民对中央、省、县、乡镇四级政府的信任度显示:"农民对于中央政府的信任度非常之高,48.6%的农民给中央政府满分 9 分,平均测评分数为 7.77,对省级政府、县级政府信任比中央政府略低,分别为:7.77 分、6.29 分。"[4]这些研究验证了前面美国、欧盟、中国台湾的民意测验结果。另外,从当前留学回国潮也能看出人们对国家制度的自信。根据《中国新闻网》2014 年 3 月 13 日一组数据:改革开放至 2013年,我国留学生 305.86 万人,归国比例为 72.83%,从以前的世界人才流出国转变为人才回流国。越来越多的境外、国外人士也选择"用脚投票"到中国工作、定居,足以看出对中国制度认同度高。

(三)中国发展模式增强人民制度自信认同

1987 年,邓小平在会见匈牙利社会主义工人党总书记卡达尔·亚诺什时提

---

[1] 高正礼、冯万勇:《社会主义核心价值体系建设对策研究报告》,北京:人民出版社,2017 年,第 18 页。

[2] 季明:《中国特色社会主义道路自信研究》,南京师范大学 2017 年博士学位论文,第 91~99 页。

[3] 徐勇主编:《中国农民的政治认知与参与》,北京:中国社会科学出版社,2012 年,第 202 页。

[4] 卢春龙、张华:《中国农民政治信任的来源:文化、制度与结构》,《湖南师范大学社会科学学报》,2017 年第 3 期。

出发展两党两国中肯的建议："我们既不能照搬西方资本主义国家的做法，也不能照搬其他社会主义国家的做法，更不能丢掉我们制度的优越性。"①结果，匈牙利采用了西方开出的药方：政治上多党制、经济上转向私有化和市场化的"两个激进"转型，以至于现在大多数匈牙利人民认为现在的生活不如 20 多年前未改革时。邓小平提出的建议就是对中国模式的很好概括："不照搬西方和其他社会主义国家，不放弃自己的优势"，中国模式具有"实践理性、强势政府、稳定优先、民生为大、渐进改革、顺序差异、混合经济、对外开放"等八大特点。②中国崛起坚持了中国特色社会主义道路，既发挥了自己的优势，又超越了西方的制度安排，实现了对西方的超越，中国的崛起是一个"文明型国家"的崛起，具有"四特"和"四超"特征。③所谓"四特"指中国具有"独特的语言、政治、社会和经济"，"四超"指中国具有"超大型人口、超广阔疆土、超悠久历史和超深厚文化积淀"。有学者把中国成功的经验总结为："实事求是，以经济建设为中心，改革开放，社会主义市场经济体制，以公有制为主体的多种所有制经济制度，差异化发展战略，国家宏观调控，中国特色政治发展道路，和平统一、'一国两制'，坚持走和平发展道路。"④张维为在《中国震撼：一个"文明型国家"的崛起》中提出"世界上没有最好的模式，只有适合自己的模式……我走过 100 多个国家，总体上发展最成功的就是中国，人民生活改善最快的也是中国。中国人是世界上最没有理由对前途感到悲观的"⑤。制度是国家发展的内在动力，没有中国特色社会主义制度，我国就不可能产生成功的发展模式。政协前副主席陈锦华强调："中国模式的核心就是中国制度。"⑥张维为将中国制度概括为"一国四方"⑦：一国指中国是"文明

---

① 《邓小平文选》(第三卷)，北京：人民出版社，1993 年，第 256 页。

② 张维为：《中国震撼：一个"文明型国家"的崛起》，上海：上海人民出版社，2016 年，第 99~100 页。

③ 张维为：《中国震撼：一个"文明型国家"的崛起》，上海：上海人民出版社，2016 年，第 64 页。

④ 刘应杰：《中国道路和中国经验的十个特征》，《人民论坛》，2012 年第 15 期。

⑤ 张维为：《中国震撼：一个"文明型国家"的崛起》，上海：上海人民出版社，2016 年，第 240~241 页。

⑥ 陈锦华：《中国模式与中国制度》，《人民日报》，2011 年 7 月 5 日。

⑦ 张维为：《中国超越：一个"文明型国家的光荣与梦想"》，上海：上海人民出版社，2016 年，第 255 页。

型国家",四方指中国的政党制度、民主制度、组织制度和经济制度。

## 二、日益成熟的中国模式受到国外推崇

闻名世界的英国历史学家汤因比在《展望 21 世纪》中指出："如果再生为人愿意生在中国。中国人比世界上任何民族都能显示出政治、文化上的统一本领,这样的统一正是今天世界的绝对要求",预见了中国崛起对世界的重要作用。汤因比认为:"19 世纪是英国人的世纪,20 世纪是美国人的世纪,21 世纪是中国人的世纪。"①中国的崛起,引发了"桃李不言,下自成蹊"的效果,中国共产党和中国人民为人类探索更美好社会制度提供了中国方案。美国《纽约时报》著名专栏作家托马斯·弗里德曼 2008 年参加了北京奥运会后,对中国制度给予高度认同,回到纽约写下《中美这七年》的评论,从"硬件"的基本设施、"软件"的制度运行效率等方面把中美两个重要城市上海、北京等和纽约进行了对比。弗里德曼这样写道:"当你驱车前往曼哈顿时,你会发现一路上的基础设施有多么破败不堪。再体验下上海时速高达 220 英里的磁悬浮列车……然后扪心自问:究竟是谁生活在第三世界国家?"②最后,弗里德曼感慨——"我很不愿意对我女儿说:你只有去中国才能看到未来"③。英国政府 2008 年起连续 10 年发起了"体验动感中国"项目,截至 2018年共遴选 1515 名英国大学生到中国来,了解真实的中国,英国大学生对中国的共同感受是:"时尚、琳琅满目的商品让他们震惊,改变了英国教科书讲的中国没有电力和楼房的印象,对中国普通家庭的生活、饮食由衷地仰慕,英国伦敦的地铁比起上海来是两个时代……"最后大家形成了共鸣:"中国才是真正的发达国家。"④当前,中国已从国际秩序的被动接受者转变为积极

---

① 宋鲁郑:《民主的真相:宋鲁郑时政观察日记》,北京:红旗出版社,2017 年,第 156 页。
② 张维为:《中国震撼:一个"文明型国家"的崛起》,上海:上海人民出版社,2016 年,第 9 页。
③ 张维为:《中国震撼:一个"文明型国家"的崛起》,上海:上海人民出版社,2016 年,第 9 页。
④ 参见 http://blog.sina.com.cn/s/blog_14b9e5a700102vgop.html。

的引领者、参与者、建设者和全球发展的贡献者。世界对中国的关注前所未有地广泛、深切、聚焦，中国对世界的影响更加全面、深刻、长远。

（一）"中国模式"国际认同高

有学者提出："判断一种发展模式有没有对人类文明社会做出贡献和贡献究竟有多大，主要是看这一发展模式有没有增加人类文明社会的物质财富，有没有增加其经济实力和增加了多少。"①英国学者特里·伊格尔顿在《马克思为什么是对的》中指出："2008 年金融海啸危机以来，资本主义制度在西方受到质疑。中国作为负责任的力量，在金融海啸中起到了中流砥柱的作用。"②美国人特德·菲什曼在《中国公司》中认为，中国为世界创造了大量就业岗位和投资机会，开始影响世界；《纽约时报》提出：中国是世界贸易组织中最合格的成员之一，积极参与全球治理建设，成为改变世界经济格局的重要推动者；美国《新闻周刊》认为："中国成为全球第二重要国家，对全球的贡献首次超过了美国，是 20 世纪 30 年代以来第一个做到这一点的国家。"③2016 年 3 月 8 日美国《华尔街日报》发表文章，认为 2015 年世界经济增长 2.4% 中，中国贡献率超出 25%，美国贡献率约为 23%，中国的贡献超过美国。改革开放以来，中国对世界经济增长贡献率连续多年超过了 30%。稳居全球第二大经济体。④中国是世界第一大出口国、最大吸收外资国和最多外汇储备国，从全球经济的追赶者变成了全球经济的引领者，中国成为"世界经济增长的最大发动机和稳定器、世界创新的最大贡献者、世界贸易的最大市场和世界经济治理改革的领导者"⑤。

---

① 陈学明等：《中国道路的世界意义》，天津：天津人民出版社，2015 年，第 33 页。

② ［英］特里·伊格尔顿：《马克思为什么是对的》，李杨等译，重庆：重庆出版社，2017 年，序言第 1 页。

③ ［美］扎卡里亚：《一个强悍、然而尚显脆弱的超级大国的崛起》，《新闻周刊》，2007 年 12 月 22 日。

④ 2014 年 12 月 7 日，美国诺贝尔经济学奖获得者、著名经济学家约瑟夫·斯蒂格利茨根据世界银行"国际比较项目"公布数据，认为按照购买力平价计算方法，2014 年中国 GDP 已经超过美国，成为全球第一大经济体。转引自：胡鞍钢：《超级中国》，杭州：浙江人民出版社，2015 年，第 58 页。

⑤ 胡鞍钢：《中国进入世界舞台中心》，杭州：浙江人民出版社，2017 年，第 156 页。

（二）一些国家主动借鉴中国制度

习近平在莫斯科国际关系学院演讲时指出了"鞋子合脚论"，认为中国制度适合中国国情，推动了中国经济发展，14亿多人口的中国发展起来给这个世界带来的是实实在在的好处，相反，中国如果是积贫积弱，这才是世界真正的麻烦，这才是真正值得世界担心的事情。比尔·盖茨在2003年博鳌亚洲论坛上，把中国特色社会主义制度称作"人类历史上最伟大的制度"①。2018年9月3日，比尔·盖茨在《人民日报》撰文再次强调"中国在改变自身的同时也在改变着世界"。葡萄牙前驻华大使苏亚雷斯谈到中国崛起时指出："我们正在见证的是人类发展史上一个绝无仅有的发展历程。"②诺贝尔经济学家科斯认为："过去30年中国究竟发生了什么事情，中国以外的人对此并不十分了解，但我们都清楚中国的变化，对全人类具有最高的重要性。中国的奋斗是全人类的奋斗。"③美国前国务卿基辛格指出："中国的发展模式对世界其他国家具有重要意义。"④长期以来，由于多种原因，西方国家一些人对中国特色社会主义的认识存在误区和偏差，往往把政治和经济割裂开来分析，承认中国经济发展好，但对中国制度认同存在偏颇。中国的崛起打破了一些人认为中国的政治制度脆弱、不稳定、不可持续的偏见。伦敦政治经济学院亚洲研究中心研究员马丁·雅克认为，过去30多年中取得的成绩表明中国制度非常成功，西方制度不是解决治理问题的永恒、理想方案，未来西方治理问题有可能比中国更严峻。"中国严格来讲应该被称为一个文明国家而非民族国家，民众高度认同中央政府。"⑤连"历史终结论"提出者福山不得不承认"中国的治理方式是其他国家的典范"。当然，中国对世界的最大贡

---

① 徐崇温：《中国特色社会主义道路研究》，重庆：重庆出版社，2017年，第9页。
② 本书编写组：《中国道路：我们为什么自信》，北京：学习出版社，2014年，第228页。
③ 宋鲁郑：《民主的真相：宋鲁郑时政观察笔记》，北京：红旗出版社，2017年，第170页。
④ 李建国：《中国特色社会主义国际影响力研究》，北京：中国社会科学出版社，2017年，第81页。
⑤ ［英］马丁·雅克：《中国政治制度有明显的优越性》，《人民日报》，2015年3月12日。

献,不仅仅是带来经济的复苏、商品贸易的加大、减免了部分落后的第三世界国家多少债务,而是在西方精英对自由民主制度失去信心,许多发展中国家苦苦求索的艰难时期,走出了一条成功之路,提供了制度借鉴。

（三）中国制度具有强大的国际影响力和示范性

一国制度能否赢得他国的认可和遵循,不在于意识形态的说教,而在于其自身展现出来的巨大成就。哈佛大学教授里金钠·艾布拉米认为:"'中国模式'为发展中国家提供了一条不同于西方国家、World Bank 和 IMF 所倡导的发展道路。"①美国摩根士丹利公司亚洲区主席罗奇认为,中国改革开放以来的经济运转良好,证明中国发展模式是有效的。德国社会学家哈拉尔德·韦尔策认为,"中国模式相对于西方模式,对新兴国家更具魅力"。马来西亚前总统马哈蒂尔认为:"中国模式影响力与日俱增, 中国模式可以让人民过上好日子。"②马丁·雅克认为:"中国模式将在全球发挥强大的影响力,适用于更多国家。"③俄罗斯科学院院士季塔连科认为:"中国经验具有国际意义,应该以中国为榜样。"④当前中国特色社会主义制度在亚洲、非洲乃至世界发挥着越来越大的影响力,多数国家（地区）民众认为中国崛起后对世界利大于弊。2010 年底至 2012 年初,美国"最高端智库"华府布鲁金斯研究院面向东亚 12 国（地区）进行了一项以"美国和中国在亚洲的影响力"为主题的实证调研,⑤显示:东亚大多数国家认为当前在亚洲地区影响力最大的国家是中国,不是美国,并且认为 10 年后中国在亚洲地区最具有影响力。日本民众认为最具影响力的比重中,中国占 61%、美国占 29%;越南相应回答为:中国占 69%、美国占 16%;中国台湾地区相应比例为:中国大陆为 67%、美国为 21%。

---

① 辛向阳:《中国特色社会主义道路与世界文明发展》,《北京社会科学》,2009 年第 5 期。

② ［澳］彼得·哈尔彻:《中国模式影响力与日俱增》,《参考消息》,2010 年 11 月 24 日。

③ ［英］马丁·雅克:《当中国统治世界》,张莉等译,北京:中信出版社,2010 年,第 123 页。

④ 《中国找到一条符合国情的发展道路》,《光明日报》,2010 年 12 月 29 日。

⑤ 玛雅:《制度自信:一个其他模式选择的存在与成功》,北京:外文出版社,2015 年,第 143~145 页。

83%的韩国民众、82%的中国台湾地区民众、73%的新加坡民众、71%的柬埔寨与蒙古民众认为10年后中国在亚洲最具有影响力。不光在亚洲,中国特色社会主义制度在非洲的影响力也持续提升。根据2016年10月非洲知名调查机构"非洲晴雨表"对非洲34国约5.4万人调研显示:"约有2/3的非洲人对中国的非洲基础设施投资、商贸活动、中国产品持积极评价,马里的民众对中国的好感达到了91%,利比里亚、尼日尔和喀麦隆三国民众对中国的好感超过了80%。在南非、津巴布韦、苏丹、莫桑比克、坦桑尼亚、赞比亚六国中国的影响力排在第一位。多数国家除以前宗主国对其影响外,中国的影响力位于第二,美国位于第三。在中部非洲,中国发展模式超越美国成为最欢迎的国家样板;在南部和北部非洲,中、美影响力基本持平。中国的发展方式在非洲有很好的适用性,中国成为非洲受欢迎的国家样板。"①1988年5月,邓小平会见莫桑比克总统希萨诺时指出:"中国有中国自己的模式,莫桑比克也应该有莫桑比克自己的模式。"②伟大思想家严复指出:"制无美恶,期于适时。变无迟速,要在当可。"③中国反对别国将自己的模式强加于自己,更不会将自己的发展模式强加于别人,中国制度给世界人民仅仅提供的是一种发展的示范和参考,不是一个固定不变的"样板"。肯尼亚执政党总书记图朱认为:"中国的成就在人类历史上没有先例,它给非洲人民带来希望,让他们感到光明就在隧道的尽头。"④

---

① 《非洲36国5.4万人参与的民意调查显示——非洲欢迎中国》,《人民日报》,2016年10月30日。
② 《邓小平文选》(第三卷),北京:人民出版社,1993年,第261页。
③ 习近平:《科学与爱国——严复思想新探》,北京:清华大学出版社,2001年,第233页。
④ 钟轩理:《给中国对世界的贡献算算账》,《人民日报》,2018年10月10日。

# 第二节　比较优势视域下制度自信的认同

　　制度自信是通过与同时期其他国家的社会制度相比较得出的。英国经济学家大卫·李嘉图在《政治经济学及赋税原理》中提出了"比较优势"，认为在国际贸易中每个国家都有相对比较好的产品，应该大批量生产这些产品，出口这些具有"比较优势"的产品，进口那些没有"比较优势"的产品，两国贸易都能获得最大收益。习近平指出："评价一个国家制度是不是民主的、有效的，主要是看国家领导层能否依法有序更替，全体人民能否依法管理国家事务和社会事务、管理经济和文化事业，人民群众能否畅通表达利益要求，社会各方面能否有效参与国家政治生活，国家决策能否实现科学化、民主化，各方面人才能否通过公平竞争进入国家领导和管理体系，执政党能否依照宪法法律规定实现对国家事务的管理，权利运用能否得到有效制约和监督。"[①]中国特色社会主义制度优势，不是自诩自封的，而是通过比较体现出来的；制度优势不取决于理论的论证，而取决于实践的成效。邓小平认为评价一个国家的制度关键看三点："第一是看国家的政局是否稳定；第二是看能否增进人民的团结，改善人民的生活；第三是看生产力能否得到持续发展。"[②]现实表明中国特色社会主义制度完全具有这些特点，既具有社会主义的共性，也具有中国特色的个性，它不同于"苏联模式""非洲模式""拉美模式""瑞典模式""东亚模式"，与"美国模式"更有本质区别。在纪念马克思诞辰200周年大会上，习近平指出："当代中国的伟大社会变革，不是简单延续我国历史文化的母版，不是简单套用马克思主义经典作家设想的模板，不是其他国家社会主

---

　　①　习近平：《论坚持人民当家作主》，北京：中央文献出版社，2021年，第335页。

　　②　《邓小平文选》（第三卷），北京：人民出版社，1993年，第213页。

义实践的再版,也不是国外现代化发展的翻版。"①中国特色社会主义制度在与当前各式各样社会制度的比较中彰显出优势。

## 一、实现了对传统社会主义模式的超越

### (一)传统社会主义模式的特点

传统社会主义模式是斯大林领导苏联社会主义建设时期形成的一种社会主义实践形式,也称为"苏联模式",其最显著的特点就是用高度集中的经济体制及相应的政治体制来推进社会主义建设和发展。②在经济方面,采取高度集中的计划经济,优先发展重工业,实行单一公有制。苏联在"一五"计划开始时,工农业产值比为 70.7:29.3,重工业与轻工业比重为 60.5:39.5。1937年,苏联公有制比重在工业总产值中占 99.8%、农业总产值中占 98.6%、商品流通中占 100%。政治方面,执政党过度集权,领导干部职务终身制,党具有"立法权和行政权、国家安全机关成为领导人控制社会的工具,缺少民主"③。尤其是斯大林集党、政、军三大职务与权力于一身,指定接班人,"实际上是沙皇专制的变种"④。文化方面,混淆学术与政治,将最高领导人言论作为"真理",用阶级斗争方法管理文化。斯大林之后的领导人除了戈尔巴乔夫外,实质上都坚持了这种模式。

### (二)中国特色社会主义制度超越了"苏联模式"

1.抓住社会主义本质,依靠"经济前提"超越了"政治前提"

以邓小平同志为代表的中国共产党人立足社会主义初级阶段基本国

---

① 习近平:《在纪念马克思诞辰 200 周年大会上的讲话》,《人民日报》,2018 年 5 月 5 日。

② 秦刚:《中国特色社会主义道路研究》,北京:中共中央党校出版社,2017 年,第 259 页。

③ 孔寒冰、项佐涛:《社会主义制度:从一国到多国的演进(1917—1991)》,北京:北京师范大学出版社,2018 年,第 90 页。

④ 孔寒冰、项佐涛:《社会主义制度:从一国到多国的演进(1917—1991)》,北京:北京师范大学出版社,2018 年,第 26 页。

情,建立了中国特色社会主义经济制度,超越了苏联模式"忽视生产力"的缺陷。列宁去世后,实际上苏联就抛弃了新经济政策,斯大林及以后历届苏联领导人都没有搞清楚"什么是社会主义,如何建设社会主义",把社会主义简单化、格式化为"苏联社会主义=生产资料单一公有制+计划经济+无产阶级专政"模式,以强化无产阶级专政这一政治前提,忽视经济发展规律,认为落后国家不仅可以通过政治革命建立社会主义,而且可以"超越阶段"加速建成社会主义,依靠政治式运动发展经济,先后提出了"基本实现了社会主义"(1936年,斯大林)、"向共产主义前进"(1939年,斯大林)、"处于从社会主义过渡到共产主义时期"(1952年,斯大林)、"全面开展社会主义建设的时期"(1961年,赫鲁晓夫)、"已建成发达社会主义社会"(1967年,勃列日涅夫)、"正处于发达社会主义社会这一漫长的历史阶段的起点"(1982年,安德罗波夫)等空洞口号和论断,脱离了苏联的实际。"苏联模式"排斥市场参与,将计划经济视为发展经济的圭臬,依靠高度集中、无所不包的行政性命令,企业不能自主经营,价格不能按照市场规律调节,生产要素得不到合理配置,职工积极性不高,劳动生产率低下。邓小平认为:"不要离开现实和超越阶段采取一些'左'的办法,这样是搞不成社会主义的。我们过去就是吃'左'的亏。"[①]根据我国正处于并将长期处于社会主义不发达阶段的基本国情,提出了"三个有利于",制定了符合我国实际的经济制度,盘活了市场活力,实现经济高速发展。

2.民主集中制根本组织制度保证了人民当家作主

马克思主义经典作家认为,社会主义民主应该是一种比资本主义更高的民主形式,人民主权在社会主义将得到很好保障。民主集中制最早是列宁在1905年俄共(布)第一次代表大会上提出,并被确立为俄共(布)组织原则。然而列宁去世后,形成的"苏联模式"忽视民主法治建设,在苏联高度集中的政治体制下,权力集中于党的领导机构,党的领导机构权力集中于党的负责人,最终权力出现"倒像",本应属于人民的权力却属于了苏共最高领导

---

① 《邓小平文选》(第二卷),北京:人民出版社,1994年,第312页。

人,最高领导人所在的中央领导层,不仅是党的最高决策机构还是全国最高决策机构,以党代法、以言代法,民主选举、民主监督流于形式,以至于党出现了脱离群众、官僚主义、家长制、个人崇拜等专制及腐败等问题。列宁指出:"胜利了的社会主义如果不实行充分的民主,就不能保持它所取得的胜利。"①谁知一语成谶,脱离群众的苏共丧失了执政的合法地位。英国经济学家彼得·诺兰认为:"中国崛起和苏联衰落的巨大反差是现代世界史关注的焦点之一。"②我国实行的人民当家作主的根本政治制度,把党的领导、人民当家作主和依法治国统一起来,切实保障了人民民主权力。1945年4月,在党的七大《论联合政府》的报告中,毛泽东提出新民主主义国家的政体要做到"民主基础上集中与集中指导下民主相结合",采用民主集中制。1945年7月,黄炎培与毛泽东的"窑洞对话"谈到的"历史周期率"问题一直在鞭策、提醒着中国共产党,"只有让人民监督政府,政府才不敢松懈。只有人人负责,才不会人亡政息"③。改革开放以来,我国坚持改革开放与推行民主政治改革同步进行,"把权力关进制度笼子",把以制度制约权力的民主集中制作为党的根本领导制度,保证了党的下级服从上级,地方服从中央,个人服从集体,党的领导人和领导集体始终处于人民监督之下保证了人民当家作主。党的十八届四中全会通过的《关于全面推行依法治国若干重大问题的决定》开启了我国依法治国新征程,依法治国保证了权力在宪法和法律下运行,保障了人民民主主权。

3.借鉴西方文明,实行改革开放

中国特色社会主义制度与"苏联模式"的很大区别是如何对待西方文明,是否固守体制机制弊端。中国特色社会主义制度突破了"苏联模式"的保守封闭弊端,吸收借鉴了西方制度文明,超越了"苏联模式"的封闭性。1952年,斯大林提出"两个平行市场理论",认为通过社会主义国家经济上的联合,不仅不需要从资本主义国家进口商品,还可以出口他国,这就形成了苏联在闭关锁国

① 《列宁全集》(第28卷),北京:人民出版社,1990年,第168页。

② [英]彼得·诺兰:《中国能不能"购买"世界?》,姚明雷译,北京:红旗出版社,2014年,第2页。

③ 《改革开放三十年重要文献选编》(下),北京:中央文献出版社,2008年,第1432页。

下发展自己。中国特色主义制度是通过改革开放逐步形成的。邓小平认为，改革开放要大胆借鉴人类一切文明成果，"吸收和借鉴当今世界各国包括资本主义发达国家的一切反映现代社会化生产规律的先进经营方式、管理方法"①。于是，市场经济体制、允许私有制经济发展、对权力监督和制衡等文明成果被引进了中国，并在坚持社会主义方向前提下，推进党和国家领导机构的改革。邓小平在"南方谈话"中指出，中国的事情能不能办好，社会主义的改革能不能坚持，关键在人，"要按照'革命化、年轻化、知识化、专业化'的标准，选拔德才兼备的人进班子"②，培养社会主义接班人。"对于那些搞打砸抢的、帮派思想严重的、出卖灵魂陷害同志的、连党的最关紧要的利益都不顾的人，决不能重用。对于看风使舵、找靠山、不讲党的原则的人，也不能轻易信任。"③党和国家领导机构的改革，修补和完善了影响我国根本性、全局性和长期性的组织和领导制度，打破了领导干部终身制，用制度保障了好人充分做事，坏人无法横行，也避免了戈尔巴乔夫改革转向引起的"红旗落地"的发生，中国特色社会主义制度始终保持着鲜活的生命力。

## 二、避免了民主社会主义国家陷入的"泥淖"

（一）中国特色社会主义与民主社会主义的主要区别

第一，在经济制度方面。中国特色社会主义坚持公有制为主体、多种所有制经济共同发展的经济制度，社会主义制度建立在生产资料公有制基础之上，放弃了公有制就等于放弃了社会主义制度；民主社会主义否认生产资料所有制机构是衡量社会性质的标准，认为生产资料的社会占有只是实现社会主义的手段，主张在私有制基础上，建立"混合经济"，实行经济分权、民主监督达到社会公平。第二，在意识形态建设方面，中国特色社会主义始终

① 《邓小平文选》（第三卷），北京：人民出版社，1994年，第373页。
② 《邓小平文选》（第三卷），北京：人民出版社，1993年，第380页。
③ 《邓小平文选》（第二卷），北京：人民出版社，1994年，第148页。

坚持马克思主义指导。习近平强调："马克思主义是我们立党立国的根本指导思想。背离或放弃马克思主义，我们党就会失去灵魂、迷失方向。在坚持马克思主义指导地位这一根本问题上，我们必须坚定不移，任何时候任何情况下都不能有丝毫动摇。"①有学者认为："中国特色社会主义取得的伟大成就最根本原因在于，我们党把坚持马克思主义、社会主义制度和发展马克思主义有机统一起来。"②而民主社会不确定一种特定理论作为指导思想，主张多元化指导思想。马克思的、非马克思的，人道的、宗教的都是"为一个社会公正、生活美好、自由与世界和平的制度而奋斗"③。其实质就是反对马克思主义在意识形态领域的指导地位。第三，在政治制度方面，中国特色社会主义制度坚持无产阶级专政，民主社会主义将民主与专政绝对对立，公开反对无产阶级专政，认为其是无产阶级的暴政。1962年6月，社会党国际奥斯陆会议发表《社会党对今日世界的看法》，认为"共产党人的一党专政实际上是暴政的体现，是否定民主社会的精髓"④。民主和专政是一个国家政权的两个主要方面，任何国家的统治阶级都会用民主解决内部矛盾，用专政打击敌人，没有抽象、纯粹的民主和专政。毛泽东说过，人民民主专政是在人民内部实行民主制度，向着反动阶级、反动分子实行专政。民主社会主义实行了多党轮流执政、议会民主和三权分立的政治制度，其实质是资产阶级民主制度，暴露了其民主的虚伪性。

(二)民主社会主义国家陷入主权债务危机"泥淖"

建设福利国家是民主社会主义的执政目标，也是目前欧洲各国社会党所取得的最大实践成果。前瑞典社会党领导人汉森认为："社会主义旨在福利，福利是社会主义的象征。"⑤随着欧洲各国社会党从在野党走向参政议

① 习近平：《在庆祝中国共产党成立95周年大会上的讲话》，北京：人民出版社，2016年，第9页。
② 《修正主义、民主社会主义给马克思主义带来的严重危害——访徐崇温先生》，《毛泽东邓小平理论研究》，2018年第9期。
③ 《社会党国际文件集(1951—1987)》，哈尔滨：黑龙江人民出版社，1989年，第3页。
④ 徐崇温：《民主社会主义评析》，重庆：重庆出版社，1995年，第67页。
⑤ 秦刚：《中国特色社会主义道路研究》，北京：中共中央党校出版社，2017年，第307页。

政,社会党人为了迎合选民的需要,普遍建立了不断强化的福利国家。1945年,英国工党上台执政后,正式提出了"福利国家",实行了大规模的社会福利和社会保障政策,1948 年宣布建成了从"摇篮到坟墓"的"高税收、高工资、高福利"的国家。目前,世界上"福利国家"大致可以分为三种模式:内陆模式,包括联邦德国、奥地利和瑞士等国;北海–波罗的海模式,包括英国、爱尔兰、挪威、丹麦、瑞典、芬兰、冰岛等国;地中海模式,涵盖法国、意大利、西班牙、葡萄牙、希腊等国家。在这些国家中,最为典型的是瑞典,其实行退休制、牙科服务、失业保险、工时法、两周休假制、附加养老金、鼓励结婚生育等全面的福利政策,被称为"从娘胎到坟墓"的福利国家。[1]客观来说,福利政策提高了居民生活水平、缩小了贫富差距、缓和了阶级矛盾,但这种政策也带来了一系列新问题,政府财政负担过重、生产力水平下降、失业率居高不下,使民主社会主义国家陷入"泥淖"。社会福利的增长速度超过了生产发展速度和政府财政收入的增长速度,导致经济危机,通货膨胀加剧,物价上涨,政府财政赤字加重。如希腊政府 2009 年财政赤字占 GDP 比例为 12.7%(欧盟规定上限为 3%),公共债务 2800 亿欧元,占 GDP 比例为 113%(欧盟规定上限为60%),陷入了"主权债务危机",无奈拆东墙补西墙。2010—2017 年,希腊总共向 EU、欧洲央行、IMF 等国际组织及德国等国家获取救援贷款 2773 亿欧元。2009—2016 年连续 8 年经济负增长,2017 年希腊 GDP 规模为 1870 亿欧元,经济增长仅为 2%,2018 年逐步走出债务危机。[2]民主社会主义国家执政的口号和基础是"不断强化的福利国家",如果改变其"三高"政策,不仅违背其执政纲领,甚至会导致其选举和执政困境。瑞典经济学家马蒂亚思·本特松认为瑞典实行高福利的结果是"30 年来经济发达速度比其他国家都慢"[3],瑞典的国际竞争力从 1970 年的前 4 位降至 2005 年的第 14 位;2006 年瑞典

---

[1]　徐崇温:《中国特色社会主义道路研究》,重庆:重庆出版社,2017 年,第 172 页。

[2]　《历时 8 年希腊债务危机"结束"》,http://news.sina.com.cn/w/2018-06-24-doc-iheirxye7950093.shtml。

[3]　徐崇温:《民主社会主义评析》,重庆:重庆出版社,1995 年,第 444 页。

大选,社会民主党仅获得 35.2%的选民支持,丧失了执政地位。近年来英国、法国、德国社会党长期处于在野或半在野状态是最好例证。无奈,20 世纪 90 年代,英国工党、法国和德国社民党发起了试图"超越老派的社会民主主义和新自由主义"①的"第三条道路"。

## 三、吸取了新自由主义改革的教训

### (一)新自由主义的实质

新自由主义延续和发展了古典经济理论,反对和抵制凯恩斯主义国家干预的主张,是适应国家垄断资本主义向国际垄断资本主义转变要求的理论思潮、思想体系、政策主张和意识形态。首先,在经济和政治方面。新自由主义宣扬"三化",强调"三否定"。一是主张自由化,否定社会主义。新自由主义的代表人物哈耶克认为只有自由的前提,才能带来高效率的结果。"若要让社会裹足不前,最有效的办法莫过于给所有人都强加一个统一标准。"②哈耶克认为,社会主义建立在错误前提上、限制了自由,导致集体主义思想的悲剧——"它起初把理性推到至高无上的地位,却以毁灭理性而告终,因为它误导了理性成长所依据的那个过程"③。二是主张私有化,否定公有制。新自由主义认为私有化保证了个人身份决定要做的事情,公有制导致经济变得更糟。三是主张市场化,否定国家干预。新自由主义认为计划经济、国家干预导致效率低下,否定计划经济和一切形式的国家干预,但又保留了有利于资本主义国家克服经济危机、攫取超额垄断利润的国家干预,充分暴露了其服务于资本主义制度的意识形态本质。其次,战略和政策方面。新自由主义否定文化的多样性、否定马克思主义,主张由超级大国主导全球经济、政治、

---

① [英]安东尼·吉登斯:《第三条道路:社会民主主义的复兴》,郑戈译,北京:北京大学出版社、生活·读书·新知三联书店,2000 年,第 27 页。

② [英]哈耶克:《自由宪章》,杨玉生等译,北京:中国社会科学出版社,1999 年,第 75~76 页。

③ [英]哈耶克:《通往奴役之路》,王明毅等译,北京:中国社会科学出版社,1997 年,第 157 页。

文化一体化。以福山为代表的新自由主义者认为东欧剧变、苏联解体表明了共产主义的彻底失败和资本主义的最终胜利，宣告"人类意识形态发展的终结"，形成"历史的终结"。1990年，由美国牵头制定的《华盛顿共识》表明了新自由主义具有经济体制、政治体制、文化体制三种特性，是美国主流价值观念的重要组成部分，嬗变为美国的国家意识形态。

（二）新自由主义带来的悲剧

新自由主义一定程度上缓解了发达国家经济"滞涨"，在一定时期内促进了发展中国家的经济增长，在英、美等国的"包装"及推销下，逐步被拉美、苏东地区和亚洲许多发展中国家等"过渡国家""转轨国家"所效仿，许多国家受其欺骗、进入陷阱。

第一，新自由主义给拉美国家带来沉重灾难。拉美地区是新自由主义的主要实验场所，新自由主义在20世纪70年代就已经传入拉美地区的智利，在一些"亲美"学者影响下，智利进行了开放市场、减少国家干预的经济改革。20世纪80年代，拉美地区陷入债务和经济危机，美国提出了以新自由主义为基础，解决拉美地区困境的"贝克计划"，很多拉美国家进行新自由主义的经济改革，有人甚至称为拉美"经济政变"。通过改革一些拉美国家通货膨胀得到控制，减少了政府财政赤字，走上了外向型经济发展道路，经济得以好转，但也带来了经济和社会危机等严重问题。以新自由主义"改革楷模"阿根廷为例，改革前阿根廷GDP人均9000美元，位于世界第九位，总量平均增长5.6%左右，人们生活水平与西班牙基本持平。自20世纪80年代开始，阿根廷政府推行了贸易、投资、金融自由化改革，大规模推行私有化，几乎所有关系国计民生的如石油、天然气、通信、电力、码头、港口、飞机场、火车站、银行等国有企业几乎全部被卖光。1997—2001年，阿根廷进一步加快金融自由化步伐，本国控制金融资产降到33%（1992年为82%），大量存款转移到实力雄厚的外国大银行，削弱了阿根廷的金融调控能力，几乎丧失了金融主权，

1989年阿根廷消费物价上涨5000%，[1]经济危机、金融危机演变为民众对政府抗议的社会动乱，走马灯式的更换国家总统。2002年，阿根廷人均GDP跌至2265美元，失业率达23%，贫困人口比例由1990年的21.2%变为53%。新自由主义改革破坏了拉美国家的生产力，致使阿根廷沦落为拉美地区最贫穷的国家，拉美地区其他国家像阿根廷一样，民族企业倒闭，经济发展停滞，政府负债累累，失业率持续攀升，社会两极分化严重、动荡不安，资金大量流向美国等国。1990—2002年，拉美地区GDP年均增长率为2.6%，人均GDP年均增长率为1%。[2]2005年拉美国家外流资金达639亿美元、负债7230亿美元，债务成为发达国家勒索与控制拉美国家的工具。

第二，新自由主义给苏东地区国家带来恶果。东欧剧变、苏联解体后，1992年，俄罗斯政府依据"华盛顿共识"推出了"自由化、私有化、稳定化"三位一体的经济转型的"休克疗法"。俄罗斯"私有化之父"丘拜斯说："如果盗窃不可避免，我们唯一的选择是把这些强盗都变成资本家。"[3]"休克疗法"实施了10年，导致经济大幅下滑，社会贫困加剧，政局动荡，大量国有资产流失。1992—1995年，俄罗斯物价上涨3000倍，[4]通货膨胀使居民存款一夜之间化为乌有。1989年，俄罗斯GDP是中国的2倍多，"休克疗法"后的10年，俄罗斯GDP降至世界第12位，仅为中国的三分之一，人均GDP下降了45.8%。2001年，丘拜斯又说："想不到，原来那些盗贼不仅没有变成资本家，他们继续在盗，监守自盗，一下子变成暴富。"[5]据统计，2003年原苏东地区26个国家中，仅有7个国家GDP超出1990年水平，摩尔多瓦和格鲁吉亚两国只有1990年的40%左右。[6]

第三，新自由主义给亚洲一些国家带来噩梦。亚洲也是新自由主义导致

---

① 何秉孟主编：《新自由主义评析》，北京：社会科学文献出版社，2004年，第175页。

② 何秉孟主编：《新自由主义评析》，北京：社会科学文献出版社，2004年，第188页。

③ 玛雅：《制度自信：一个其他模式选择的存在与成功》，北京：外文出版社，2015年，第190页。

④ 何秉孟主编：《新自由主义评析》，北京：社会科学文献出版社，2004年，第74页。

⑤ 玛雅：《制度自信：一个其他模式选择的存在与成功》，北京：外文出版社，2015年，第190页。

⑥ 李文：《新自由主义的经济"成绩单"》，http://www.qstheory.cn/dukan/qs/2014−08/15/c_1112039565.htm。

的重灾区。1991 年,亚洲一些国家在美国蛊惑下开始推行了贸易、投资、金融自由化新自由主义的改革,短短几年原"东亚经济模式"变成了灾难型经济模式,亚洲国家和地区人民遭受数千亿美元损失,引发 1997 年亚洲金融危机,泰国、菲律宾、韩国等国遭到重创,东南亚许多国家经济倒退了 10—20 年,印度尼西亚受新自由主义影响最为严重。印尼前经济和财政部部长拉姆利博士指责了自 20 世纪 50 年代后期至 60 年代初期,美国豢养的"伯克利黑帮"(新自由主义经济学者)掌握经济大权,开始推行新自由主义政策,给印尼经济和社会发展带来了严重后果。如今,印尼不但与"亚洲四小龙"发展差距加大,就连与"东盟六国"其他成员国也难以比肩,1997 年印尼经济增长率为-12.8%,国际收支 1985 年以来一直处于逆差,外债自 1987 年来持续增加,2004 年外债达到 1406.49 亿美元,占 GDP 比例的 61%,2006 年失业率为11.8%。[1]新自由主义不是促进经济和社会发展的"灵丹妙药","肢解民族国家,为垄断资本提供更多的空间是其根本目标"[2]。邓小平认为,公有制占主体和共同富裕是社会主义的根本原则。[3]公有制的主体地位避免了两极分化,中国特色社会主义建设巨大成就证明了公有制的优越性。在经济运行机制上,我国发挥"看不见的手"在资源配置中的决定作用和更好发挥"看得见的手"的作用,市场和政府的作用是相互补充而不是相互否定的关系。

## 四、发挥了政治制度高效运行效率的优势

"中国特色社会主义制度是当代中国发展进步的根本制度保障,是具有明显制度优势、强大自我完善能力的先进制度。"[4]"中国特色社会主义政治

---

① 何秉孟主编:《新自由主义评析》,北京:社会科学文献出版社,2004 年,第 85 页。

② 何秉孟主编:《新自由主义评析》,北京:社会科学文献出版社,2004 年,第 126 页。

③ 《邓小平文选》(第三卷),北京:人民出版社,1993 年,第 111 页。

④ 《习近平新时代中国特色社会主义思想学习纲要》(2023 年版),北京:学习出版社、人民出版社,2023 年,第 40~41 页。

发展道路,既有科学的指导思想,又有严谨的制度安排;既有明确的价值取向,又有有效的实现形式和可靠的推动力量。"①中国特色社会主义制度具有凝聚了各民主党派、全国各族人民智慧力量,保证国家机关高效运行,保持人民参与社会管理的活力,集中优势力量办大事,既体现在效率上,也体现在人民性上。

(一)调动参政党各方面积极性、主动性、创造性

党的二十大报告指出:"人民民主是社会主义的生命,是全面建设社会主义现代化国家的应有之义。全过程人民民主是社会主义民主政治的本质属性,是最广泛、最真实、最管用的民主。"②中国不搞多党制和议会政治,不搞"三权分立",而是把马克思主义政党理论、统一战线理论、社会民主政治理论相结合,实行中国共产党领导的多党合作和政治协商制度。"中国共产党领导的多党合作和政治协商制度是从中国土壤中生长出来的新型政党制度,说的是新型政党制度,新就新在它是马克思主义政党理论同中国实际相结合的产物,能够真实、广泛、持久代表和实现最广大人民根本利益、全国各族各界根本利益,有效避免了旧式政党制度代表少数人、少数利益集团的弊端;新就新在它把各个政党和无党派人士紧密团结起来、为着共同目标而奋斗,有效避免了一党缺乏监督或者多党轮流坐庄、恶性竞争的弊端;新就新在它通过制度化、程序化、规范化的安排集中各种意见和建议,推动决策科学化民主化,有效避免了旧式政党制度囿于党派利益、阶级利益、区域和集团利益决策施政导致社会撕裂的弊端。"③西方竞争型政党之间的关系是"打

---

① 《习近平新时代中国特色社会主义思想学习纲要(2023 年版)》,北京:学习出版社、人民出版社,2023 年,第 66 页。

② 习近平:《高举中国特色社会主义伟大旗帜 为全面建设社会主义现代化国家而团结奋斗——在中国共产党第二十次全国代表大会上的报告》,北京:人民出版社,2022 年,第 37 页。

③ 《习近平新时代中国特色社会主义思想学习纲要(2023 年版)》,北京:学习出版社、人民出版社,2023 年,第 172~173 页。

橄榄球"，我国的政党制度是"大合唱""广场舞"，中国共产党是"总指挥""领舞者"。中国共产党和各民主党派心往一处想、劲往一处使，各民主党派参政议政。恩格斯曾指出："正是在美国……轮流执政的两大政党中的每一个政党，这些人把政治变成一种生意，拿联邦国会和各州议会的议席来投机牟利，或是以替本党鼓动为生，在本党胜利后取得职位作为报酬。"①基于体制的基因，它们甚至会在许多公共政策上，不论问题"是非曲直"，而只是用党派划线，为资本服务，为反对而反对，以至于奥巴马在任期内连竞选时承诺的医改无法完成，2008 年奥巴马在任时美国联邦政府投资 35 亿美元的高铁项目，直至今日仍然没有开建。中国共产党领导的多党合作和政治协商制度坚持合力和接力的优势，汇集执政党与参政党协调一致、促进社会发展的强大动力，同时克服强制和僵化的劣势，不断进行制度体制创新，更好地协调关系、汇聚力量、建言献策、服务大局，在更高的层次上实现包容性的合力、发展性的接力，避免了西方竞争性政党执政"独自打保龄球"的尴尬和无奈，保证了国家机构高效率运转。

(二)协商民主和选举民主互为补充

党的十九大报告强调："协商民主是实现党的领导的重要方式，是我国社会主义民主政治的特有形式和独特优势。"②"协商民主是实践全过程人民民主的重要形式。完善协商民主体系，统筹推进政党协商、人大协商、政府协商、政协协商、人民团体协商、基层协商以及社会组织协商，健全各种制度化协商平台，推进协商民主广泛多层制度化发展。"③协商民主和人大选举以"两会机制"互为补充，成为我国重要的两种民主形式。协商民主的政治实践

---

① 《马克思恩格斯选集》(第三卷)，北京：人民出版社，2012 年，第 54~55 页。

② 习近平：《决胜全面建成小康社会 夺取新时代中国特色社会主义伟大胜利——在中国共产党第十九次全国代表大会上的报告》，北京：人民出版社，2017 年，第 38 页。

③ 习近平：《高举中国特色社会主义伟大旗帜 为全面建设社会主义现代化国家而团结奋斗——在中国共产党第二十次全国代表大会上的报告》，北京：人民出版社，2022 年，第 38 页。

可以追溯到古希腊雅典城邦公民大会。从理论上，美国学者 J.毕塞特 20 世纪 80 年代在《协商民主：共和政府的多数原则》中提出了"协商民主"①的学术概念。2006 年中央发布的《关于加强人民政协工作的意见》首次提出了"选举民主和协商民主两种重要的民主形式"②。选举民主坚持的是"少数服从多数"原则，协商民主弥补了选举民主简单坚持"少数服从多数"的不足。③ 2014 年 9 月，在庆祝中国人民政治协商会议成立 65 周年大会上习近平强调："人民通过选举、投票行使权利和人民内部各方面在重大决策之前进行充分协商……是中国社会主义民主的两种重要形式。"④ 2015 年，中共中央印发了中国共产党历史上第一份以协商民主为主题的文件——《关于加强社会主义协商民主建设的意见》，使社会主义民主程序更加合理，环节变得完整。此后，中央先后下发了关于加强人民政协、城乡社区、政党协商的配套文件，提高了协商民主的制度执行力，保证了协商民主有制可依、有规可守、有章可循、有序可遵。⑤党的十九大报告指出："推动协商民主广泛、多层、制度化发展……把协商民主贯穿到政治协商、民主监督、参政议政全过程。"⑥在党的精神指导下，政党、政府、人大、政协、人民团体、基层和社会组织协商等协商形式已经形成。社会主义协商民主低成本、高效率的优势，保障了人民群众参与国家和社会生活管理与监督的权利与机会；恳谈会、听证会、咨询会等多种形式方便群众监督和评价，不同于资本主义基层民众对政策工作情况不明、共识不高、难以推进。社会主义协商民主对于促进社会公平正义具有独特的制度优势，对于推进国家高效治理具有独特的政治优势。

---

① 赵壮道：《中国特色社会主义制度的文化基因》，北京：中国社会科学出版社，2017 年，第 40 页。
② 《中共中央关于加强人民政协工作的意见》，《人民日报》，2006 年 3 月 2 日。
③ 徐行：《当代中国协商民主的制度化建设》，天津：南开大学出版社，2017 年，第 153 页。
④ 《十八大以来重要文献选编》(中)，北京：中央文献出版社，2016 年，第 74 页。
⑤ 《党的十九大报告辅导读本》，北京：人民出版社，2017 年，第 275~276 页。
⑥ 《党的十九大报告辅导读本》，北京：人民出版社，2017 年，第 37 页。

（三）中国共产党的领导保证了集中力量办大事

习近平指出："办好中国的事情，关键在党。"①"中国共产党的领导是中国特色社会主义最本质的特征，是中国特色社会主义制度的最大优势，党是最高政治领导力量。"②党的领导发挥了中国特色社会主义制度的最大优势，是中国特色社会主义成功的坚强保证。党的领导保证了团结一切可以团结的人，凝聚一切可以凝聚的力量，动员社会各种力量，克服了资本主义国家决策周期长、涣散低效的缺点。2018 年 12 月 22 日，由于美国联邦政府和国会在相关问题上的分歧，美国联邦政府开始了史上最长"停摆"，共"停摆"了 35 天。据统计，1976 年以来，美国联邦政府已经"停摆"21 次。《纽约时报》专栏著名作家托马斯·弗里德曼看到美国体制存在的不断内耗带来的低效率等问题，提出"让我们做一天中国"的想法，一天把 21 世纪所需的法律全部颁布，然后再回到美国。邓小平指出："社会主义国家有个最大的优越性，就是干一件事情，一下决心，一做出决议，就立刻执行，不受牵扯。"③"社会主义同资本主义比较，它的优越性就在于能做到全国一盘棋，集中力量，保证重点。"④正如习近平在全国脱贫攻坚表彰大会上的讲话中指出："中国共产党领导和我国社会主义制度是抵御风险挑战、聚力攻坚克难的根本保证。"⑤

改革开放以来，在中国共产党的坚强领导下，中国特色社会主义制度频频发力，建成了三峡工程、青藏铁路、京沪高铁、西气东输、世界最长跨海大桥——港珠澳大桥等举世瞩目的重大工程；处理突发事件、应付重大事件、重大危机的统筹领导能力，战胜了"非典"，完成"汶川大地震"救灾，仅有 3 年完成灾后 540 万户、1200 多万居民灾后住房重建，成功举办北京奥运会、

① 习近平：《在庆祝中国共产党成立 100 周年大会上的讲话》，北京：人民出版社，2021 年，第 10 页。

② 《中共中央关于坚持和完善中国特色社会主义制度　推进国家治理体系和治理能力现代化若干重大问题的决定》，北京：人民出版社，2019 年，第 6 页。

③ 《邓小平文选》（第三卷），北京：人民出版社，1993 年，第 240 页。

④ 《邓小平文选》（第三卷），北京：人民出版社，1993 年，第 16~17 页。

⑤ 《习近平谈治国理政》（第四卷），北京：外文出版社，2022 年，第 134 页。

上海世博会、G20 杭州峰会；天宫、嫦娥、蛟龙、天眼、悟空、墨子等重大科技相继问世，这些成就的取得体现了中国共产党有效应对风险，集中力量办大事的比较优势，也是制度自信的表现。

# 第三节　影响中国特色社会主义制度自信的因素

当前，中国特色社会主义制度取得了巨大成就，坚定了党和全国各族人民的制度自信，但在制度研究、环境、运行、话语和社会思潮等方面还存在着一些干扰制度自信认同的因素，虽然这些并不能否定中国特色社会主义制度优势的客观存在，但限制了制度优势的发挥，如任其发挥会导致人们制度意识、情感、动机、行为的认同弱化，出现"夜间人"现象，削弱制度自信，人们失去方向、无所适从，诱发社会矛盾，甚至会导致"黑天鹅""灰犀牛"事件的发生。英国著名历史学家汤因比指出："从文明衰落所造成的痛苦中学得的知识可能是进步的最有效的工具。"[①]苏联忽视了西方的"心理战""攻心术"，在内外夹击下，苏联人民从对"斯大林体制"的怀疑到对社会主义制度的否定、苏联历史的否定，执政党和人民思想混乱、信仰缺失，最后试图投入西方怀抱。缺少对制度认同，就会像苏联一样，"犹如被勾去'灵魂'的泥足巨人，迷失方向，丧失自我"[②]，轰然倒下。

## 一、制度优势理论阐释不足

马克思认为："理论只要说服人[ad hominem]，就能掌握群众；而理论只

---

① ［美］莫蒂默·艾德勒等：《西方思想宝库》，长春：吉林人民出版社，1998 年，第 1166 页。

② 李慎明等：《居安思危——苏共亡党二十年的思考》，北京：社会科学文献出版社，2011 年，第 236 页。

要彻底,就能说服人[ad hominem]。"①能否深入浅出地阐释中国特色社会主义制度,尤其是面对西方少数国家、极少人对我国制度的无端指责时能否将制度优势讲通,不仅关系到人们对中国特色社会主义制度的认识,更关系到能否指导中国特色社会主义制度在实践中良好运行、是否对这一制度提供理论支撑使人信服和认同。习近平在党的十八届中央政治局第一次集体学习时提出:"坚持以实践基础上的理论创新推动制度创新,完善现有制度,及时制定一些新的制度,使制度更加成熟定型。"但目前"制度创新滞后于实践创新,许多方面缺乏制度,出现制度滞后或缺失"②。制度理论研究"不够深入"指的是大多人按照马克思主义经典作家思路从宏观层面或社会形态开展制度研究。侧重于历史探索的纵向研究,制度的横向分析少。政治制度、经济制度等传统关注视角研究成果多,文化、社会、生态文明制度及社会发展制度少。制度理论研究"不够系统"主要指的是对中国共产党对不同时期对制度认识的分析和鉴别不足,继承了什么、发展了什么仍然需要说明,尤其是缺少制度理论与道德、文化和利益等之间关系的整体性研究。制度理论研究"缺乏比较研究"不仅指社会主义 500 多年来的产生的纵向制度比较,还指马克思主义制度理论、中国特色社会主义制度理论与西方制度理论之间的横向分析,从而达到吸收借鉴西方政治、经济、社会制度等人类文明精华,从而修正、完善制度。制度理论解释的不深入、不够系统,致使有的人在认知上出现偏差,混淆制度概念,把社会中出现的体制机制方面的微观问题归结为根本制度或基本制度。2014 年 11 月 17 日,《辽宁日报》刊发了《老师,请不要这样讲中国》一文,针对少数高校教师"借船出海"缺乏对中国特色社会主义的理论认同、情感认同、政治认同提出了批评,现实生活中有的人把社会主义实践中的具体问题归结为理论的失败,把发展中的贪污腐败、社会公平、社会管理等问题视为政治基因缺陷。社会主义制度理论的专业性和抽象性,

---

① 《马克思恩格斯文集》(第一卷),北京:人民出版社,2009 年,第 11 页。

② 秦宣:《中国特色社会主义新论》,北京:中国人民大学出版社,2017 年,第 65 页。

也造成了一些人对制度的深入理解。很多人对中国特色社会主义制度的内核——社会主义核心价值体系的内容了解不够。制度理论宣传对提高人们对制度的理解制度、增强制度自信具有重要作用。

## 二、缺少良好的制度生态环境

制度的生命力在于执行,制度对人的行为起着约束规范作用,让人们明白哪些事情能做,哪些事情不能做,不遵守制度就要承担相应后果和付出代价。对行为主体而言,要有遵守制度的自觉性。行为主体遵守制度的自觉性源于对制度认可和敬畏及对违反制度造成的负面影响的规避。对社会客体而言,制度规范提供了一个良好的环境,让"老实人不吃亏",起到"良币驱逐劣币"、惩恶扬善作用。对行为结果而言,遵守制度起到了良好的社会互动作用。遵守制度能转化为自己的内在动力,提高制度效率,修正制度缺陷,使制度更能体现社会的公平、正义。受"官本位""人情"等不良文化影响,导致有的人缺乏制度意识,形成了对制度的不重视,也有利益纠葛、制度缺失,社会主体价值观念变化和社会转型突破了制度边界,出现非制度化的解决方式,形成了不良的制度生态环境,导致有的制度仅仅是写在纸上、贴在墙上、念在嘴上,有的干部和群众并没有入脑入心,影响了制度自信。

(一)"官本位"等不良政治文化影响

党的十八大报告指出:"坚持用制度管权管事管人,保障人民知情权、参与权、表达权、监督权,是权力正确运行的重要保证。"①制度自信的根本保证在于执行制度,有制度不执行比没有制度危害还大。有两个主要原因影响了制度的执行:一是执行主体随意解释或消极执行制度,制度成了"画饼",成了权利异化的工具,制度表现为"稻草人""橡皮擦","选择性"执行。习近平

---

① 《胡锦涛文选》(第三卷),北京:人民出版社,2016年,第635页。

指出："在执行政策中，一些人信奉'遇到黄灯跑过去，遇到红灯绕过去'"①，利己的维护，对自己无用的弃之，对别人紧，对自己松。二是制度先天不足，存在缺陷，出现的良法与恶法、善政与恶政的争议。在现代民主政治中，人民与政府之间实际上是一种委托——代理，是授权与被授权的关系，政府官员的权力应该始终用来为人民谋利益，应该依法办事、遵守法律，但长期以来，由于监督运行机制的缺失，加上不良政治文化的影响，一些官员头脑中仍具有"官本位""权本位"，邓小平指出："有的干部不是把自己当公仆，而是搞特权，损害了党的威信。"有的官员重权力轻责任，把权力作为谋求个人利益的工具，习惯于凌驾于班子集体之上、凌驾于组织之上，大搞"一言堂"、一手遮天，民主集中制遭到破坏，权力监督实际上处于真空的地带。"权力导致腐败，绝对的权力导致绝对腐败。"②有的政府官员表现为"两面人"："台上一套，台下一套；说一套，做一套；人前是人，人后是鬼"，"言行不一、心口不一；人前一套，人后一套；对上对下不一；对人对己不一；有所行为的背后是为所欲为"③。"当一些人掌握并控制某种制度资源时，甚至可以超脱任何规范的制约，出现泛化的没有约束的权力或垄断集团。"④正常的人际关系市侩化、功利化、利益化。

习近平指出："干部廉洁自律的关键在于守住底线。"⑤底线就是遵守制度，是政府官员的政治生命线。只有心存制度的敬畏、手握党纪国法戒尺，行为有边界才会不逾界。就像有的贪腐官员在法庭忏悔中所讲，"交往中失去了底线（党纪国法等制度）、失去了界限、失去了防线"⑥。形成了"圈子"和"码

①　《习近平关于党风廉政建设和反腐败斗争论述摘编》，北京：中央文献出版社、中国方正出版社，2015年，第45页。

②　［英］阿克顿：《自由与权力》，侯健、范亚峰译，北京：商务印书馆，2001年，第342页。

③　刘金程、宋伟：《十八大以来高中级干部违法违纪典型案例解析》，北京：中共中央党校出版社，2018年，第196页。

④　李琼：《冲突的构成及其边界》，上海：上海人民出版社，2005年，第21页。

⑤　《十八大以来重要文献选编》（上），北京：中央文献出版社，2014年，第138页。

⑥　刘金程、宋伟：《落马高官的罪与罚：十八大以来高中级干部违法违纪典型案例解析》，北京：中共中央党校出版社，2018年，第20页。

头",出现了官僚主义、家长制作风,官商勾结、权钱交易、徇私舞弊、贪赃枉法等腐败行为就不足为怪,导致制度认同弱化。根据"破窗理论",我们必须及时修复第一扇被打破的窗户玻璃(不遵守制度),否则将危及党和政府的制度大厦,损坏党的形象,失去民心。

(二)"人情""面子"等社会文化导致非制度化行为

恩格斯指出:"'思想'一旦离开'利益',就一定会使自己出丑。"①利益是社会人的必要条件和产生政治观念的根源,也是制度自信的首要因素,国家现有的制度能够满足人民利益需要的程度是衡量制度自信高低的重要样本。当人民群众利益受到损害时,正常的制度渠道常常难以解决问题,他们会通过各种途径来争取自己的利益,"按章办事的费用与按人情、社会关系办事的费用出现较大逆差时,或者需要规避某种风险时,一些人便会借助所谓的'帕累托优化'",需求非制度化解决方式。②人情是中国传统文化的一大特色,受中国几千年的"礼"文化传统影响,一些人对"人情""面子"比法律制度的认同度更高,在法治不健全的地方,偏远的地区、农村地区"关系""面子"成为一种强势文化符号,"打招呼""有人"等发挥的价值规范比法律、制度影响还要大,形成了制度建设的障碍。"有关系走遍天下,没关系寸步难行",很多人认为失去了"关系""面子"就失去了社会交往的基础,也就失去了生存的基本方式。受"人情""关系"的影响,"受到公众信赖的是村庙的公堂,而不是国家司法当局"③,导致制度的约束力弱化,出现了很多非制度化行为,形成对制度自信的消解。

根据《中国农民的政治认知与参与》调研报告:"农民发现乡镇乱收费后,47.6%的默默忍受、40.8%的与政府部门沟通、13.8%的上访、9.3%的找熟

---

① 《马克思恩格斯文集》(第一卷),北京:人民出版社,2009 年,第 286 页。
② 孟宪平、姚润田:《国家治理语境中的非制度化生存研究》,北京:人民出版社,2016 年,第 65 页。
③ [德]马克思·韦伯:《儒教与道教》,王容芬译,北京:商务印书馆,1995 年,第 145~146 页。

人帮忙、7.2%选择打官司、5.1%选择找媒体帮忙、1.1%的静坐、1.0%选择其他方式、0.8%采取暴力反抗。"[1]当前,医疗事件引发的"医闹"、商贩与城管的游击战、"高考改革请愿"、足球场上假球黑哨、娱乐圈"被潜、送潜、骗潜、盼潜"现象、商业回扣、城市拆迁中的"钉子户""黄牛党"、黑社会、传销公司等现象出现,让人感觉中国特色社会主义制度有比资本主义制度"有过之无不及"的假象。"跳楼讨薪""裸奔讨债"、越级上访、暴力抗法、静坐、跪访、围攻国家机关、自焚等更极端化的非制度化解决方式,衍生了少数极端性、群体性事件,如:贵州瓮安事件、广东增城事件、重庆万盛事件等,这些事件的发生,引发了人们对"代理人主权"的思考、影响了"政治认同保护带",出现了人们政治认同差序化困境:"中央是亲人、省里是好人、县里是坏人、乡里是恶人"[2],也形成了不良的政治风气,一些官员受其影响,把潜规则当成社会的"通用货币"。习近平指出:"这些年,一些潜规则侵入党内,并逐渐流行起来……在干部任用中,一些人信奉'不跑不送、降职使用,只跑不送、原地不动,又跑又送、提拔重用';在人际交往中,一些人信奉'章子不如条子、条子不如面子'"[3],形成了潜规则与明规则(党纪、国法、制度)争夺社会土壤、争夺发展通道、影响人心。根据相关调研、走访:"在遇到困难时,32%的人最先考虑的是'找关系'、司机酒驾被查,对被处罚司机的反映中'找熟人'的占61.9%、17%的党政机关、企事业领导认为'关系比制度重要'"[4],说明了非制度解决方式对当前社会的影响比较大,也说明了制度约束力下降、公信力弱化,进而影响制度自信。

①　徐勇主编:《中国农民的政治认知与参与》,北京:中国社会科学出版社,2012年,第63页。

②　曾楠:《政治认同论——基于国家与社会的关系论域》,南昌:江西人民出版社,2017年,第116页。

③　《习近平关于党风廉政建设和反腐败斗争论述摘编》,北京:中央文献出版社、中国方正出版社,2015年,第44~45页。

④　孟宪平、姚润田:《国家治理语境中的非制度化生存研究》,北京:人民出版社,2016年,第190~197页。

## 三、制度运行体制不完善

制度运行体制的不完善易导致制度体系的失衡，主要表现为新旧制度的摩擦和制度体系内部结构的失衡。制度要有效发挥作用，一方面，新制度必须处于优势地位取代旧制度；另一方面，根本制度、基本制度和具体制度要兼容协调，否则制度的有效性就会大打折扣，影响人们的制度认同。如何保证制度联动从根本上服从、服务于实现共同富裕的目标，这是制度自信的最好说明。

（一）经济制度方面

当前我国的制度运行中出现了利益导向与价值导向式微的张力失衡，出现了导向利益化和价值化的双向偏轨，出现了"一低""四差距"及公有制优势发挥不足等弱化制度自信现象。

1."一低"考量如何跨越"中等收入国家陷阱"

一低，指的是中国人均经济发展水平相对较低，人均 GDP 与资本主义发达国家相差甚远。2015 年中国经济总量为 10.86 万亿美元（67.67 万亿元），稳居世界第二位，但与第一位的美国（17.94 万亿美元）总量和人均方面仍有较大差距。IMF 数据显示，2015 年中国人均 GDP 为 8280 美元，远低于美国、英国、德国、日本这些资本主义发达国家。美国、英国、德国、日本分别是中国的 6.75 倍、5.33 倍、4.98 倍、3.92 倍，中国世界排名 99 位。2018 年中国 GDP 总量突破 100 万亿元，人均 GDP 达到 1 万美元，2020 年中国人均 GDP 达到 1.2 万美元，但依然排在世界 60 位。尽管与发达国家的差距有所缩小，但也有 3 到 6 倍的差距，排在世界中等水平。经济总量上去了，但是人均收入还比较低，详见表 4-1。

表 4-1 主要国家人均 GDP① （单位：美元）

| 年份 | 2010 | 2011 | 2012 | 2013 | 2014 | 2015 | 2016 | 2017 | 2018 | 2019 | 2020 |
|------|------|------|------|------|------|------|------|------|------|------|------|
| 美国 | 48309 | 49725 | 51384 | 52608 | 54370 | 55904 | 57766 | 60015 | 62474 | 64818 | 67064 |
| 英国 | 38665 | 40981 | 41187 | 41793 | 45729 | 44118 | 46720 | 49104 | 51694 | 54227 | 57385 |
| 德国 | 41876 | 46822 | 43982 | 46383 | 47774 | 41267 | 42388 | 43794 | 45261 | 46747 | 48666 |
| 日本 | 42943 | 46202 | 46683 | 38633 | 36222 | 32481 | 33010 | 34486 | 35450 | 36759 | 38174 |
| 中国 | 4504 | 5561 | 6249 | 6975 | 7572 | 8280 | 8866 | 9482 | 10219 | 11127 | 12117 |

2016 年国际上划定高收入国家门槛为人均 12475 美元，中国为人均 8866 美元，正处于从中上等收入国家到高收入国家的过渡期，国家经验表明，这一时期也是矛盾增多、爬坡过坎的时期，面临的最大的风险就是怎样顺利迈过"中等收入陷阱"。世界银行《东亚经济发展报告 2006》报告认为，"进入中等收入的经济体，在工资成本方面无法和低收入群体国家竞争，在尖端技术方面又无法与高收入国家竞争，很容易陷入经济发展的停滞期，陷入中等收入陷阱"。20 世纪 60 年代有 100 多个国家进入中等发达国家行列，但目前只有十几个国家位于高收入国家行列，如拉美地区很多国家却陷入困境，经济徘徊不前甚至倒退，"行百里者半九十"，当前我们警惕因"新常态"下经济下行、增速放缓导致"中等收入陷阱"。

2."四差距"考量如何"实现共同富裕"

马克思、恩格斯设想，"生产将以所有的人富裕为目的"②。人民群众所理解的社会主义也是以公有制为基础、既体现公平又体现效率、共同富裕的社会。邓小平指出："社会主义的本质，是解放生产力，发展生产力，消灭剥削，消除两极分化，最终达到共同富裕。"③一些人断章取义，片面理解邓小平的"社会主义本质论"，误以为社会主义的本质是"解放和发展生产力"。其实，邓小平的"社会主义本质论"是一个层层递进的逻辑关系，"解放和发展生产

---

① 中国国际经济交流中心：《中国经济分析与展望（2016—2107）》，北京：社会科学文献出版社，2017 年，第 315 页。

② 习近平：《在纪念马克思诞辰 200 周年大会上的讲话》，北京：人民出版社，2018 年，第 20 页。

③ 《邓小平文选》（第三卷），北京：人民出版社，1993 年，第 373 页。

力"是"两消"的手段和途径,"两消"是"共同富裕"的手段和途径,"共同富裕"是最终目标。也就是说,"邓小平实际上最终把社会主义的本质定义为消灭剥削和消除两极分化,最终实现共同富裕"①。我国基本经济制度保证了公有制和非公有制的平等地位,促进了非公有制经济的发展,目前分配制度公有制优势地位不明显。我国公有制企业受社会主义建设时期影响,重工业多、轻工业少,现与人们生活密切相关的多为非公有制企业,公有制经济给人的"错感"似乎不那么重要了。有学者提出,"现有的分配制度公有制的主体地位的优势不能体现,甚至整个社会经济制度的社会主义性质都受到质疑"②。社会主义公有制是实现共同富裕的基础,质疑了公有制的主体地位,就缺少实现共同富裕的信心。

第一,贫富差距。美国学者科赛将社会冲突分为现实冲突和非现实冲突,现实冲突有明确的冲突目标,非现实冲突则没有明确的目的,多数为信仰和价值观的冲突。科赛的研究对解决我国当前制度运行中出现的贫富差距问题具有重要启示。研究表明:"体制不完善导致的不公正感是冲突行为产生的直接根源。"③贫富差距问题是广大人民最为关心的问题,利益共享分化导致人们对制度正义的诘问和价值共识的疏离,制度神圣和权威的光环陨落,带来的是认同的消极与"我们是谁"的质疑,"我们怎么办"的内心纠结,往往导致"无直接利益冲突",表现为主流意识形态认同的分化和对社会不满情绪的宣泄。据调研,当前 69.6%的人认为"贫富差距、社会不公"影响着人们对马克思主义主流意识形态的推进。④基尼系数是用来反映一国贫富差距的重要指标,数据分布在 0—1 之间,越小说明收入分配越合理,数据越大,代表越悬殊。基尼系数(用 X 表示)分为几个层次:绝对平均(X<0.2);比

---

① 陈学明等:《中国道路的世界意义》,天津:天津人民出版社,2015 年,第 80 页。

② 贾绘泽:《中国特色社会主义制度自信研究》,北京:人民出版社,2018 年,第 245 页。

③ 李培林等:《社会冲突与阶级意识:当代中国社会矛盾问题研究》,北京:社会科学文献出版社,2005 年,第 251 页。

④ 高正礼、冯万勇:《社会主义核心价值体系建设对策研究报告》,北京:人民出版社,2017 年,第 55 页。

较合理(0.2≤X<0.3);相对合理(0.3≤X<0.4);差距较大(0.4≤X≤0.5);差距悬殊(X>0.5)。

为了打破分配上的平均主义,党的十三大报告提出分配在体现效率前提下体现公平,1993年确立"效率优先,兼顾公平"的分配原则。党的十六大报告提出"初次分配注重效率,再分配注重公平",非生产要素获得了更为充分的回报,一部分人和一部分地区实现了先富,收入分配差距拉大。党的十七大报告提出"初次分配和再分配都要处理好效率和公平的关系",党的十八大报告提出"初次分配和再分配都要兼顾效率和公平,再分配更加注重公平",但实际运行中,现有收入分配制度中效率更为体现,再分配的公平性发挥不足,导致了"两低"现象:"两低"指的一是居民收入在国民收入分配中的比重低,经济总量增长高于工资水平增长。研究表明:"1978年到2015年我国GDP增长20倍,城镇居民收入增长13倍,有30年低于GDP增速,农村居民收入增长14倍,有26年低于GDP增速。"[1]二是劳动报酬在初次分配中的比重偏低,再分配弱化。在初次分配上,我国的分配差距与发达国家相差不大,但再分配后与发达国家收入差距明显。比如2000年之后,经再分配,美国基尼系数为0.32(初次分配为0.46)、德国为0.3(初次分配为0.51)、日本为0.32(初次分配为0.44)。世界银行WDI数据库等数据显示,"18个欧盟国家初次分配前基尼系数为0.443,在社会保障再分配调解下,基尼系数降为0.29,平均值下降了40%"[2]。相比之下,我国再分配后,基尼系数变化不明显,再分配调节不足。近年来,基尼系数呈下降趋势,但仍然高于0.4国际警戒线,2017年基尼系数为0.467,在2015年(0.462)上反而反弹。近年来,我国的基尼系数维持在0.46—0.48的区间,呈现出穷降富升的现象,即居民收入贫富差距过大。世界发达国家基尼系数多在0.3左右,详见表4-2、表4-3。

---

[1]　宋晓梧主编:《构建共享型社会:中国社会体制改革40年》,深圳:广东经济出版社,2017年,第339页。

[2]　宋晓梧主编:《构建共享型社会:中国社会体制改革40年》,深圳:广东经济出版社,2017年,第344页。

表4-2　少数发达国家基尼系数统计表①

| 国家 | 澳大利亚 | 法国 | 德国 | 意大利 | 韩国 | 英国 | 美国 |
|---|---|---|---|---|---|---|---|
| 基尼系数 | 0.33 | 0.31 | 0.29 | 0.33 | 0.31 | 0.35 | 0.39 |

表4-3　全国居民收入基尼系数统计表②

| 年份 | 2007 | 2008 | 2009 | 2010 | 2011 | 2012 | 2013 | 2014 |
|---|---|---|---|---|---|---|---|---|
| 基尼系数 | 0.484 | 0.491 | 0.490 | 0.481 | 0.477 | 0.474 | 0.473 | 0.469 |
| 年份 | 2015 | 2016 | 2017 | 2018 | 2019 | 2020 | 2021 | 2022 |
| 基尼系数 | 0.462 | 0.465 | 0.467 | 0.468 | 0.465 | 0.468 | 0.472 | 0.470 |

　　第二，不同行业之间收入差距。相关数据表明，"改革开放以来不同行业之间的差距在加大，1978 年，我国平均工资水平最高行业与最低行业的为 2.17 倍，2017 年为 3.65 倍"。另外，还存在着很多演员、明星、运动员等隐性收入、"天价"收入群体，一些明星出场费动辄上百万，一些演员一部电视剧拍下来就有上千万的收入。

　　第三，城乡收入差距。"二元"结构导致的城乡收入差距在 2009 年也达到了顶点，收入差距达 3.33 倍。党的十八大以来，国家采取了加大了农村基础设施投入等多种办法，城乡差距进一步减少，但 2012 年也达 3.10 倍，2013 年是 3.03 倍，2014 年降为 2.92 倍，2015 年是 2.73 倍，2016 年、2017 年较之 2015 年变化不大，分别为 2.72、2.71 倍。2022 年城乡差距为 2.45 倍，尽管差距趋于缩小，但仍然明显。

　　第四，东西部地区收入差距。2017 年收入最高的 5 个省(市)依次为上海、北京、浙江、天津和江苏，最低的 5 个省(市)依次为西藏、甘肃、贵州、云南和青海。上海最高为 58987.96 元，西藏最低仅为 15457.9 元，略超过上海的四分之一。根据 2016 年城镇居民人均可支配收入数据分析显示："东部为西部的 1.39 倍；农村居民东部是西部的 1.56 倍。东部城镇居民是西部农村

---

①　李平主编：《2018 中国经济前景分析》，北京：社会科学文献出版社，2018 年，第 88 页。

②　《中国经济分析与展望(2016—2017)》，北京：社会科学文献出版社，2017 年，第 318 页。

居民的人均收入的 4 倍。"[1]

（二）政治制度方面

社会阶层的差异性、政治主体消极应付有时候又是制约制度发挥的障碍,导致效能低下,在基层民主实施时间较短,在政策的落实和理解方面还存在一些问题,缺少有效的监督和激励机制。有的地方存在参与低、贿选、"被参与"、家族势力干扰及干部按村中宗族平分等现象,加上农民文化水平低、经济收入差,缺少实现基层民主制度的知识和时间保证,有的人消极对待选举。《中国农民的政治认知与参与》调查报告显示:"农民在进行一项活动时,会不由自主地权衡经济利益的得失,比如是否会导致往返交通费、影响工作收入等,会根据机会成本的计算和预期收益的可靠性来选择利益最大化的方案。一旦预期不可预见,不可靠,农民政治参与就会减少。"[2]有的地方选出了村委会主任,村中少部分人认为"他不是我选的,我们不听他的,谁选的谁听"。根据一项对农村基层选举制度的调研:"主动参加的仅占 24.8%,不愿意参加、懒得参加、有时间就参加、不知道的占 75.2%。"[3]

党的二十大报告指出:"腐败是危害党的生命力和战斗力的最大毒瘤。"[4]腐败问题是制度自信中影响"居安思危和增强忧患意识"的首要问题,腐败使人们对党和政府失去信心。权力监督的不适当、权力制约与权力转化序列难以形成,导致了腐败,少数干部的腐败行为挑战了制度自信。在一个国家现代化进程新旧体制转换过程中,由于法治和监管水平跟不上,往往在现代化进程最激烈的阶段表现得尤其严重。郑永年认为,制度相对于意识形态对

---

[1]　根据《数据告诉你:中国人的收入差距有多大》整理。详见:https://finance.ifeng.com/a/20180801/16419942_0.shtml。

[2]　徐勇主编:《中国农民的政治认知与参与》,北京:中国社会科学出版社,2012 年,第 8 页。

[3]　孙永芬:《当代中国社会阶层政治心态与和谐政治的构建》,北京:中国社会科学出版社,2011 年,第 96 页。

[4]　习近平:《高举中国特色社会主义伟大旗帜　为全面建设社会主义现代化国家而团结奋斗——在中国共产党第二十次全国代表大会上的报告》,北京:人民出版社,2022 年,第 69 页。

干部和官员控制"效能和效率降低,一些党政干部失去了政党的认同感和忠诚感,个人利益成了最高行为指针,最严重的后果就是出现腐败"①。"这个问题解决不好,就会对党造成致命伤害,甚至亡党亡国。"②相关调研显示:"65.3%的人认为腐败影响了马克思主义主流意识形态的认同。"③ 2009 年 12 月,《人民论坛》杂志社开展了"未来十年最严峻的挑战"的主题问卷调查,8128名网友积极参与,调查显示:"占 82.3%的比例共 6688 名网友认为腐败问题突破民众底线是未来十年第一大挑战。"④世界腐败问题最权威机构"透明国际"研究结果指出:"2005 年中国的腐败地位是 78 位、2011 年 75 位,排在180 多个国家和地区的居中位置。"⑤而芬兰、新加坡等国一直位于前列。据调查,当前改革进程中权力寻租、权力腐败成为各阶层最为痛恨的一项,能否扼制腐败直接关系到制度自信的认同度和改革的成败。干部队伍腐化、公共权力滥用、国家权力官僚化、公共权力私有化、集体权力垄断化使"立党为公、执政为民"的执政党形象极大受损,挑战制度自信。

(三)社会制度方面

党的十九大报告指出:"我们的人民热爱生活,期盼有更好的教育、更稳定的工作、更满意的收入、更可靠的社会保障、更高水平的医疗卫生服务、更舒服的居住条件、更优美的环境。"⑥报告中"民生"成为高频词汇,"教育"出现了 37 次,"就业"出现了 14 次、"收入"出现了 13 次、"社会治理""脱贫"均出现了 10 次,"保险""医疗"均出现 7 次……

党的二十大报告强调:"必须坚持在发展中保障和改善民生,鼓励共同

---

① 郑永年:《中国模式:经验与困局》,杭州:浙江人民出版社,2010 年,第 70~71 页。

② 《十八大以来重要文献选编》(上),北京:中央文献出版社,2014 年,第 42 页。

③ 高正礼、冯万勇:《社会主义核心价值体系建设对策研究报告》,北京:人民出版社,2017 年,第 58 页。

④ 《未来十年你我面临的挑战》,http://politics.rmlt.com.cn/2009/1222/1723.shtml。

⑤ 张维为:《中国触动:百国视野下的观察与思考》,上海:上海人民出版社,2016 年,第 178 页。

⑥ 《十八大以来重要文献选编》(上),北京:中央文献出版社,2014 年,第 70 页。

奋斗创造美好生活,不断实现人民对美好生活的向往。"①民生不保、国之不稳,根据戴维斯 J 型曲线原理,"不断滋长的期望挫败感或对现实的不满,将会导致社会骚乱或政治动荡"②,由于民生问题衍生出的对制度合理性的反思,会动摇执政党合法性的基础。习近平在党的二十大报告中肯定党和国家事业取得举世瞩目成就的同时,也分析了当前党和国家工作中面临的困难和问题,在社会制度方面,习近平指出:"群众在就业、教育、医疗、托育、养老、住房等方面面临不少难题。"③下面,以解决入学、看病、住房等新"三座大山"及民生其他方面仍然存在一些问题为例,分析社会制度方面的短板。

### 1.教育制度

"教育兴则国家兴",教育是民族振兴和社会进步的基础,"功在当代、利在千秋",也是"国之大计、党之大计"。改革开放以来,教育"以凝聚人心、完善人格、开发人力、培育人才、造福人民为工作目标"④,教育事业取得了跨越式发展,各级各类教育的普及程度已经接近中等收入国家平均水平,2010 年"两基"⑤人口覆盖率达 100%。2017 年小学学龄儿童净入学率达到 99.91%,九年义务教育巩固率达 93.8%,高等教育毛入学率达到 45.7%,基本形成了由学前教育、义务教育、高中阶段教育、高等教育、特殊教育、中高等职业教育、成人教育、成人培训与扫盲教育等构成的中国特色社会主义教育体系。但在教育体制改革取得重大进展的同时,也要看到我国教育还不能完全适应经济社会发展的要求,还不能满足人民群众迫切希望接受良好教育的愿望,当前教育中存在着明显的城乡之间、地区之间、学校之间、行业之间的差

---

① 习近平:《高举中国特色社会主义伟大旗帜　为全面建设社会主义现代化国家而团结奋斗——在中国共产党第二十次全国代表大会上的报告》,北京:人民出版社,2022 年,第 46 页。

② 陈正良:《中国"软实力"发展战略研究》,北京:人民出版社,2008 年,第 73 页。

③ 习近平:《高举中国特色社会主义伟大旗帜　为全面建设社会主义现代化国家而团结奋斗——在中国共产党第二十次全国代表大会上的报告》,北京:人民出版社,2022 年,第 14 页。

④ 《习近平出席全国教育大会并发表重要讲话》,http://www.gov.cn/xinwen/2018-09/10/content_5320835.htm。

⑤ "两基"指基本普及九年制义务教育、基本扫除青壮年文盲。

距("四大差距"),教育出现了严重的不公平,优势资源多集中在大城市、发达地区、重点学校,择校热、赞助费、学区房、高考移民等背后深层次原因就是教育的不公平,"四大差距"实质上"已经悄然地完成对受教育者的'内部'选拔,使教育变成'优者通吃'的游戏"①,进入了好的中小学就意味着前脚已经迈入重点大学之门。教育公平是社会公平的基础,教育公平是社会个体感到"承认"的公平、社会个体感受得到爱、平等和尊重,只有教育机会均等,社会弱势群体才有可能同其他群体在同一起跑线上竞争,社会才能正常流动与分化,才能真正、全面地把我国从一个人力资源大国变成一个人力资源强国,这才是解决"怎样培养人"及"为谁培养人"的真正之道。教育中还存在着应试教育与素质教育之争、教育经费投入省际和地区差距大、教育结构不合理、教育行政化等问题,仍有很大的改革压力。

2.医疗卫生制度

医疗卫生是人民群众健康的最基本保障,建立全民共享的医疗卫生制度也是我国社会体制改革的基本目标。21 世纪以来,通过新华网、人民网等主流媒体统计,"医疗卫生"一直是老百姓关心的重点问题。2003 年"非典"更是暴露了我国医疗卫生的"短板",表现为公共卫生体系不健全、经费投入严重不足、应对突发事件机制存在缺陷,倒逼政府进行医疗卫生改革。2003 年我国开始推广新型农村合作医疗制度,2009 年 3 月国家颁布了《关于深化医药卫生体制改革的意见》,启动了新一轮医疗卫生改革,着力于建立健全覆盖城乡居民的医疗卫生制度,建立了"四梁八柱"的制度框架。"四梁"指建立由覆盖城乡居民的"医疗服务、公共卫生、医疗保障、药品供应保障"体系形成的四位一体的基本医疗卫生制度;"八柱"指"完善医药卫生的管理体制、运行机制、投入机制、价格形成机制,加强科技与人才保障、信息系统、监管

---

① 程天君:《新教育公平引论——基于我国教育公平模式变迁的思考》,《教育发展研究》,2017年第 2 期。

体制机制、法制建设,保障医药卫生体系有效运转"。[①]"四梁八柱"的医疗卫生制度一定程度上缓解了"看病贵、看病难"的问题,"看不到病"问题基本解决。但由于我国医疗卫生资源设置不均衡、高等级的公立医院集聚和虹吸效应明显,病人多集中于高等级的三级医院,形成了高等级医院与基层医院的"马太效应"。2015年,我国医院诊疗人次为308364.1万人次,其中三级医院诊疗149764.5万人次,二级医院诊疗117233.1万人次,一级医院诊疗20567.9万人次,三级医院诊疗人次大于一二级医院总和。[②]医疗资源的紧张、医院的牟利行为、"带金销药"引起的少数医生不合理用药、虚开检查项目,导致病人医疗费用增加,很多家庭"因病致贫、因病返贫",人们对医疗机构和医务人员不满情绪加剧,原本应该是相互尊重、包容、和谐互信的医患关系变得紧张,社会上形成了一种不敢看病、不愿看病的心态,医患纠纷多发,2014年全国共发生医疗纠纷11.5万起,医生、护士成了高危岗位和"不良"代称,有的医疗纠纷演变为暴力伤害医生事件。2018年,吉林长生公司假疫苗案更是暴露了当前医疗卫生改革存在的问题,医疗卫生改革的矛盾转化为一种新的社会矛盾,影响了社会和谐,也导致人们对党和政府执政公正、平等的误解,政府的公信力下降,影响了制度认同。当前,为完成《"健康中国2030"规划纲要》"三步走"目标,应加快医疗卫生改革制度体系,确保"健康中国计划"在2050年如期实现。

3.社会保障、就业和住房制度

社会保障、就业、住房也引发了一些问题。根据2009年12月《人民论坛》杂志社开展的"未来十年最严峻的挑战"的主题问卷调查:住房问题、社会保障问题、就业问题均是排在前10位的最严峻问题。62.8%的人认为高房价与低收入矛盾如果持续将会导致一些问题集聚爆发;44.1%的人认为"未

---

① 宋晓梧主编:《构建共享型社会:中国社会体制改革40年》,深圳:广东经济出版社,2017年,第49~50页。

② 宋晓梧主编:《构建共享型社会:中国社会体制改革40年》,深圳:广东经济出版社,2017年,第68页。

富先老"引发的人口老龄化矛盾也是未来十大严峻挑战;43.4%的人认为"大学生就业困难引发的不稳定因素"。①这些问题的解决与否,解决的时间的长短、缓急,解决程度等严重考验着党和政府。"政治系统不能很快提高满足要求的能力以适应来势快得多的政治抱负和期望的高涨,这样就使政治系统陷入了困境。"②解决了这些与人民群众密切相关的民生等"制度困境"问题,实质上就是回答了"人民群众拥护不拥护,满意不满意,赞成不赞成,高兴不高兴,答应不答应"的问题,"民生"是制度自信的重要筹码。

第一,社会保障制度方面。社会保障是民生的安全网、社会的稳定器。党的十九大报告针对社会保障提出了"兜底线、织密网、建机制"的要求,并提出了"五个完善"的举措。"兜底线"其实就是保障低水平的简称,局限于当前国力,我国针对特殊原因造成的特殊群体进行社会救助,达到有饭吃、有衣服穿、有房子住。目前农村新型养老金最低为每月100元,仍然处于较低水平。在社会保障中一个最大的现实问题就是我国"未富先老",老龄人口多,加上全面放开"二胎",由老人、妇女、婴幼、儿童组成的弱势群体,需要关怀人群体系庞大,社会保障缺口大。国际标准通常认为一个国家60岁以上人口超过10%或者65岁以上人口大于7%,就说明这个国家进入了老龄化。2010年我国60岁以上老人占总人口比例为12.3%,2017年,我国60岁以上老人占总人口的17.3%,65周岁占比例为11.4%。预计到2025年60以上老人将达到3亿人,进入超老年型国家。实现第二个百年目标时,我国60岁以上老龄化人口占总人口比例约为33.9%。世界银行预测:2050年我国65岁以上老人占总人口比例将达26%,80岁以上老人占比将达8%。③目前,以社会保险、医疗保险、最低生活保障等为基础,以慈善事业和商业保险为补充、

① 《未来十年你我面临的挑战》,http://politics.rmlt.com.cn/2009/1222/1723.shtml。

② [美]阿尔蒙德、鲍威尔:《比较政治学:体系、过程和政策》,葛沛霖等译,上海:上海译文出版社,1987年,第180页。

③ 《世行:2050年中国65岁及以上老年人占比将达26%》,https://www.yicai.com/news/100078839.html。

"五个完善"的社会保障体系还没有完全建立起来,仅限于发达省份、城镇地区,很多地方的社会保障还处于低水平,未来社会保障需求中对养老需求缺口较大。

第二,就业制度方面。就业问题关系到人民群众生活来源和生活质量,是改善民生的头等大事,不仅是重大的经济问题,也是重大的政治问题。改革开放后,我国逐步建立积极的就业政策和公共就业服务体系,健全劳动就业法规体系,已形成统一的人力资源市场,保证了就业群体的需求,表现为三大特点:第三产业吸引人口多、非公有制企业吸引人口多、农民工就业人数多。2015年,我国解决城乡就业人数为77451人,比1978年增加了37299人,登记失业率由1978年的5.3%降为2015年的4.05%。就业结构发生了显著改善,比起1978年就业结构更加合理,第三产业增速显著,吸纳就业人口多,成为最重要的就业部门。2015年三大产业就业结构依次占比例为28.3%、29.3%、42.4%,1978年三大产业就业结构依次占比例为70.5%、17.3%、12.2%。基本经济制度促进了私营经济和个体经济的快速发展,私营企业和个体经济也成为吸引城镇就业的大户,2015年私营企业接纳就业人数11180万人、个体经济接纳就业人数7800万人,占城镇就业总人数的47%;在就业人口中,农民工是主要的就业群体,2015年农民工就业人数为27747万人。

现有就业体制改革取得了令人瞩目的成就,但就业体制的改革尚未完全到位,就业形势依然严峻。一方面老龄化社会造成的劳动人口总量减少,GDP增速减缓,宏观经济拉动就业增长弱。以往我国GDP每增长百分之一,大约拉动100万人就业,经济运行稳中有缓,下行压力加大,GDP拉动就业的速度放缓。另一方面,每年新增就业人口约1500万,保持就业稳定显得十分重要。1999年以来,高校扩招给就业带来了极大的压力,高校毕业生逐年走高。根据麦克思研究院发布的《2018年中国大学生就业质量报告》[1]显示:2017届大学生毕业795万人,就业率为91.9%;64%的本科生认为"收入低",

----

① 《就业蓝皮书:2018年中国大学生就业报告》,https://chassc.ssap.com.cn/c/2018-06-28/550719.shtml。

54%的本科毕业生认为"发展空间不够",本科就业满意度为67%;2017届大学生自主创业的比例为2.9%,创业比例低,创业带动就业作用没有发挥出来;大学生就业的结构性矛盾没有明显改善。2018届、2019届大学毕业生分别为821万人、834万人;2020届大学毕业生874万人,2021届大学毕业生909万人,2022届大学毕业生突破千万,达到1076万人,2023届大学毕业生1158万人,大学生就业形势更为严峻。由于我国现有的劳动法规、制度的不完善不能及时跟进就业实践,弱势群体的农民工缺少就业基本保障,劳动关系变得更为复杂。近年来劳动纠纷案件激增,就业群体性冲突明显,互联网时代的灵活用工,劳动关系更为复杂。另外还存在地区之间就业压力差距,就业结构仍需要调整。就业岗位与经济发展呈正向比例,就业人口多集中于东部地区,"北上广深"就业人口多的格局没有得到明显改善,第三产业就业比重与发达国家相比还有很多的差距。

第三,住房制度。党的十九大报告提出"坚持房子是用来住的、不是用来炒的定位……让全体人民住有所居"[1]。因解决群众住房是一项长期任务,加之保障性住房总体不足、住房资源配置不平衡等原因,一些家庭的住房需求尚未得到满足。当前买房群众与未买房群众之间生活质量方面存在一定的差异。一方面,因对住房刚性需求导致一些人生活质量下降,成为所谓的"房奴";另一方面,研究表明:"房价上涨会拉大地区收入差距持续扩大偏离了'实现共同富裕'的轨道。"[2]马克思以"小房子与大宫殿"来诠释贫富差距下弱势群体的心理的压抑和心态失衡。政府急需加强对房地产市场的宏观调控,"转刚需""去库存",推动房价理性回归,公平惠及广大人民群众,提高人们生活质量和幸福感、活出尊严,增强制度自信。

---

① 习近平:《决胜全面建成小康社会 夺取新时代中国特色社会主义伟大胜利——在中国共产党第十九次全国代表大会上的报告》,北京:人民出版社,2017年,第47页。

② 黄玉屏等:《我国房价上涨对省域人均收入差距的影响分析》,《经济地理》,2018年第10期。

（四）在文化体制方面

文化是一个民族和国家发展的力量源泉，文化在我国经济社会发展中发挥着无可替代的作用，习近平指出："没有文化的繁荣兴盛，就没有中华民族伟大复兴。"①古往今来，一个国家的兴盛既是经济、军事等硬实力的强大，也是价值观、思想文化等"软实力"的强大。改革开放40多年，如果说经济体制改革增强了我国"硬实力"，为中国崛起打下坚实的物质基础，文化体制改革则提升了我国"软实力"，展现了中国人的智慧和良好形象，体现出中华民族的凝聚力和精气神。目前，我国已经初步构建了国家、省、市、县、乡、村（社区）六级公共文化服务网络，建成了大批文化馆、纪念馆、博物馆、文化站、乡村文化中心；通过实施广播电视村村通、建立农家书屋、文艺工作者到农村、基层、社区开展慰问演出等惠民活动，丰富了人民群众的文化生活。但总体来说，依然存在文化产业落后，创新成果转化和保护不足，国际竞争力不足、基本公共文化服务体系不健全、发展不均衡。近年来，随着文化体制的改革，我国也出现了一批能够传播中国价值的优秀作品，体现了文化自信，改变了西方嘲讽我国只能出口电视机而不能出口电视剧的被动局面，但总体来说我国文化产业仍较为落后。国际上通用的文化产业形成规模的标准是文化产业附加值占GDP比重的5%，先进的国家有的接近20%。党的十八大以来，虽然我国的文化产业逐步增长，2012年实现产业增加值18071亿元，占GDP比重为3.48%，2016年实现产业增加值30254亿元，占GDP比重为4.07%，但在国际上仍相对落后，总体处于逆差。另外，我国基层文化保障低，贴近群众需求的优秀文化作品需求不足。随着人们生活水平的提高，在精神需求上人们也提出了更多需求，既需要文化的"广覆盖"，又需要文化的"精准化"，已经从传统室内的打麻将、看电视的低水平，走向户外的广场舞和虚拟的互联网，从最初的新奇、文化消遣走向了求知、求美、求健康，到提高自身素养、

---

① 习近平：《决胜全面建成小康社会 夺取新时代中国特色社会主义伟大胜利——在中国共产党第十九次全国代表大会上的报告》，北京：人民出版社，2017年，第41页。

求自我实现的认同。可见,当前基层文化存在缺口大、需求层次多、需求多样化,人们文化需求不平衡、不充分之间的矛盾没有得到解决,经济落后、偏远地区文化体制改革由于进展慢,封建迷信等盛行的态势没有缓解,网络文化治理、城市农民工等流动人口文化建设还有不少矛盾和问题。

(五)生态文明制度方面

生态意为"住所"或"栖息地",生态文明和农业文明、工业文明一样,是人类的一种文明形态,也是目前人类最高文明形态。生态文明建设乃千年大计,关系到中华民族永续发展。生态文明是在遵循人与自然、人与社会、人与人和谐发展、和谐共生的基础上,取得的物质和精神文明的总和,生态文明建设的直接原因是人与自然、社会和人之间的不和谐引起的生态危机。恩格斯在《自然辩证法》中指出:"我们不要过分陶醉于我们人类对自然界的胜利。对于每一次这样的胜利,自然界都对我们进行报复。"①

近代以来,探索生态文明的先驱当数德国哲学家海德格尔和美国学者莱昂波尔。海德格尔对滥用科学技术形成的人类生存威胁进行批判,莱昂波尔在《沙郡年鉴》中提出了人与大地共同体、保护生态系统和生物多样性的大地伦理思想。1962 年,蕾切尔·卡逊出版的《寂静的春天》一书将环境问题提到了公共话语,引起人们对环保的关注。1972 年,罗马俱乐部发表的《增长的极限》提出可持续性发展理念,人们开始思考建立稳定的生态条件。1992 年,联合国环境与发展大会发布《里约宣言》《21 世纪议程》,确立了人类未来发展道路。2012 年联合国制定的《我们憧憬的未来》,强调了可持续发展道路的重要性。我国用 20 多年的时间完成了发达国家 200 多年的工业化、城镇化进程,"先污染后治理"的环保理念、粗放式的发展方式导致:人口规模和结构化矛盾;生物多样性减少、甚至消失,引起了生态系统改变;自然资源的减少,森林、湿地减少,矿产、煤炭等非可再生资源减少,可耕地面积逼近了

---

① 《马克思恩格斯文集》(第九卷),北京:人民出版社,2009 年,第 559~560 页。

18亿亩红线,水土流失、沙漠化、盐碱化等;环境问题,如气候变化、交通问题、"三大污染"导致的"公有地悲剧"等生态危机。不加强环境保护、不进行生态文明建设,"复活节岛之谜"就是我们的未来生态危机的缩影。为加强生态文明建设,习近平在浙江工作时候,提出了"绿水青山就是金山银山"的"两山论",绿色发展成为当前我国主要的经济发展模式,以牺牲生态环境为代价换取经济的一时发展的方式已经无处藏身。党的十七大报告提出建设生态文明、党的十八大报告把生态文明建设作为"五位一体"总体布局的重要组成部分,基于对人类社会发展规律、社会主义建设规律和共产党执政规律科学认知基础上,指出"加强生态文明建设关系人民福祉和民族未来"。2015年5月,中共中央、国务院发布了《关于加快推进生态文明建设的意见》,为生态文明建设提供了制度保障,但总体来说生态文明的体制机制还不健全、法治不完备。

当前,我国生态环境的破坏势头得到控制,由于发展依然存在不平衡、不协调、不可持续性的矛盾,面临着发展与资源、环境之间的矛盾瓶颈难以突破,经济增长、人口增长、城市扩展对能源资源消耗和对生态环境的破坏进一步加大,比起经济社会领域而言,生态文明建设更加紧迫,不仅仅涉及民生,甚至是人类的生存。党的十九大报告提出了"加快生态文明体制建设,建设美丽中国"。党的二十大报告指出:"中国式现代化是人与自然和谐共生的现代化。"①但如何加强生态文明体制机制建设的顶层设计,完善生态法治建设、政府严格执法,从制度源头改变从过去重视生态建设和污染物治理转向有效约束人的开发行为,2035年达到生态环境根本好转,美丽中国目标基本实现,"避免一只手在修复,一只手在破坏",当前距离习近平要求的"最严格的制度、最严密的法治"还有"最后几公里"。

---

① 习近平:《高举中国特色社会主义伟大旗帜　为全面建设社会主义现代化国家而团结奋斗——在中国共产党第二十次全国代表大会上的报告》,北京:人民出版社,2022年,第23页。

## 四、多元社会思潮的影响

当前我国改革开放既是"黄金发展期"又是"矛盾凸显期",既定利益关系被打破,新的利益格局的形成导致利益差别迅速扩大,社会利益诉求更加多元,多种利益群体观点和主张在社会中传播并对社会影响严重时,就易形成社会思潮。社会思潮是社会的潜意识,多数以"异端"姿态和叛逆品格,"极端社会思潮撕裂社会"①,如长期得不到对话、引导,积久就会形成"民怨",可以形成一种强大的冲击力量,影响主流意识形态认同、导致社会分化。

(一)当前我国社会思潮的主要类型

《人民论坛》杂志社 2011—2015 年连续 5 年,在新华网、人民网、光明网等网站进行相关社会思潮监测,通过关注度、活跃度和影响力三个指标评价每年度社会思潮的变化,统计出 2011—2015 年每年度最受关注的十大社会思潮,通过监测显示:"民族主义、新自由主义、普世价值论、民粹主义这四种社会思潮连续五年出现在前十位。"②历史虚无主义、新儒家、新左派、生态马克思主义也多次出现,值得关注。有学者把我国最近 40 年主要社会思潮总结为:"中国特色社会主义思想、老左派思潮、新左派思潮、民主社会主义思潮、自由主义思潮、民族主义思潮、民粹主义思潮、新儒家思潮。"③ 2018 年,美国挑起了全球贸易摩擦,法国爆发了近 50 年最大骚乱,美国退出伊核条约,一些大国也出现了不同程度的排外事件。贸易保护主义、民粹主义、单边主义、排外主义等成为当前具有影响力的国际社会思潮。下面简要介绍其他几种主要社会思潮。

---

① 吴敬琏:《以史为鉴,防止各种极端社会思潮撕裂社会》,《江淮文史》,2012 年第 3 期。
② 陈勇等:《社会主义核心价值体系引领社会思潮的方式和途径研究》,北京:中国社会科学文献出版社,2016 年,第 110 页。
③ 马立诚:《最近四十年中国社会思潮》,北京:东方出版社,2017 年,第 243 页。

民族主义。民族主义是当前活跃的内生的一种社会思潮。民族主义确切讲应该是近代民族主义或中华民族主义,古代的"民"和"族"两字指"百姓"和"宗族",1902 年梁启超从日本引进了"民族"一词,1903 年梁启超借鉴德国学者布伦齐力定义,将民族定义为:同一居地,同一血统,同其肢体形状、语言、文字、宗教、风俗、生计。近代中国遭受西方列强侵略,康有为、梁启超提出"满汉蒙回藏合为一个大民族共同体,命名为中华民族",亡国灭种的危险促进了各民族团结一致、救亡图存、保国保种,形成民族主义。西方国家意识形态的敌对心理,对中国带有"妖魔化"偏见和敌意的宣传、日本右翼势力对侵华历史的虚无及有的国家对我国的无端挑衅,不断刺激着国人的神经和底线,民族主义再次高涨,民众摩拳擦掌、抗议、游行,最后演变为反全球化、反西化、病态化的"愤青"市场,甚至成为境外反华势力的工具。可见,民族主义是多变量、双刃剑。民族主义"有时是思想化合剂,发挥凝聚整合功能,抵御外侮,保卫本民族正当权益;有时变成海洛因,使吸食者陷入梦想般狂热,导致分裂、战乱和倒退"①。

历史虚无主义。历史虚无主义 2013 年、2015 年居于最为关注的十大社会思潮第二位。历史虚无主义是同"全盘西化"相呼应的一种社会思潮,一定时期内是资产阶级自由化的一种表现。它以反思历史为名,目的是解构历史,否定革命,主张改良,否定阶级斗争和阶级立场,宣扬"告别革命",达到否定中国革命和社会主义建设的伟大实践的目的。历史虚无主义以重新评价历史为名,按照主观认知道德判断和政治诉求剪裁历史、假设历史、歪曲历史,丑化英雄,是唯心主义历史观的翻版和复活。蒋介石、李鸿章、袁世凯等都是其写手笔下的"英雄",真正的英雄受到亵渎,某网站和杂志多次抹黑"狼牙山五壮士"、某企业抹黑邱少云烈士就是最好证明。习近平指出:"要警惕和抵制历史虚无主义的影响,坚决抵制、反对党史问题上存在的错误观点和错误倾向。"清代思想家龚自珍认为:"欲知大道,必先为史;灭人一国,必

① 马立诚:《最近四十年中国社会思潮》,北京:东方出版社,2017 年,第 157~158 页。

先去其史。"①能否正确对待历史关系到国家治乱兴亡,苏联从否定斯大林到否定列宁和十月革命、否定社会主义导致苏联解体的乱世乱党亡国教训,什么时候强调都不为过。尤其要警惕西方国家借助历史虚无主义无限放大我国以往由于缺乏经验出现的失误,扰乱人们视线,搞"和平演变"。历史虚无主义的终极目的就是否定四项基本原则,消解四个自信。

民粹主义。民粹主义历史上自古有之,很难给出一个完整的定义,俄国民意党就是俄国民粹主义思潮的代表。②民粹主义主张极端平民主义,反对精英主义;主张"大民主"、注重结果均等,为"均贫富"可以不择手段;主张革命正义、革命高于一切,革命可以不择手段;崇拜草根英雄、热衷暴力和推倒重来。当前,贫富差距、收入分配不公、社会腐败及互联网的新兴更是助长了民粹主义。有学者提出:"草根性、非理性和抗争性是民粹主义三大特征,仇官、仇警、仇富是民粹主义三个火山口。"③民粹主义导致解决问题的法治化渠道受阻,倾向于极端、以暴制暴的解决方式,偏离了制度的制约。

普世价值论。普世价值论把不同阶级、不同人群存在的价值观中的共同点抽象出来,称为"普世价值"。价值观念都是具体的,不存在抽象的价值,不存在超阶级的、适用于整个人类的自由、民主、平等、人道、博爱等"普世价值"。鼓吹"普世价值"的人实质上是想按照西方的价值观把中国特色社会主义改造为资本主义,是"按照西方的调子跳舞",为资本主义利益服务的。邓小平在谈到普世价值时指出:"他们那一套人权、自由、民主,是维护恃强凌弱的强国、富国的利益,维护霸权主义者、强权主义者利益的。"④

民主社会主义。民主社会主义也叫社会民主主义,是欧洲左翼政党的指导理论。1951 年,社会民主党、社会党、工党等 34 个成员组成社会党国际,并发表《法兰克福宣言》,将自己思想体系的名称由"社会民主主义"改为"民主

① 《古史钩沉论》。

② 胡绳:《马克思主义与改革开放》,北京:中国社会科学出版社,2000 年,第 177 页。

③ 马立诚:《最近四十年中国社会思潮》,北京:东方出版社,2017 年,第 202~203 页。

④ 《邓小平文选》(第三卷),北京:人民出版社,1993 年,第 345 页。

社会主义",民主社会主义作为自己的指导思想。"东欧剧变"后,社会党国际又将自己的思想体系改成了社会民主主义。现社会党国际拥有 160 多个成员党,约 4500 万党员,选民基础约 3 亿人。民主社会主义是改良主义和修正主义的继承和"变种",是伯恩施坦和考茨基第二国际右派、中派社会民主主义思想的继续,民主社会主义与马克思、恩格斯的科学社会主义"不同祖、不同根、不是同义语",①"民主社会主义不等于'民主'+'社会主义',实质打着'社会主义'旗号的反社会主义"②。与中国特色社会主义是"两股道上跑的车"③。

（二）多元社会思潮的实质

多元化社会思潮有的是思想认识、学术问题,比如新自由主义提出的"减少政府干预""发挥市场机制"等观点属于人民内部矛盾,但怀着政治目的宣传,则就是敌我矛盾,是意识形态阵地之争。比如,讲新自由主义政治化,响应"华盛顿共识"等。总的来说,各种社会思潮,虽然他们主张各异,表现形式不同,都有共同的特色:问题意识、与西方思潮联系紧密,也有共同的政治诉求:"反对四项基本原则这一立国之本,力图扭转现代化建设和改革开放的发展方向,把中国纳入西方资本主义体系。"④多元、分裂、自主、碎片化的思潮席卷、困扰我国主流意识形态的凝聚力与吸引力,社会思潮之争实质是意识形态的阵地之争。阿尔都塞指出:"任何一个国家如果不在掌握政权同时对意识形态国家机器行使领导权的话,那么它的政权就不会持久。"⑤多元社会思潮在"误解、肢解、曲解、消解、未解"⑥着我国的主流意识形态,马

---

①　徐崇温:《中国特色社会主义研究》,北京:中国社会科学出版社,2013 年,第 319 页。

②　陈曙光:《民主社会主义是真民主吗》,《社会科学报》,2013 年 3 月 18 日。

③　徐崇温:《中国特色社会主义与民主社会主义是两股道上跑的车》,《求是》,2007 年第 13 期。

④　靳辉明、李崇富主编:《马克思主义若干重大问题研究》,北京:社会科学文献出版社,2011 年,第 659 页。

⑤　陈越编:《哲学与政治:阿尔都塞读本》,长春:吉林人民出版社,2003 年,第 338 页。

⑥　宋进、仇永民:《运用马克思主义引领当代社会思潮的批判机制》,《青海社会科学》,2012 年第 6 期。

克思主义就是在同各种社会思潮批判中不断发展的,《哥达纲领批判》《反杜林论》等都是马克思主义的论战性著作,因此当前要加大对不良社会思潮的理论与实践批判,社会思潮阵地无产阶级不去占领,资产阶级就会去占领,这是影响制度自信的一大挑战。

## 五、国际话语权相对弱小

福柯提出"话语即权力",认为"话语"可以构建事物、事件,甚至可以构建世界。[1]话语权是国家的一种重要软实力,能起到提升国家硬实力,帮助国家实现战略目标。一个国家的国际话语权指的是其观点和主张在国际社会传播的深度和广度,是否取得国际社会认可和赞同等。经验表明:"言不顺则事不成",国际话语权越来越受到主权国家的重视。然而当前中国国际话语权提升不明显,依然是"西强我弱",中国模式、和平发展、中国梦等缺乏国际话语的通融,处于不被理解、被轻视甚至贬损的地位,展示不出与中国经济相对应的大国地位、国际形象。习近平在全国宣传工作会议上指出:"现在的国际舆论格局总体是西强我弱,别人就是信口雌黄,我们有理讲不出,或者说传不开,这表明我国发展优势和综合实力还没有转化为话语优势。"[2]

（一）西方国家的"话语包装"影响

全球化是当今世界的历史潮流,全球所有国家和地区的人们在全球化趋势下,联系越来越紧密。但当前全球化是资本主义主导的全球化,鼓吹"全人类的利益高于一切"的全球化,使发展中国家成为西方的附庸,中国 2001 年加入 WTO,发挥的力量相对弱小,国际影响力不强。如美国利用全球化优势,给其政策"合理化""令人信服"的包装,全球化最终走向了"西方化""美国化""打击恐怖主义""人道主义""维护人权""反对专制"成了美国推广国家

---

① 庄琴芳:《福柯后现代话语观与中国话语建构》,《外语学刊》,2007 年第 5 期。

② 《习近平新时代中国特色社会主义思想三十讲》,北京:学习出版社,2018 年,第 210 页。

霸权合理、"合法"、正义化。我国理论成果与实践相比差距大,中国特色社会主义国际话语还处于"有高原无高峰"的境界,一些新概念和范畴的表达凝练不足。

（二）西方国家的网络技术及语言优势

霍克海默认为"科学技术就是意识形态"。互联网作为一种新的传播媒介和科学技术,与意识形态脱离不了干系。当前,我国国际话语权不足的一个重要原因是缺少互联网优势,西方国家依仗其互联网技术优势,在文学作品、戏剧、电影渗透"价值观",美联社、法新社、路透社、合众社对全球新闻发布的垄断占有率为80%到90%,中国媒体发声空间被严重压缩。互联网也演变为西方发达国家文化、思想的全球传播工具。由于外国人对中文的理解难度大,精通西方话语人才缺少,受制于文化差异,中国话语文本经翻译后,有的偏离"信、达、雅"的标准,存在理解偏差等,导致我国国际话语传播难度大。

（三）西方国家的话语制衡

当今世界"一球两制"的格局没有发生变化,从美国近年来的动作来看,仍然秉持"零和思维",中国被西方话语描述成了影响国际安全的"他者",美国采用"内部制衡"和"话语制衡"来钳制中国崛起,生怕中国动摇其"世界警察"的霸权地位。"内部制衡"是美国打着民主、自由、人权等旗号,推广"普世价值",支持中国国内"异见"分子和"藏独""疆独"分裂势力,扶持亲西方的知识分子和媒体舆论,试图通过街头政治推翻、颠覆我国政权。"话语制衡"就是以西方话语放大现实生活中存在的微观问题、上纲上线,诋毁中国改革开放成绩,颠倒是非,唱衰、谩骂中国体制,用"威胁论""崩溃论"瓦解中国话语,使中国人思想混乱,不战而屈人之兵。

# 第五章
# 提升中国特色社会主义制度自信的方略

习近平在庆祝改革开放 40 周年大会上讲话中指出："实践充分证明,党的十一届三中全会以来我们党团结带领全国各族人民开辟的中国特色社会主义道路、理论、制度、文化是完全正确的。"[①]但由于我国基本国情的"两个没有变",中国特色社会主义制度"还不是尽善尽美、成熟定型的。中国特色社会主义事业不断发展,中国特色社会主义制度也需要不断完善"[②]。习近平将"必须坚持完善和发展中国特色社会主义制度"等共"9 个必须"提升为改革开放 40 年来积累的重要经验。可见,制度自信不是小富即安、不思进取,一味坚守制度迷信,保持制度的一成不变,而是要处理好制度运行中存在的问题,正视制度自信面临的挑战,以实施国家重要战略为契机进一步完善制度体系,夯实制度自信的基础。在国内通过制度优势全方位宣传,扩大制度自信的影响,在国际对外交往中,通过对外传播"中国故事"构建话语权、对内引领借鉴人类制度文明增强制度自信。

---

① 习近平:《在庆祝改革开放 40 周年大会上的讲话》,北京:人民出版社,2018 年,第 20 页。

② 习近平:《习近平谈治国理政》,北京:外文出版社,2014 年,第 10 页。

# 第一节　以落实国家重要战略为契机夯实制度自信

制度是在人们生活中广泛存在的社会习惯上形成，仍然处在不断发展和完善之中，随着运行环境的变化而变化。建设中国特色社会主义的总体布局是"五位一体"，中国特色社会主义制度体系仍需要不断发展和完善，要与中国特色社会主义事业的总体布局相吻合。有学者认为，"制度自信并不是以制度的完美无缺为基础的……只有不断坚持和完善中国特色社会主义制度，才能增强我们的制度自信。坚持和完善中国特色社会主义制度是增强制度自信的动力"①。

## 一、完善"五位一体"总体布局制度运行体制机制

### （一）中国特色社会主义事业总体布局的探索历程

党的十一届三中全会后，党和国家的中心转移到经济建设，实行改革开放。1979 年 9 月底，在庆祝新中国成立 30 周年大会上，叶剑英提出了"社会主义精神文明"的概念。党的十二大报告提出了把我国建设成为高度文明、高度民主的社会主义国家，即"两个高度"的"两位一体"，实质上隐含着"三位一体"总布局。因为文明包括物质文明和精神文明，物质文明即经济建设，精神文明即文化建设，高度民主即政治建设。党的十二届六中全会提出了社会主义现代化总体布局："以经济建设为中心，坚定不移地进行经济体制改革，坚定不移地进行、政治体制改革，坚定不移地加强精神文明建设，并且使这几个方面互相配合，互相促进"②，第一次明确提出了"三位一体"总布局。

---

① 张雷声：《思想政治理论课教学的境界》，北京：中国人民大学出版社，2018 年，第 88 页。

② 《十二大以来重要文献选编》（下），北京：人民出版社，1998 年，第 1173~1174 页。

大会通过了《中共中央关于社会主义精神文明建设指导方针的决议》，明确了"两手抓"的战略方针。邓小平指出："我们要建设社会主义国家，不但要有高度的物质文明，而且要有高度的精神文明。"①从党的十三大至党的十六大延续了政治、经济、文化"三位一体"的建设总布局。改革开放不断深入，出现了经济收入差距拉大、社会分层凸显等导致了发展不平衡、不和谐形成的新社会矛盾。党的十六届四中全会中胡锦涛提出了构建社会主义和谐社会的重大任务，总体布局由经济、政治、文化建设"三位一体"发展为经济、政治、文化、社会建设"四位一体"，并在党的十七大正式确立。伴随着人与自然、人与人、人与社会甚至国家与国家之间资源、环境引发的矛盾加剧，生态文明越来越受到人们的重视。党的十七届四中全会把生态文明建设提到了与四大发展并列的战略高度，党的十八大报告把"四位一体"总体布局发展为经济、政治、文化、社会、生态文明建设"五位一体"。

（二）中国特色社会主义事业总体布局的依据

中国特色社会主义事业总体布局拓展的根本依据是我国长期处于社会主义初级阶段的基本国情，根据实现社会主义现代化和中华民族伟大复兴的总任务，顺应历史趋势，旨在解决社会动态发展面临的主要矛盾，并随着社会主要矛盾的转化和矛盾的主要方面的变化及人们的需求愿望进行调整，逐步趋于合理化，满足了人民群众的根本利益要求。"五位一体"总体布局是一个有机整体，经济是我国社会主义建设的中心，经济建设是根本；政治建设是人民当家作主的根本保证，是中国特色社会主义制度优越性的表现，政治建设是保障；文化是国家发展的源泉和持久动力，在"五位一体"总体布局中，文化既是改造自然的产物，又是人类改造自然的方式，文化就是"洋装虽然穿在身，我心依然是中国心"的精神纽带，文化建设是灵魂；社会建设连着民心，最能接地气、聚民意，社会建设是和谐稳定的条件；生态文明

---

① 《邓小平文选》(第二卷)，北京：人民出版社，1994年，第367页。

建设满足了人民美好生活、美好环境需求,保护环境也是发展生产力,生态文明建设是基础,体现了以人为本、科学发展。只有统筹推进"五位一体"建设协调发展,才能形成经济富裕、政治民主、文化繁荣、社会公平、生态良好的发展格局,为建设现代化强国、中国特色社会主义制度自信提供保障。

（三）加强制度顶层设计,完善各方面体制机制

中国特色社会主义制度特色鲜明、富有效率,但也不是尽善尽美,仍然需要加强制度的顶层设计,破除妨碍"五位一体"发展的体制机制弊端,加快社会主义市场经济、民主政治、先进文化、和谐社会、生态文明等制度建设,树立制度自觉,使制度更加成熟定型,增强制度自信。

第一,完善市场经济体制机制,确保市场在资源配置中的决定性作用,以更好地发挥政府作用为补充弥补"市场失灵",保证公平的竞争环境,用好"两只手"。在坚持公有制主体地位下,毫不动摇地鼓励、支持、引导非公有制经济发展,发挥非公有制创造力,保证公有制、非公有制经济的权利平等、机会平等、政策共享。实施好创新驱动发展,推进供应侧结构性改革,提高经济发展效益朝着更公平、更可持续,有力地改善民生,维护公平正义。

第二,推进社会主义民主政治制度建设规范化、程序化和法治化。政治制度是一个国家制度的关键环节,建立成熟的民主政治是制度自信的关键,我国政治制度还在发展之中,仍然需要完善。邓小平在谈到我国制度优势的同时,指出了官僚主义、权力过分集中、领导干部终身制等导致高度集中体制的弊端。当前,党和政府要全面落实民主集中制,确保权力行使的科学化、民主化和法治化;完善人民代表大会制实施工作机制,建立人大代表联系群众制度,加强人大对"一府两院一委"的监督,确保权力在阳光下行使,提高制度公信力;完善多党合作和政治协商制度,发挥人民政协协商民主重要渠道,推动协商民主的制度化发展;建立与《民族区域自治法》相互配套的法律法规,保障自治区、自治州、自治县三级自治权的正确行使;完善基本群众自治制度及法律法规建设,建立基层群众积极参与社会主义民主政治保障机

制,发挥社会主义民主的优势和特点;全面落实信息公开制度。各级国家机关按照《中华人民共和国政府信息公开条例》要求,遵循公正、公平、便民的原则,通过报刊、政府网站、广播电视、"两微一端",召开新闻发布会等方式公开信息,使公众享有知情权,也便于听取"民间智囊"的声音。

第三,深化文化体制改革,健全公共文化服务和文化市场体系,建设社会主义先进文化。当前国际竞争的重点越来越转向文化领域,如果说19世纪可以依靠强硬的军事"硬实力"改变世界,20世纪能依靠强硬的经济实力改变世界,21世纪谁占据了"软实力"制高点,谁就可以改变世界。推进文化体制改革,要举好旗帜,坚持社会主义核心价值体系为引领;要聚民心,坚持以人民为中心的导向,注重文化价值的引导,培养好文化新人;要展形象,做好文化"把关人",反对文化"三俗";要兴文化,整合文化资源,坚持文化均等发展,推动中华优秀传统文化、革命文化创造性转化和创新性发展,发挥社会主义先进文化"引领风尚、教育人民、服务社会、推动发展"①的优势和制度自信的凝聚力。

第四,围绕民生问题,创新社会管理体制,建立完善的社会管理和保障体系。改革开放以来,忍饥挨饿、缺吃少穿、生活困顿这些几千年来困扰民生的问题一去不复返, 但新时代人民美好生活的需求加大, 希望生活过得更好,社会管理体制改革的价值取向就是促进社会公平正义,让人民生活得更好。习近平指出:"共产党就是为人民谋幸福的,人民群众什么方面感觉不幸福、不快乐、不满意,我们就在哪方面下功夫,千方百计为群众排忧解难。"②民生建设最能提升公众的幸福感,让人民群众感觉到活得有尊严,事关人民福祉和社会和谐稳定。民生也是经济社会进步的"指南针",让人们共享改革发展成果是社会主义的本质要求,也是社会主义制度优越性的体现,做好民生就解决了人民群众的后顾之忧,维护了人民群众利益,增强了和谐因素,积累了制度自信资本。社会公平竞争下的分配制度鼓励多劳多得、多贡献多分配,彰显了制度公正,但对于市场竞争中暂时的失败者和无竞争能力者等

---

① 《十八大以来重要文献选编》(上),北京:中央文献出版社,2014年,第24页。

② 《习近平新时代中国特色社会主义思想三十讲》,北京:学习出版社,2018年,第225页。

弱势群体,需要进行社会公正的再次分配,建立完善的社会保障制度。政府在进行再次分配时,有学者认为,"不仅要从经济上考虑,更需要从社会上考虑。于是对机会均等条件下的收入分配的第二次调节也就成为必要"①。社会管理体制创新要紧密围绕优质教育资源期盼、工作需求、社会保障、医疗卫生、居住条件等能使人们学习、工作、收入、生活、健康、居住等越来越更好上下功夫,促进社会公平正义,形成完善的社会管理体制和现代组织体制、基本公共服务体系、社会管理机制。

第五,完善最严格的生态保护制度。生态文明建设最终要靠制度实现,改革开放以来,我国生态文明建设的体制机制更加健全。1978年国家成立设在国家建委下的国务院环保领导小组办公室;1982年环保领导小组办公室改为隶属于城乡建设环境保护部下的环境保护局;1984年环境保护局隶属建设部,改名为国家环境保护局;1987年国家环境保护局独立;1988年国家环境保护局改名为国家环境保护总局;2008年国务院机构改革,国家环境保护总局升格为国家环境保护部,成为国务院独立的组成部门;2018年国务院机构改革撤销国家环境保护部,将原国家环保部职责和国土资源部、水利部、国家发改委等原六个部门中生态环境保护相关职责统一,设立生态环境部,加大了生态环境保护体制机制建设力度,但在管理中依然存在职能交叉、相互扯皮等问题。习近平指出:"当前,我国生态环境保护中存在的突出问题,大都与体制不完善、机制不健全、法治不完备有关。"②因此,要依靠制度和法治来解决生态文明建设中存在的问题,根据《生态文明体制改革总体方案》,深化生态文明体制改革,完善生态责任追究机制,建立自然资源资产产权制度、国土空间开发保护制度,实行生态有偿使用和补偿制度、耕地轮作休耕制度,探索建立生态保护机制的垂直执法管理制度,实行全国联网、自动预警、政府主导、部门协同、公众参与监督的生态建设新格局。

---

① 厉以宁:《经济学的伦理问题》,北京:生活·读书·新知三联书店,1995年,第21页。

② 《习近平总书记系列重要讲话读本》(2016年版),北京:学习出版社、人民出版社,2016年,第240页。

## 二、落实"四个全面"战略布局任务彰显制度优越性

"四个全面"的提出是党中央在"四个现代化"的目标基础上,经毛泽东、邓小平、江泽民、胡锦涛、习近平等领导集体接力,经历了"四个现代化""小康社会""两步走""三步走""全面建设小康社会""全面建成小康社会""四个全面"到"两个一百年"的发展历程。

### (一)"四个全面"战略布局的形成与发展

1964 年 12 月,三届人大一次会议提出了建设现代化的任务,要在 20 世纪末建设成工业、农业、国防和科学技术方面"四个现代化"的国家。1979 年 12 月,邓小平在会见日本首相大平正芳,谈到四个现代化的目标达到第三世界比较富裕一点,比如人均达到 1000 美元,但与西方国家比还是比较落后的"小康"的初步设想。1982 年,党的十二大报告确定将"小康社会"定为我国 20 世纪末的奋斗目标。1984 年,邓小平在会见英国前外交大臣杰·弗里豪时提出我们在达到小康水平后,再用 30 年到 50 年接近发达国家水平。1987 年 4 月,邓小平会见香港基本法起草委员会委员时提出,"再过五十年,再翻两番,达到人均四千美元的水平……中国是个中等发达的国家了"[①],初步形成了"两步走"的战略思想。同年 4 月 30 日,邓小平会见西班牙副首相格拉时完整地表述了"三步走"发展战略设想,党的十三大报告根据邓小平的设想,正式确定了"三步走"发展任务。

随着"三步走"的前两步的顺利完成,但第三步目标难度大,时间跨度长,应该怎么走,为了更好地走好第三步战略目标,1997 年党的十五大报告对第三步目标进行了细化,进一步提出了 21 世纪前 50 年的"三小步"目标。第一小步,第一个十年实现国民生产总值比 2000 年翻一番,人民的小康生活更

---

① 《邓小平文选》(第三卷),北京:人民出版社,1993 年,第 216 页。

加富裕,形成较完善的市场经济体制;第二小步,21世纪第二个十年(到建党100周年),实现经济更加发展,制度更加完善;第三小步,到新中国成立100周年,基本实现现代化,建成富强民主文明的社会主义国家。2000年6月,江泽民提出了全面建设小康社会的目标。党的十六大报告提出了全面建设更高水平的小康社会作为我国在21世纪前20年的发展目标,再继续奋斗几十年,到21世纪中叶完成十五大报告提出的"第三小步"目标。党的十八大报告提出,我国已经进入了全面建成小康社会的决定性阶段,"在中国共产党成立一百年时全面建成小康社会……在新中国成立一百年时建成富强民主文明和谐的社会主义现代化国家"①,即"两个一百年"奋斗目标。党的十八届三中全会提出全面深化改革的目标和任务;党的十八届四中全会提出了全面推进依法治国的任务和要求;为强化党的作风,提高党的执政能力,在2014年10月党的群众路线教育实践活动总结大会上习近平首次提出全面从严治党。

　　2014年11月,习近平在福建调研时提出:"协调推进全面建成小康社会、全面深化改革、全面推进依法治国进程的"的"三个全面"。2014年12月,习近平在江苏调研时强调,为推动改革开放和社会主义现代化建设迈上新台阶,"协调推进全面建成小康社会、全面深化改革、全面推进依法治国、全面从严治党",将"三个全面"提升为"四个全面"。2015年2月,在省部级主要领导干部专题研讨班上"四个全面"被确定为国家重要战略布局。习近平在党的十九大报告中再次吹响了全面建成小康社会的号角:从现在到2020年是全面建成小康社会决胜期。从党的十九大到党的二十大是"两个一百年"奋斗目标的历史交汇期。党中央对决胜全面建成小康社会提出明确要求,将实现第二个百年奋斗目标分为两个阶段:"从二○二○年到二○三五年,在全面建成小康社会的基础上,再奋斗十五年,基本实现社会主义现代化。……从二○三五年到本世纪中叶……把我国建成为富强民主文明和谐美丽的社

---

① 《中国共产党第十八次全国代表大会文件汇编》,北京:人民出版社,2012年,第15页。

会主义现代化强国。"①全面建成小康社会的历史任务完成后,党的十九届五中全会提出了"协调推进全面建设社会主义现代化国家、全面深化改革、全面依法治国、全面从严治党的战略布局",形成了"四个全面"的新表述。

(二)"四个全面"战略布局的三大依据

第一,现实依据:回应人民美好生活期盼。2015 年 2 月 11 日,习近平在同党外人士共迎新春时指出,"'四个全面'战略布局是从我国发展现实需要中得出来的,从人民群众的热切期待中得出来的,也是为推动解决我们面临的突出矛盾和问题提出来的"②。与时俱进、一切从实际出发是马克思主义重要理论品质,任何一个新的理论命题都是为了解决社会实际问题。中国特色社会主义进入新时代,根据党和国家事业发展的需要,为满足人民群众幸福美好生活的热切期待,面对在新的历史条件下国际国内形势下的新变化,我国必须准备进行许多新的历史特点的伟大斗争,这是提出的现实依据。

第二,历史依据:制度自信的积累。习近平强调:"没有坚定的制度自信就不可能有全面深化改革的勇气。"③中华人民共和国成立 70 多年,尤其是改革开放 40 多年来积累了正反两个方面的历史经验,需要我们实事求是地继承和与时俱进地发展,这是"四个全面"提出的历史依据。40 多年改革开放之所以展现出"洪荒伟力",在于中国特色社会主义制度的创新与完善,破除妨碍发展的体制机制障碍,打破了利益固化藩篱,形成了系统、科学、有效的制度体系,推动制度更加成熟更加定型,激发人民的创造力,展现出中国特色社会主义制度优越性。

第三,理论依据:社会主义基本矛盾学说。生产力与生产关系之间的矛盾、经济基础和上层建筑之间的矛盾是健全社会主义制度的内在动力。毛泽东

① 习近平:《决胜全面建成小康社会 夺取新时代中国特色社会主义伟大胜利——在中国共产党第十九次全国代表大会上的报告》,北京:人民出版社,2017 年,第 28~29 页。

② 《习近平谈治国理政》(第二卷),北京:外文出版社,2017 年,第 24 页。

③ 《习近平谈治国理政》,北京:外文出版社,2014 年,第 106 页。

提出的社会基本矛盾"又相适应又相矛盾"的关系,正确处理人民内部矛盾的原则,社会主义矛盾和矛盾主要方面的学说,以及处理好整体与部分之间的关系、"群众史观"等辩证唯物主义和历史唯物主义的原理和规律是"四个全面"提出的重要理论依据。

(三)"四个全面"战略布局对制度自信保障方略

2016年1月,习近平指出:"一定要紧紧扭住全面建成小康社会这个战略目标不动摇,紧紧扭住全面深化改革、全面依法治国、全面从严治党三个战略举措不放松,努力做到'四个全面'相辅相成、相互促进、相得益彰。"①目标是核心,举措是为目标服务的,但没有其他"三个全面"的战略举措,全面建成小康社会的战略目标难以取得决定性胜利。全面建成小康社会,是实现中华民族伟大复兴中国梦的关键一步,是制度自信的表现,因此要围绕"全面建成小康"战略目标,巩固社会主义制度。邓小平指出:"巩固和发展社会主义制度,还需要一个很长的历史阶段,需要我们几代人、十几代人,甚至几十代人坚持不懈地努力奋斗。"②如何巩固、如何发展社会主义制度呢?全面深化改革激发社会活力,建成更全面范围小康社会的根本动力,也是巩固和发展社会主义制度的重要手段。全面依法治国是国家制度有序运行、社会和谐稳定的保障。全面从严治党保证了党"打铁必须自身硬",维护党中央权威、发挥党中央总揽全局、凝聚全党力量和全国人民智慧的核心作用,形成强大的磅礴力量,保证了党的战略目标能够贯彻落实、确保全面建成小康社会的任务完成。

1.扩大中等收入群体收入,消灭贫穷

建成小康社会的难点在于"全面":表现为"一个也不能少",覆盖的人群要全面,不允许有"掉队者";"一步也不能迟":实现的时间期限是2020年底;"一项也不能少":涉及"五位一体"全领域,不允许有"漏项方",表现了"四个全面"战略目标与"五位一体"总体布局的高度一致。亚里士多德在《政

---

① 《习近平谈治国理政》(第二卷),北京:外文出版社,2017年,第28页。

② 《邓小平文选》(第三卷),北京:人民出版社,1993年,第379~380页。

治学》中指出，中等收入群体弱小无力，国家就会分裂为富人和穷人，二者相互排斥，导致社会不稳定。亚当·斯密指出，"如果一个社会的大部分成员贫穷而又悲惨，这个社会就谈不上繁荣幸福"①，何谈制度自信？中等收入群体指的是在一定时期内收入处于中等的稳定的收入人员群体，能否扩大中等收入群体，关系到全面建成小康社会的实现。党的十九大报告指出："扩大中等收入群体，增加低收入者收入，调节过高收入，取缔非法收入。"②目的是促进形成庞大的中等收入群体和形成两头小、中间大的"橄榄型"社会。邓小平多次强调："贫穷不是社会主义，社会主义要消灭贫穷。不发展生产力，不提高人民的生活水平，不能说是符合社会主义要求的。"③为应对落后地区如何与发达地区基本建成小康社会的重大挑战，习近平提出"适应新常态"，转变经济增长方式，以创新驱动和结构升级作为促进经济增长的动力。通过精准脱贫、脱贫攻坚，建成、建好全面小康社会，补齐最短的那块"板"，绝不能让一个少数民族、一个地区掉队。④全面建成小康社会的历史任务完成后，我们踏上了全面建设社会主义现代化国家的新征程。

2.将改革进行到底，革除体制机制弊端

改革开放改变了中国命运，是我国的"第二次革命"，改革开放使落后的中国"赶上了这个时代"，是40多年前找到的"决定当代中国命运的关键一招"，也是"决定实现'两个一百年'奋斗目标、实现中华民族伟大复兴的关键一招"⑤。坚定制度自信需要有逢山开路、遇水架桥，将改革进行到底的勇气。习近平指出："必须坚持完善和发展中国特色社会主义制度，不断发挥和增强我国制度优势。"⑥

① ［英］亚当·斯密：《国富论》（上），郭大力等译，上海：上海三联书店，2009年，第72页。

② 习近平：《决胜全面建成小康社会 夺取新时代中国特色社会主义伟大胜利——在中国共产党第十九次全国代表大会上的报告》，北京：人民出版社，2017年，第46页。

③ 《邓小平文选》（第三卷），北京：人民出版社，1993年，第116页。

④ 习近平：《决胜全面建成小康社会 夺取新时代中国特色社会主义伟大胜利——在中国共产党第十九次全国代表大会上的报告》，北京：人民出版社，2017年，第28页。

⑤ 《十八大以来重要文献选编》（上），北京：中央文献出版社，2014年，第494页。

⑥ 习近平：《在庆祝改革开放40周年大会上的讲话》，北京：人民出版社，2018年，第28页。

这是改革开放 40 多年来我国积累的宝贵经验。完善和发展中国特色社会主义制度也是全面深化改革的重要目标,如果不进行持久的改革,制度自信必然不会彻底、久远。将改革进行到底,是要中国特色社会主义制度变得更好,赋予我国社会主义制度新活力。中国特色社会主义是党自十一届三中全会以来全部理论和实践的主题,将改革进行到底就是要敢于抵制和批评把改革理解为往西方"普世价值""三权分立"方向改的曲解和错误。制度自信就要敢于直面问题,革除体制机制弊端,不走"老路"和"邪路",确保改革完善和发展中国特色社会主义制度大方向,使中国特色社会主义制度更加成熟和持久。将改革进行到底,必须进一步全面深化改革,时刻深刻领悟"两个确立"的决定性意义,增强"四个意识"、坚定"四个自信"、做到"两个维护",坚持用改革的精神和自我革命的勇气完善制度规范体系,在全面深化改革中解决制度不健全问题,破除不合理的体制机制弊端,推动中国特色社会主义制度更加成熟定型。

3.实施全面从严治党,发挥制度自信的政治保障

习近平指出:"在进行社会革命的同时不断自我革命,是我们党区别于其他政党最显著的标志,也是我们党从胜利走向新胜利的关键所在。"[①]全面从严治党是中国共产党执政 70 多年的良好经验,正是中国共产党长期在管党、治党指导思想上的清醒认识,增强了党的凝聚力战斗力、领导力和号召力,保证了党和国家机关的有序运转。面对世情、国情、党情的深刻变化,党的十八大以来,以习近平同志为核心的党中央以"踏石留印、抓铁有痕"的劲头持续推进实施全面从严治党,提出一系列全面从严治党的新理念、新思路、新举措,树立了党的公信力,提高了党执政的科学化水平,为全面建成小康社会、夺取新时代中国特色社会主义伟大胜利、实现中华民族伟大复兴的中国梦、实现人民对美好生活的向往提供了坚强的政治保障。

---

① 人民日报评论员:《取得全面从严治党更大战略性成果——论学习贯彻习近平总书记第十九届中央纪委三次全会重要讲话精神》,《人民日报》,2019 年 1 月 13 日。

苏联共产党在拥有 35 万党员的时候取得了"十月革命"的胜利,拥有 554 万党员的时候打败了德国法西斯的入侵,然而到拥有 2000 万党员的时候却丧失了执政地位,亡党亡国。苏联失败的根源就在于放弃了党的领导地位,背叛了马克思主义、脱离了人民群众。中共中央组织部统计最新数据显示:"截至 2023 年底,我国共有基层党组织 517.6 万个、党员人数 9918.5 万人。"①中国共产党如何保证不被人民所抛弃?苏联共产党被人民群众抛弃,不是西方的"他杀"而是"自杀","一个政权为谁活着,靠谁活着"是党和国家政治生活"头条"的重大理论和实践问题。苏联党群关系的"鱼"与"水",变成了"油"与"水",最后变成了"火"与"水","水"没有变,变得是"鱼",也就是苏联共产党本身,其罪魁祸首就是特权盛行,也就是当前我们所反对的"四风"。特权只是一种表面现象,其实质是维护特权的制度。

改革开放后,党对干部和官员的自我要求相对以前"松软",部分党员信仰缺失,丧失公正、公平的初心,产生了腐败,经济与政治腐败、行业性与区域性腐败交织。习近平多次发出腐败会导致"亡党亡国"的警醒。习近平指出:"为政清廉才能取信于民,秉公用权才能赢得人心。"②如果管党不力,治党不严,"四风"盛行,人民群众反映的党内突出问题得不到解决,"四种危险"持续存在,党迟早会被历史淘汰,失去执政基础。"君子为政之道,以修身为本",一个人能否廉洁自律,最大的诱惑是自己,最难战胜的敌人也是自己。一个政党战胜不了自己,制度设计得再缜密,也会"法令滋彰,盗贼多有"。党的十九大报告提出了新时代全面从严治党的新要求、新思路,强调:"全面从严治党永远在路上。一个政党,一个政权,其前途命运取决于人心向背。"③习近平在党的二十大报告中强调:"全面从严治党永远在路上,党的自我革命永远在路上,决不能有松劲歇脚、疲劳厌战的情绪,必须持之以恒推进全面从严

①　《中国共产党党内统计公报》,见 https://www.gov.cn/yaowen/liebiao/202406/content_6960213.htm。

②　《习近平谈治国理政》,北京:外文出版社,2014 年,第 116 页。

③　习近平:《决胜全面建成小康社会　夺取新时代中国特色社会主义伟大胜利——在中国共产党第十九次全国代表大会上的报告》,北京:人民出版社,2017 年,第 61 页。

治党,深入推进新时代党的建设新的伟大工程,以党的自我革命引领社会革命。"①习近平指出面临当前复杂的执政环境,党的先进性、纯洁性还存在一些问题,还存在着思想、组织和作风"三不纯"现象,党仍然面临着"四大考验""四种危险"的尖锐性和严峻性,并提出了要推动全面从严治党向纵深发展。没有规矩也就不会有政党,"严"字要求广大党员要遵守纪律、制度和法律。延安整风时期,毛泽东就强调:"路线是'王道',纪律是'霸道'。"②党的政策方针要靠纪律、制度和法律来保障实施。党章规定了党员的"两个先锋队"性质,作为党的干部应该依法办事、遵守法律;应该克己奉公、尽职尽责、兢兢业业;制定的政策及行为,必须符合公共利益和人民的利益;应该带头遵守社会公德和社会风尚;必须有担当意识,遇事不推诿、不退避、不说谎,对党忠诚,向组织讲真话,深刻领悟"两个确立"的决定性意义,增强"四个意识"、坚定"四个自信"、做到"两个维护",在思想上、政治上、行动上与党中央保持高度一致。

4.全面依法治国是维护社会公平正义的制度基石

党的二十大报告指出:"全面依法治国是国家治理的一场深刻革命,关系党执政兴国,关系人民幸福安康,关系党和国家长治久安。"③改革开放以来,党高度重视依靠法律治理国家,避免人治缺陷。党的十一届三中全会提出:"为了保障人民民主,必须加强社会主义法制,使民主制度化、法律化。"④1978年12月,邓小平提出了集中力量制定大批法律和司法机关要做到"有法可依、有法必依、执法必严、违法必究"⑤的要求。党的十五大报告提出了"依法治国",把"依法治国"确定为我国治国基本方略。党的十六大以来,依

---

①　习近平:《高举中国特色社会主义伟大旗帜　为全面建设社会主义现代化国家而团结奋斗——在中国共产党第二十次全国代表大会上的报告》,北京:人民出版社,2022年,第64页。

②　《毛泽东文集》(第二卷),北京:人民出版社,1993年,第374页。

③　习近平:《高举中国特色社会主义伟大旗帜　为全面建设社会主义现代化国家而团结奋斗——在中国共产党第二十次全国代表大会上的报告》,北京:人民出版社,2022年,第40页。

④　《改革开放三十年重要文献选编》(下),北京:人民出版社,2008年,第1426页。

⑤　《十八大以来重要文献选编》(中),北京:中央文献出版社,2016年,第141页。

法治国越来越表现为社会主义民主政治的优越性。全面依法治国的实施是基于法治为当前治国理政的主要方式，有的法律法规不能全面反映人民意愿，人民对有法不依、执法不严、执法不公和司法不公等问题反映强烈，也是保障市场经济体制建设法治化的要求和党提高治理能力的现实需要。习近平指出："纲纪不彰，党将不党，国将不国。"①依法治国是转变党的执政方式，依靠法律和制度来规范执政主体行为，做到政出有据、执政有规可依。党的十八大报告提出的全面推进依法治国，到 2020 年基本建成法治政府的基础上，党的十八届四中全会做出了《关于全面推进依法治国若干重大问题的决定》。全面依法治国是全面建成小康社会，落实全面深化改革的可靠保障。习近平指出：全面深化改革体现了"破"、全面依法治国体现了"立"，二者"如鸟之两翼、车之双轮，推动全面建成小康社会的目标如期实现"②。"国无常强，无常弱。奉法者强则国强，奉法者弱则国弱"③，从现实发展来看，全面依法治国确立的"坚持党的领导、坚持人民主体地位、坚持法律面前人人平等、坚持依法治国和以德治国相结合、坚持从实际出发"④的原则，尤其是近年来对"内蒙古呼格吉勒图案""河北聂树斌案"等冤假错案的昭雪，"令之不行，政之不立"，全面依法治国联系民意，贴近民心，"法治是最大的善"，德法共治、礼法统一是中华制度文明的精华，"以良法促进发展、保障善治"⑤，表明了中国特色社会主义制度有情感，能提高党执政关怀"温度"，更得到人民对制度的认同和信仰。全面依法治国也适应了当前解决社会矛盾转化加剧局势、构建和谐社会、科学依法执政及全面发展的要求，吸收了中华民族传统美德，维护了社会公平正义，体现了社会主义制度的优越性，成为当前国

---

① 《习近平关于全面依法治国论述摘编》，北京：中央文献出版社，2015 年，第 119 页。

② 《习近平关于协调推进"四个全面"战略布局论述摘编》，北京：中央文献出版社，2015 年，第 13 页。

③ 《韩非子·有度》。

④ 《十八大以来重要文献选编》（中），北京：中央文献出版社，2016 年，第 183~186 页。

⑤ 习近平：《决胜全面建成小康社会 夺取新时代中国特色社会主义伟大胜利——在中国共产党第十九次全国代表大会上的报告》，北京：人民出版社，2017 年，第 39 页。

家和民族发展的动力源。2021年元旦,我国正式实施《中华人民共和国民法典》,民法典的诞生是新时代我国法治建设的重大成就,具有里程碑的意义。当前,我国全面建设社会主义现代化国家,实现中华民族伟大复兴的新征程中,更加需要全面依法治国的保障,全面依法治国是中国特色社会主义制度建设和制度自信的基石。

## 三、打造共建共治共享的善治体系

习近平指出:"国家治理体系和治理能力是一个国家制度和制度执行能力的集中体现。"①一个国家有了好的治理体系,才能提高国家治理能力,其根本就是要使制度起到根本性、全局性和长远性的作用。怎样治理社会主义国家在以往的国际共产主义运动中没有成功的经验,马克思、恩格斯没有治理实践,列宁"十月革命"胜利后不久就病逝了,苏联探索的模式已经被证明有很多的弊端,新中国成立后,我国的治理实践一直在"摸着石头过河"中前行,也借鉴了中国古代治国智慧中"礼乐教化""以法治政"的一些经验。对历史文化的传承、当前的经济社会发展水平和以人民为中心的执政理念决定要推进国家治理体系和治理能力现代化,打造共建共治共享的善治体系和能力。推进国家治理体系和治理能力现代化是全面深化改革的总目标, 也是完善和发展中国特色社会主义制度的必然要求,体现了制度自觉的表现,是制度自信的题中应有之义,被学界称为"第五个现代化"即政治现代化。②善治是对"统治"的变化,是一种新的治国理政理念,也是治理的高境界,善治就是在社会建设中使用现代文明的理念、方式和手段来处理社会事务,解决社会问题,其中最突出的就是法治的思想,把法治理念系统化。通过善治破除了马克思提出的"一切已死的先辈们的传统,像梦魇一样纠缠着活人的头脑"③

① 《习近平谈治国理政》,北京:外文出版社,2014年,第91页。

② 杨光斌等:《建设更加成熟更加定型的制度》,北京:中国人民大学出版社,2017年,第125页。

③ 《马克思恩格斯选集》(第一卷),北京:人民出版社,2012年,第669页。

的封建"官本位"思想,使政府、社会和个人利益均达到最大化。有学者提出,善治包括:"合法性、法治、透明性、责任性、回应性、有效性、参与性、稳定性、廉洁、公正10个要素。"①衡量一种制度是否民主,最为关键之处就是要看最广大人民的权益、意愿是否得到了反映和保障,共建共治共享的善治体系就是一种涵盖中国特色社会主义政治、经济、文化、社会和生态文明等方面制度的落实,将人民行动和国家制度相结合,保障了人民民主政治权利、经济保障权,提高了人民群众的获得感,夯实了制度自信。

(一)共建回答了"怎样才能自信"

共建即"谁治理",是善治的基础,是社会组织与国家共同建设良好的社会秩序,突出制度体系在治理格局中的基础性、战略性地位,增强了治理主体的责任感和使命感。一个国家治理可以采用多种方略,如依靠法治、道德,群众运动、经济和行政命令、思想政治教育、乡规民约等,而法治是首选的治国方略,国家命运系于制度,尤其是根本制度,制度是法治的表现形式,是国家治理的基础。国家治理体系是在党领导下规范国家权力运行和维护社会公共秩序的一系列制度和程序,包括政治、经济、文化、社会、生态文明及党的建设等和各行业领域的法律法规、体制和程序安排,是一套紧密相连、相互协调的国家制度。国家治理能力是党和政府运用中国特色社会主义法律和制度管理各项事务的能力,国家治理体系和治理能力相辅相成、互为促进。推进国家治理体系和治理能力现代化,就是使各方面制度更加科学完善,实现治理规范化、程序化和制度化,最大化程度运用法律和制度管理国家,政府责任法定化,提高了政府的公信力和执行力。如何才能达到共建,实现国家制度现代化,发挥我国的制度优势。一方面,要通过"立"建立新制度,强化基本制度、具体制度的加法,发挥制度优势;另一方面,就是要"破",消除体制弊端,对体制缺陷做减法,废除或改进一些不合时宜的制度。"破"与

---

① 俞可平:《论国家治理现代化》,北京:社会科学文献出版社,2014年,第27~30页。

"立"保证了良法和善治,加大了对公共权力运行的监督,从而做到公共权力运行的科学化、规范化。

（二）共治回答了"我为什么自信"

共治是善治的关键，发挥了治理主体的多元化和广泛性，把党总揽全局、协调各方的政治优势同政府的资源整合优势、企业的市场竞争优势、社会组织的群众动员优势有机结合起来,解决"如何治理权力",形成党委领导、政府负责、社会协同、公众参与、法治保障的治理格局。共治要依靠治理主体间积极而有效的合作，这种合作成功的关键是治理主体参与管理的获得,只有其他非政府组织、公民志愿性团体、协会、基层社会组织、民间利益团体等有足够的政治权利参与选举、监督、管理、决策等,才能形成达到共治的理想状态。"党的领导是中国特色社会主义制度本质特征，也是最大优势",中国共产党的领导决定并坚持制度的社会主义方向,党的领导克服了西方政党相互攻讦和利益博弈，一张制度蓝图干到底,"功成不必在我",凝聚了历史、当前和未来的磅礴力量。党的领导、人民当家作主和全面依法治国有机结合起来,体现出中国特色社会主义政治制度的独特优势,三者统一于当前我国国家治理体系和治理能力现代化改革的伟大实践，发挥了党总揽全局、协调"第三部门"和人民治理主体地位的政治优势;中国特色社会主义制度依靠政府和市场两种经济调节手段,依靠"看得见的手"整合资源,避免了单独依靠市场导致的"市场失灵";依靠"看不见的手"发挥企业的竞争效率优势,避免了单独依靠政府导致的"搭便车""寻租"等"政府失灵"。企业的竞争效率优势的发挥，又倒逼政府具有"敢领风气之先""敢啃硬骨头"的责任担当,进行改革创新。2016 年 11 月,国家出台《关于全面推进政务公开工作的意见》扩大了"第三部门"和公民的参与国家治理的范围、途径和要求,搭建了政府—群众互动平台,人民群众的知情权、参与权、表达权和监督权,政府按照问计于民、问政于民、问需于民,激发了治理主体的积极主动性,保持了国家治理活力,达到了多元利益协调治理的"帕累托最优",增进了社会和人民群众对党和政府的支持和认同。从实践效果来看,多元主体治理保障在解决诸如环保、慈善、公共交通、互联网治理等"公有地问题"方面发挥了重要作用。

(三)共享回答了"依靠什么自信"

共享是善治的目标,治理成效增强了人民的获得感和幸福感,解决"治理得怎么样",是维护人民根本利益的善治。利益是人最大的动机和最敏感的神经,人所从事的一切都与他们利益有关。以人民为中心是习近平新时代中国特色社会主义思想的核心内容,"紧密围绕发展为什么人、由谁享有"体现了共享的善治价值取向。邓小平指出:"革命是在物质利益的基础上产生的,如果只讲牺牲精神,不讲物质利益,那就是唯心论。"①改革只争朝夕,但落实难在方寸,好吃的肉都吃掉了,剩下的都是难啃的硬骨头,更加需要小心谨慎,更要从人民的立场谋划改革思路和举措。共享的善治实质上就是社会利益关系的一次新的分配,通过建立和推行维护人民群众切身利益的制度,公平对待人民群众权益,维护人民群众利益,增加了人民群众小康生活的幸福感。国家治理质量和人民的幸福感密切相关,新时代社会主要矛盾已经转化为"人民日益增长的美好生活需要和不平衡不充分的发展之间的矛盾",人民对公平正义、民主法治、美好环境和社会及自身安全的需求不低于物质需求。如果一个国家经济发达,但贫富差距悬殊、社会动荡、犯罪活动猖獗,人们安全缺失,带给人民群众的只能是痛苦和不安,不可能带给人民幸福,人们也不会产生制度认同、制度自信。2014 年 2 月,省部级主要领导干部学习全面深化改革专题研讨班上,习近平明确指出要把国家治理现代化与建设社会主义核心价值体系连接起来,也就是说国家治理体系现代化建设也包括价值体系建设,具有社会主义的制度和价值双重属性,国家治理体系现代化建设要紧密围绕社会主义核心价值观中的"公正"展开,以"公正"为

① 《邓小平文选》(第二卷),北京:人民出版社,1994 年,第 146 页。

价值取向。

"治大国若烹小鲜。"几千年来,封建统治阶级借助强大的政治、经济、军事和文化手段,通过愚民、禁令、隔离、打压等种种"牧民"措施,使劳动人民服服帖帖,官吏被称为"父母官",像父母一样管理自己的子民,子民遵守政府法治,维护着政权的合法性和有效性。我们依靠改革推进国家治理体系和治理能力现代化,打造共建共治共享的社会治理制度,但仍然需要一个过程。美国从 1775 年独立战争到 1865 年南北战争结束,用了近 90 年建立起成熟的国家治理体系和治理能力;法国自 1789 年资产阶级革命开始,经反复复辟,用了 80 多年建立当前的治理格局;日本从 1868 年明治维新到二战结束也用了近 70 年历程;中国治理体系的成熟和治理能力的提升也是一个渐进的历史过程。习近平指出:"伟大梦想不是等得来、喊得来的,而是拼出来、干出来的。……改革开放已走过千山万水,但仍需跋山涉水。"①打造共建共治共享的社会治理制度是一项系统工程,解决现阶段存在的治理体系和治理能力现代化存在问题,使人民群众始终信服中国共产党,仍然需要持续地改革和完善制度,更需要坚定制度自信。

## 第二节　全方位宣传制度优势彰显制度自信

"好酒也怕巷子深",制度自信需要一个良好的宣传氛围和有效的宣传方式。列宁认为:"社会主义意识是一种从外面灌输(von auBen Hineingetragenes)到无产阶级的阶级斗争中去的东西,而不是一种从这个斗争中自发地(urwüchsig)产生出来的东西。"②以党员领导干部的示范引领、知识分子的理

---

① 习近平:《在庆祝改革开放 40 周年大会上的讲话》,北京:人民出版社,2018 年,第 42 页。
② 《列宁选集》(第一卷),北京:人民出版社,2012 年,第 326 页。

论阐释、人民群众践行社会主义核心价值观的制度自信表达、新闻媒体的舆论引导等彰显制度优越性，全方位宣传制度自信。

## 一、发挥党员领导干部制度自信示范引领责任

人是制度自信的主体，制度由人制定，也要靠人来执行。党员领导干部是制度的执行者，是社会中的"关键少数"，也是人民群众的"领头雁"，制度自信首先取决于党员领导干部是否起到模范带头作用，党员领导干部制度自信是对制度自信最好的宣传。列宁认为，共产党是无产阶级的先锋队，乃至全体人民的先锋队，共产党人是革命战争时期用鲜血和生命诠释的"特殊材料"部队，"这个先锋队的力量比它的人数大 10 倍，100 倍，甚至更多"①。先锋队是抽象的，领导干部是具体的。党员领导干部要做坚定制度自信的表率，带头遵守制度，主动担当作为，迎难而上，做实干家，能带动更多人民群众坚定制度自信。

（一）党员领导干部以理论自信引领制度自信

新时代，习近平在多个重要场合表达了中国共产党的主体自信。庆祝中国共产党成立 95 周年大会上，习近平指出："当今世界，要说哪个政党、哪个国家、哪个民族能够自信的话，那中国共产党、中华人民共和国、中华民族是最有理由自信的。"②在中国共产党与世界政党高层对话会上，习近平这样表达共产党自信："我们不'输入'外国模式，也不'输出'中国模式，不会要求别国复制中国的做法。"③这与当年在华盛顿会议上中国作为战胜国连自己的座位都没有简直是天壤之别。党的十九大报告中，习近平用三个"意味着"表

---

① 《列宁全集》（第 24 卷），北京：人民出版社，2017 年，第 38 页。

② 《十八大以来重要文献选编》（下），北京：中央文献出版社，2018 年，第 348 页。

③ 习近平：《携手建设更加美好的世界——在中国共产党与世界政党高层对话会上的主旨讲话》，北京：人民出版社，2017 年，第 8 页。

达自信："意味着中华民族从站起来、富起来到强起来；意味着科学社会主义焕发强大生机活力，在世界上高举了中国特色社会主义伟大旗帜；意味着中国特色社会主义拓展了现代化新途径，为其他国家和民族提供了发展的全新选择、为人类提供了中国智慧和中国方案。""强起来""伟大旗帜""全新选择""中国智慧和中国方案"等把中国共产党的自信表达得不言自明。党的十九大报告提出："没有中国共产党的领导，民族复兴必然是空想"[①]，提出"更接近、更有信心和能力实现中华民族伟大复兴的目标"[②]，增加了"更有信心和能力实现"，表达了中国共产党的高度自信。在庆祝改革开放 40 周年大会上，习近平指出，如果中国共产党"没有非凡的胆略、坚定的自信"也不可能设计出长达 70 年"三步走"的宏伟蓝图，并再次重申了邓小平、江泽民、胡锦涛等多次强调的"金科玉言"："办好中国的事情，关键在党"；在党的二十大报告中强调："全面建设社会主义现代化国家、全面推进中华民族伟大复兴，关键在党"[③]，表达了几代中国共产党人的自信，实际上也是中国共产党对中华民族历史传统、中国特色社会主义发展现状、前景的信心，是民族自信、历史自信的表达。中国共产党是世界上最大的政党、是当前世界政坛最稳固的执政党，是实现中华民族复兴历史重任的领导者、承担者、实践者，四个自信是中国共产党自信庄严承诺和表达，反映了中国共产党对国家发展前途、实现民族复兴的自信，"党政军民学，东西南北中，党是领导一切的"折射出中国共产党对自身执政能力、执政水平的自信。

---

① 习近平:《决胜全面建成小康社会　夺取新时代中国特色社会主义伟大胜利——在中国共产党第十九次全国代表大会上的报告》，北京：人民出版社，2017 年，第 16 页。

② 习近平:《决胜全面建成小康社会　夺取新时代中国特色社会主义伟大胜利——在中国共产党第十九次全国代表大会上的报告》，北京：人民出版社，2017 年，第 15 页。

③ 习近平:《高举中国特色社会主义伟大旗帜　为全面建设社会主义现代化国家而团结奋斗——在中国共产党第二十次全国代表大会上的报告》，北京：人民出版社，2022 年，第 63 页。

(二)保持党员领导干部先进性,发挥制度自信的"头雁效应"

改革开放 40 多年来,政治、经济、文化、社会和生态文明建设取得的重大成就是制度自信的重要资本。但 40 多年的成就不是从天上掉下来的,不是别人恩赐的,是中国共产党人带领人民群众用勤劳智慧勇气干出来的,这是世界有目共睹的, 认为中国是最大竞争对手的美国也给中国共产党"点赞"。美国高端智库齐迈克称:"中国共产党的决策给中国和世界带来了巨大变化,极大地改善了中国人民的生活,仅凭这一点,我就要给中国共产党打一个高分。"① 1935 年 12 月,瓦窑堡会议提出中国共产党的"两个先锋队"性质,"两个先锋队"表明了中国共产党对自身先进性的追求。坚定制度自信,中国共产党尤其是领导干部更要加大自身先进性建设。

"全面从严治党是党永葆生机活力、走好新的赶考之路的必由之路。"② 腐败是世界政坛的顽疾,世界历史上因为腐败导致民怨载道、社会动荡、发生"颜色革命"、政权垮台的屡见不鲜。"1988 年前的苏共信任率达 70%,1990 年为 20%,1991 年初降为百分之十几。"③中国共产党坚持对腐败零容忍,把反腐败提高到"必须准备进行具有许多新的历史特点的伟大斗争"的高度。国家统计局调研数据显示:党的十八大以前,人民群众对党反腐败的满意度为 75%,此后逐年走高,2013 年为 81%,2014 年为 88.4%,2015 年为 91.5%,2016 年为 92.9%。④反腐败斗争赢得了党始终走在时代前列,带领人民实现中华民族伟大复兴的历史主动,增强了人民对党的信任,人民群众鞭策、激励了中国共产党人的制度自信。

---

① 于运全、孙敬鑫:《改革开放 40 成绩赢得国际社会广泛赞誉》,《求是》,2018 年第 20 期。

② 习近平:《高举中国特色社会主义伟大旗帜 为全面建设社会主义现代化国家而团结奋斗——在中国共产党第二十次全国代表大会上的报告》,北京:人民出版社,2022 年,第 70 页。

③ 李慎明主编:《居安思危:苏共亡党二十年的思考》,北京:社会科学文献出版社,2011 年,第 203 页。

④ 《中纪委:2016 年群众对党风廉政建设和反腐败工作满意度达 92.9%》,http://politics.people. cn/n1/2017/0109/c1001-29009583.html。

1.坚定制度自信,一直秉承执政为民立场

爱国将领张学良把国民党的失败总结为民心尽失,认为中国共产党的厉害之处"就是他知道民众往哪走、知道民众的意识,他就能够真正的那么做"①。中国共产党发动群众,依靠人民战争缔造了新中国,中国共产党始终把人民放在心中最高位置,民心是中国共产党执政的"天命"和合法性的根基。毛泽东提出"为人民服务""群众路线",邓小平说"我是中国人民的儿子",江泽民提出"实现好、维护好、发展好最广大人民的根本利益",习近平强调"人民对美好生活的向往就是我们的奋斗目标","人民立场是党的根本政治立场,人民群众是党的力量源泉"②。来自人民、根植人民、服务人民,是中国共产党永远自信的根本,人民是坚定制度自信的源泉。

2.多轮"赶考"的危机意识中积累制度自信经验

党中央从西柏坡进驻北京前,毛泽东提出"我们是进京赶考的,不要做李自成"。"历史周期率""东欧剧变"等执政兴亡的教训,面临"历史终结""不战而胜"的执政压力,党通过依靠自我革命进行刮骨疗伤,实现自我净化、自我完善、自我革新、自我提高,只有依靠党的坚强领导,才能保证社会主义道路不偏离、社会主义制度不变质、改革开放未变形,才能攻克"改革、发展、稳定"这一"压轴难题",从而取得优异成绩。当前,依然要将这些经验带到工作中,居安思危,将纪律挺在前面,坚守制度底线,带头遵守制度、维护制度,对制度自信起到以点带面的作用。

3.学习型政党建设是党员领导干部制度自信的持久动力

俗话说"立身百行,以学位基"。我们党从事的是一项前无古人的事业,没有教材、没有老师、没有模式,只有通过学习人类文明成果、其他国家成功经验,做到好学上进、永不满足、永不停滞。"真学才会真懂,真懂才会真信,

① 韩庆祥、黄相怀等:《建设世界上最强大的政党》,北京:中国人民大学出版社,2018年,第105页。

② 《十八大以来重要文献选编》(下),北京:中央文献出版社,2018年,第427页。

真信才会真实行,真实行才会有成效。"①学习有了成效,制度自信就越来越牢固。新中国成立前期,毛泽东针对党的干部文化水平低、基础不牢,要求党的干部通过学习解决以后面临的本领恐慌问题,在延安干部教育动员大会上他把学习比喻成"开铺子""进货",不学习铺子就要关门。邓小平指出:"不注意学习,忙于事务,思想就容易庸俗化。"②习近平指出:"中国共产党人依靠学习走到今天,也必然要依靠学习走向未来。"③"创先争优""科学发展观""党的群众路线""两学一做"等常态化学习机制,引导了共产党员的"三观";党建立了各级党校和行政学院加强学习,党政机关、国有企业和高校成立了理论学习中心组,教育广大党员尤其是领导干部"不丢老祖宗"。除了理论学习外,通过向人民群众学习实践,践行社会主义核心价值观,做到"真学、真懂、真信、真用",树立了执政信心。以十八届中央政治局学习为例,自 2012 年 11 月至 2017 年 10 月,中央政治局邀请了党、政、军及国企专家,高校、中央党校、社科院专家共开展了 43 次集体学习,平均每半月一次,学习紧扣党和国家建设、内容五花八门,涉及"全球治理""一带一路""网络强国建设""城乡一体化"等政治、经济、文化、社会、生态文明及国防与外交等方面,旨在解决重点理论问题落地和现实问题的解决,中央领导在学习方面做了表率。"事在四方,要在中央。圣人执要,四方来效"④,地方和基层党组织也效仿中央积极学习治国理政的本领。2017 年 3 月,中央制定实施了《中国共产党党委(党组)理论学习中心组学习规则》,建立了成熟完善的学习机制。2019 年,中央建立了由 PC 客户端或手机客户端支持的"学习强国"学习平台,充分利用新媒体和互联网开展日常化学习。截至 2021 年 11 月,"学习强国"学习平台注册用户总数超过 2.57 亿人,70%以上的党员是"学习强国"用户。广大党员、干部通过线上、线下学习,深化了对习近平新时代中国特色社会主

① 陈晋:《关于中国道路的几个认识》,《党的文献》,2013 年第 2 期。
② 《邓小平文选》(第一卷),北京:人民出版社,1994 年,第 316 页。
③ 《习近平谈治国理政》,北京:外文出版社,2014 年,第 407 页。
④ 《韩非子·物权》。

义思想的认识,找到了自信自强的理论之基、力量之源,并把习近平新时代中国特色社会主义思想转化为坚定理想信念、锤炼党性和指导工作实践的强大力量,更加坚定制度自信。

### (三)中国共产党找到了制度自信的"接力棒"

自信是共产党人的品格,但自信要建立在美好现实的基础上,党的先进性和执政地位不是一劳永逸的, 中国共产党自信方面也面临着理想信念滑坡,人才队伍建设等难题。中国共产党以坚定理想信念、人才队伍建设为主要"抓手",找到了制度自信的"接力棒"。

1.强化思想建设,补足"精神之钙"

理想信念的滑坡是制度自信面临的最大的危险。邓小平第三次复出时强调,出来工作有两种态度:做官和做点事情,"谁叫你当共产党人呢,既然当了,就不能够做官,不能够有私心杂念,不能够有别的选择"①。坚守高尚无私的精神追求是共产党人安身立命的根本, 马克思主义的信仰和共产主义的信念是共产党人的政治灵魂,是共产党人经受住任何考验的精神支柱。中国共产党依靠思想建设,用党的理论武装头脑,用党章党规引领党员思想,补足中国共产党"精神之钙",党员从思想上解决了"为了谁、依靠谁、我是谁"。因此,"领导干部要带头学理论、强信念,筑牢信仰之基,补足精神之钙,把稳思想之舵"②,坚定理想信念,守住马克思主义这一立党立国之"根"。

2.抓好人才队伍建设,为制度自信培养后继人才

韩非子认为:"为政之要,惟得要人"③,正确的组织路线是政治路线的坚强保证。历史和现实表明:"用一贤人则群贤毕至,见贤思齐就蔚然成风。"④是否选对人直接关系着干部与群众的好坏、干部的积极性的高低,乃至各

① 《邓小平思想年谱》(1975—1997),北京:中央文献出版社,1998 年,第 29~30 页。

② 《中共中央关于加强党的政治建设的意见》,《人民日报》,2019 年 2 月 28 日。

③ 《贞观政要》。

④ 《十八大以来重要文献选编》(上),北京:中央文献出版社,2014 年,第 342 页。

项工作的成功与否,甚至事关国家和执政党兴衰存亡。中国共产党依靠正确的组织路线,坚持五湖四海、任人唯贤,坚持德才兼备、以德为先、公正用人,"聚天下英才而用之",公开选拔、公开招考,把是否思想政治品德过硬,是否忠于党和人民、坚定共产主义信念,是否忠于国家法律和制度、执行党的路线和方针,敢不敢扛事、愿不愿做事、能不能干事作为选拔人才的第一标准,提高了党的凝聚力和战斗力,造就一支能够担当重任、忠诚干净的高素质干部梯队。

## 二、加强对制度自信理论的阐释

理论阐释对提高制度自信具有重要作用。马克思指出:"理论只要说服人[ad hominem],就能掌握群众;而理论只要彻底,就能说服人[ad hominem]。"① 能否从理论上彻底阐述中国制度优势,关系到中国制度能否被人民群众认同和接受,关系到中国制度能否在实践中得以真正贯彻。列宁提出,无产阶级事业也要依靠理论工作者的宣传和动员,"写作事业应当成为整个无产阶级事业的一部分,成为由整个工人阶级的整个觉悟的先锋队所开动的一部巨大的社会民主主义机器的'齿轮和螺丝钉'"②。制度自信一般要通过制度绩效和理论话语阐释两个方面表现出来,缺乏制度绩效即使有理论话语阐释,没有维护好人民群众的根本利益、人民得不到实惠,也不会产生自信。相反,缺少理论话语阐释,即使制度绩效较高,人民群众缺乏对制度的理解和对制度优势的了解,也会减少对当前制度的认同度,不会产生制度自信或对制度的信心不高。"知识就是力量",制度自信的表达广大理论工作者不能缺场,理论工作者要树立问题意识,通过对中国特色社会主义制度的来源价值、立场的理论研究,进行理论创新,提出新观点,表现出自己对制度自信"最实际的

---

① 《马克思恩格斯文集》(第一卷),北京:人民出版社,2009年,第11页。
② 《列宁专题文集 论无产阶级政党》,北京:人民出版社,2009年,第167页。

呼声","引导全党全社会充分认识到中国特色社会主义制度的本质特征和优越性,坚定制度自信"。①

### (一)加强制度理论创新,为制度自信提供学理支撑

马克思从唯物史观出发,以社会基本矛盾为线索,紧紧把握制度产生发展的历程,通过研究人与社会、人与制度间关系,找到了制度的本质内涵,弥补了制度经济学研究不足之处,给我们研究制度提供了典范。当前对制度的研究依然要沿着马克思指明的研究方向,总结制度产生和发展的内在逻辑。知识分子在制度理论创新方面要起到表率作用,"国家层面上的学术创新能力是一个国家理论思维能力、精神状态和文明程度的主要标示,反映着一个国家的综合实力和国际竞争力"②。通过研究制度的价值问题,把人的理想追求从"天国"拉到现实,指明中国特色社会主义制度追求的价值就是"推翻使人成为被侮辱、被奴役、被遗弃和被蔑视的东西的一切关系"③,实现人民群众自由而全面的发展,指明我国的制度追求与人民群众根本利益的一致性,这也是对西方学者把我国制度妖魔化为"中国特色资本主义制度"的回应;通过研究马克思主义社会制度理论,指出无产阶级国家将照管所有没有劳动能力者,保证所有工人都有生活资料,讲明"穷人们拒绝在这样的条件下接受社会救济,他们宁愿饿死也不愿到这些巴士底狱去"④,揭露资本主义社会制度是麻痹工人阶级、迷惑工人阶级的手段,鼓励资本主义世界各国开展对资产阶级的斗争,掀起国际共产主义运动新高潮,为制度自信提供国际舆论环境。通过研究列宁在苏俄的制度探索,如,实行新经济政策,给我国实行多种经济成分并存,实行市场经济体制提供重要依据;列宁有关对资本主义民

<hr />

① 《中共中央关于坚持和完善中国特色社会主义制度　推进国家治理体系和治理能力现代化若干重大问题的决定》,北京:人民出版社,2019年,第43页。

② 沈壮海:《文化软实力及其价值之轴》,北京:中华书局,2013年,第131页。

③ 《马克思恩格斯文集》(第一卷),北京:人民出版社,2009年,第11页。

④ 《马克思恩格斯文集》(第一卷),北京:人民出版社,2009年,第92页。

主的批判，对当前我国加大社会主义民主优势理论研究，也提供了重要启示。列宁指出："资本主义社会里的民主是一种残缺不全的、贫乏的和虚伪的民主，是只供富人、只供少数人享受的民主。"①列宁对领导体制的改革、对国家权力监督等思想对于当前进行完善中国特色社会主义制度研究也具有意义。中国特色社会主义制度坚持了马克思主义制度理论，具有中国特色，当前研究中要把我们与时俱进的理论特色、改革人民性的实践特色、顾全大局的民族特色及科学发展的新时代特色讲清楚，多视角、多角度、多方面展示中国特色，展现出鲜活立体的中国制度优势。

(二)进行学术批判，指明资本主义制度与文化弊端

资本主义通过宣传"普选""多党制"和"私有制"获得资本主义制度话语权。很多国家受资本主义话语诱惑，成为或演变为资本主义国家，"东欧剧变"使资本主义制度获得了西方制度话语霸权，福山宣称共产主义已经消亡、西方民主一统天下、新自由模式成为普遍模式。但近年来一些国家的实践充分揭露了西方制度话语的欺骗性，"三大制度"②没有给中东、拉美、北非、东南亚等国带来福音，反而带来经济的衰退、政治的动荡，甚至带来了常年的战争，"有的四分五裂，有的战火纷飞，有的整天乱哄哄的"③，而没有实行所谓"自由民主制度"的中国却创造了"中国奇迹"。私有制决定了以美国为代表的金钱政治的本质，政治代理人和被代理人之间存在利益错位现象，一旦选举成功政治代理人不一定履行竞选诺言，选民这时候左右不了领导人的意志，背后真正起作用的是大资产阶级。列宁指出："只要阶级还没有消灭，任何关于自由和平等的笼统议论都是欺骗自己，或者是欺骗工人，欺骗全体受资本剥削的劳动者，无论怎么说，都是在维护资产阶级的利益。"④ 2011 年的

---

① 《列宁专题文集 论社会主义》，北京：人民出版社，2009 年，第 30 页。
② "三大制度"指的是西方的议会制度、政党制度和选举制度。
③ 《习近平谈治国理政》(第二卷)，北京：外文出版社，2017 年，第 327 页。
④ 《列宁全集》(第 39 卷)，北京：人民出版社，2017 年，第 465 页。

"占领华尔街"运动,暴露了美国金钱民主的实质。美国前劳工部长罗伯特·莱尔认为"民主和资本主义已经本末倒置了",政治制度非但没有对资本主义进行调节,反而是资本主义在调节着政治制度,社会主义并没有否认民主,而是对民主的完善。①现代资本主义国家本身就是奴役、种族灭绝、暴力和剥削的历史产物,资本主义国家的本质就是保护私有财产,而私有财产是人类不满的根源,也是当今资本主义世界的典型特征,也是 200 年来马克思主义一直不断思考,并通过建立社会主义制度着力解决的问题。以美国为例,美国的两极分化越来越大,收入排名靠前的 30 万富人的总收入几乎相当于社会底层 1.5 亿人的收入,前者的收入是后者收入的 440 倍。美国最富有的 1%的人口的收入占全国总人口的 21%,美国不同阶层的收入差距在不断扩大。财富和权力的巨大不平等、愈发沉重的剥削和越来越压抑的状态,人们开始对金钱进行无限制的追求。

马克斯·韦伯指出:"资本主义的一条首要原则不是别的,就是人竟被赚钱动机所左右,把获利作为人生的最终目的。"②资本主义社会撕毁了人与人之间的所有真实纽带,取而代之的是利己主义和自私需要,把人的世界分解为一个由原子化的个体构成的、彼此敌对的世界,人与人的关系变成了赤裸裸的金钱关系,劳动被"异化"为人追求金钱和物质的手段,导致社会生活的商品化,资本主义制度下感觉人的身体都被商品化了,盛行鼓吹贪婪、侵略、无谓享乐主义的文化,人类存在的意义和价值的不断沦丧,形成商品拜物教、货币拜物教、资本拜物教。伊格尔顿指出:"试想一下当代资本主义制度吧,从体育到性行为,从搞到天堂的前排座位到美国电视播报员为了广告商的利益而声嘶力竭地吼叫以抓住观众的注力。……商品形态都毫无例外地

---

①　[英]特里·伊格尔顿:《马克思为什么是对的》,李杨等译,重庆:重庆出版社,2017 年,第154~155 页。

②　[德]马克斯·韦伯:《新教伦理与资本主义精神》,北京:生活·读书·新知三联书店,1987 年,第 37 页。

在他们身上留下了清晰的指纹"①,表明了资本主义的自私、金钱至上的文化本质。韦伯认为:"资本主义文化已被颠覆资产阶级生活的现代主义原则所支配,而中产阶级的生活方式已被享乐主义所支配,享乐主义又摧毁了作为社会道德基础的新教伦理。"②另外,在研究中指明资本主义制度与中国特色社会主义制度相比,缺少实事求是的精神,存在选贤任能的机制弊端,良政善治的能力不足,缺少成熟的综合平衡制度,国家缺少中、长期规划等表明中国特色社会主义制度的优越性。

(三)构建马克思主义学术话语权

习近平"5·17"讲话指出,我国是哲学社会科学大国,在研究队伍、发表论文数量和政府的经费投入都排在世界前列,但在学术命题、思想、观点、标准和话语能力上同我国当前的国际地位还不相称。我国在哲学社会科学方面,尤其是马克思主义的学术话语权不足,表现为"实际工作中,在有的领域中马克思主义被边缘化、空泛化、标签化,在一些学科中'失语'、教材中'失踪'、论坛上'失声'。这种状况必须引起我们高度重视"③。有学者认为:"中国目前缺少一整套理论把自己说清楚,官方、民间都用西方的话语解释中国,这是最糟的。现在西方主流社会想了解中国,只能通过西方的中国问题专家来了解,但这些专家有时往往受意识形态影响比较严重,会看着'苹果'来论述'橘子'。"④一个国家没有自己的学术话语,就如同失去精神家园,自动放弃文化主权,撤出精神文明建设高地。坚定制度自信、完善制度自信广大知识分子不能缺场,坚定制度自信要用科学完善的学术话语来阐释制度优势、

① [英]特里·伊格尔顿:《马克思为什么是对的》,李杨等译,重庆:重庆出版社,2017年,第88页。

② [美]丹尼尔·贝尔:《资本主义文化矛盾》,赵一凡等译,北京:生活·读书·新知三联书店,1989年,第132页。

③ 《习近平在哲学社会科学工作座谈会上的讲话》,《人民日报》,2016年5月19日。

④ [美]乔纳森·安德森:《走出神话:中国不会改变世界的七个理由》,余江等译,北京:中信出版社,2006年,第165页。

道路的正确性和理论的科学性。构建马克思主义学术话语权,有助于西方国家和国内民众对中国特色社会主义的认识,更好地向国内、国际社会解释中国制度的优势、中国发展的依靠力量,坚定中国特色社会主义"四个自信"。

在国内学术话语权构建方面,广大理论工作者要有高度的理论自觉,走出"书斋"深入基层,虚心向人民群众学习,用社会实践来指导理论研究。同时,要注意单一话语向多样化的话语转变,把经典文本的晦涩话语转化为接地气、群众需要的话语,以通俗的语言、幽默的叙事,进行有针对性的"靶向"讲解,推动马克思主义理论大众化,使马克思主义理论"落地生根",切忌"对牛弹琴""鸡同鸭讲","要构建符合时代精神的中国特色的学术话语体系,增强马克思主义意识形态的引领力、影响力、凝聚力,使之贴近人民群众日常生活的符号与话语形式,真正入脑入心、打动人心、增强信心,消除马克思主义理论失语、失声、失踪、失魂的现象"[1]。在制度自信国际学术话语方面,要提炼一些标识性定义,打造出国际社会更好理解、易于接受和传播的新概念;通过举办、参加国际学术会议,与国际学者讨论和辩护,用我们的理论借国外学者之笔、之口进行制度宣传;通过国际学术研究学会设立中国制度研究专项课题,鼓励国外学术组织研究中国制度,推动中外高端智库交流,从学术和理论上将中国特色社会主义传到世界,让世界知道"发展中的中国""开放中的中国""为人类文明作贡献的中国"[2]。

(四)培育当代青年制度自信宣传的积极性

"青年强,则国家强。"[3]当代青年是制度自信宣传的"生力军"和"中坚力量",是未来中华民族的"脊梁",是实现中国梦的生力军,赢得青年就是赢得

---

① 孟宪平:《马克思主义视域中的文化符号和话语体系同构分析》,《南京师大学报》(社会科学版),2018年第6期。

② 《十八大以来重要文献选编》(下),北京:中央文献出版社,2018年,第324页。

③ 习近平:《高举中国特色社会主义伟大旗帜　为全面建设社会主义现代化国家而团结奋斗——在中国共产党第二十次全国代表大会上的报告》,北京:人民出版社,2022年,第71页。

未来,青年制度自信状况决定着当前及未来国家和民族的自信与发展状况。抓好了当代青年这一重要宣传群体,制度自信就更能持久。邓小平提出的"学马列要精,要管用"实质上就是引导青年把掌握马克思主义的基本原理同我国实现四个现代化的需要相结合。邓小平指出:"马克思主义理论从来不是教条,而是行动的指南。"①发挥青年制度自信宣传的积极性,培育要紧密联系实际生活,将制度自信的价值观培育与当代青年的心理需求与发展需求联系结合,引导当代青年用正确的"三观"解决实际生活中遇到的困惑,提高其分析问题,解决面临社会实际的能力和本领,经得起挫折考验和困难检验,"不要顺利的时候,看山是山、看水是水,一遇挫折,就怀疑动摇,看山不是山、看水不是水了"②。发挥当代青年培育和践行社会主义核心价值观的引领作用,增强制度自信。

第一,加强青年理想信念教育引领制度自信。邓小平认为,如果缺少高度的精神文明、缺少共产主义理想和道德,是不可能实现社会主义的,更谈不上制度自信了。针对有的人共产主义理想信念的动摇,邓小平指出:"现在,特别是在青年当中,有人怀疑社会主义制度,说什么社会主义不如资本主义,这种思想一定要大力纠正。"③邓小平大声疾呼要把社会主义共同理想和共产主义道德、精神推广到青少年,"使之成为中华人民共和国的精神文明的主要支柱,为世界上一切要求革命、要求进步的人们所向往,也为世界上许多精神空虚、思想苦闷的人们所羡慕"④。正如1957年毛泽东在莫斯科接见青年留学生时所说:"世界是你们的,也是我们的,但是归根到底是你们的。你们青年人朝气蓬勃,正在兴旺时期,好像早晨八九点钟的太阳。希望寄托在你们身上。"美国中央情报局一直将对中国和平演变的目标指向青年,试图培养出未来中国的"戈尔巴乔夫"。历史和现实经验表明:"欲削弱一个

---

① 《邓小平文选》(第三卷),北京:人民出版社,1993年,第146页。
② 《十八大以来重要文献选编》(中),北京:中央文献出版社,2016年,第8页。
③ 《邓小平文选》(第二卷),北京:人民出版社,1994年,第250页。
④ 《邓小平文选》(第二卷),北京:人民出版社,1994年,第368页。

国家和民族,一个有效的方式就是孤立、排斥甚至丑化其核心价值观,进而动摇其自信,混乱其思想,瓦解凝聚力,用自己的价值观取而代之,进而实现其征服和统治。"①国外敌对势力用各种手段同我们争夺青年、争夺人才。美国中情局《十条诫令》提出要把我国青年注意力从以政府、国家为中心引开,用尽一切手段,让我国当代青年向往衣、食、住、行、娱乐和教育等生活方式,"只要他们向往我们的,就是成功的一半"。我们党成立之初就代表青年、赢得青年,也将依靠青年走向中国特色社会主义制度自信的未来。培育青年社会主义核心价值观,为制度自信提供持久的精神动力和道德滋养。中国特色社会主义进入新时代,广大青年要在新时代书写华章,坚定科学的政治信仰,发挥制度自信的引导作用。

第二,利用思想政治理论课教育主渠道。思想政治理论课是改进青年思想政治教育,高校巩固主流意识形态建设的灵魂课程,其作用不可替代。黑格尔认为:"思想的活动,最初表现为历史的事实,过去的东西,好像在我们的现实之外。但事实上,我们之所以是我们,乃是由于我们有历史。"②思想政治理论课如开展中共党史、中华人民共和国史、马克思主义发展史、改革开放史教育,使当代青年明白中国特色社会主义制度的建立是在社会主义 500 多年、建党 100 多年、新中国成立 70 多年、改革开放 40 多年的艰辛历程中取得的,通过与其他国家制度的比较,使青年认清楚"我们从哪里来,怎么能这样",增强青年对我国制度的神圣感和自豪感,提高青年对我国制度优势的认识;价值是社会客体满足社会主体的需求尺度和关系,通过对当今社会中存在问题的讲解,使青年明白实现中华民族伟大复兴的中国梦、"第二个百年"奋斗目标的辉煌前景,不能依靠敲敲打打的"空谈",仍然需要去拼搏、去奋斗,引导青年明确责任,把学习作为一种追求和生活方式,掌握知识、掌握技能,练就过硬本领,积极投身社会主义现代化建设的伟大事业中,提高

---

① 石国亮、莫忧主编:《社会主义核心价值观青少年读本(大学生版)》,北京:人民日报出版社,2016 年,第 28 页。

② [德]黑格尔:《哲学史讲演录》(第一卷),贺麟等译,北京:商务印书馆,1997 年,第 7 页。

青年制度自信的获得感；"道不可坐论，德不能空谈"①。社会主义核心价值观的生命力在于践行，通过开展志愿服务、经典朗诵、社会调研、红色文化考察、"三下乡"、观看国家重大仪式庆典等"有血有肉""有泪有汗"的实践教学，将社会主义核心价值观融入当代青年接触的社会、融入当代青年生活中，使社会主义核心价值观从当代青年的知识体系转化为信仰体系，引导当代青年将制度自信转化为自我行动。

第三，利用好当代青年密切相关的互联网。根据第 52 次《中国互联网络发展状况统计报告》，截至 2022 年 12 月，我国网民规模达 10.67 亿，互联网普及率为 75.6%，手机网民占 98.3%。网络与青年学习生活密不可分，成为青年第四成长教育环境。著名教育家陶行知提出了："教育即生活，要促进教育与生活的有机融合。"意识形态领域马克思主义不去占领，各种非马克思主义、非无产阶级的思想甚至反马克思主义的思想就会去占领。青年制度自信培育可以运用网络语言、图片、音乐、视频、动漫等多种形式的网络产品，通过思想政治教育网站、辅导员博客、微信朋友圈、抖音、快手、小红书、红色资源网站等载体，形成健康向上的社会主义正能量宣传阵地，发挥现代传媒的"议程设置"功能，把握"内容为王"的理念，将那些为崇德向善、催人奋进、无私奉献的共产党人践行社会主义核心价值观的正能量信息推送给青年，引导当代青年"系好扣子"；将改革开放 40 多年来依靠制度优势创造的辉煌成就推送给青年，让当代青年"敢于有梦、勇于追梦、勤于圆梦"②，培养新时代青年的锲而不舍、驰而不息、"一代要比一代强"的责任担当，坚定制度自信，"立志做有理想、敢担当、能吃苦、肯奋斗的新时代好青年"③。

---

① 习近平：《青年要自觉践行社会主义核心价值观——在北京大学师生座谈会上的讲话》，北京：人民出版社，2014 年，第 11 页。

② 《十八大以来重要文献选编》（上），北京：中央文献出版社，2014 年，第 281 页。

③ 习近平：《高举中国特色社会主义伟大旗帜 为全面建设社会主义现代化国家而团结奋斗——在中国共产党第二十次全国代表大会上的报告》，北京：人民出版社，2022 年，第 71 页。

## 三、发挥人民群众对制度自信表达的主体责任

马克思在《关于新闻出版自由和公布省等级会议辩论情况的辩论》中指出："人民历来就是什么样的作者'够资格'和什么样的作者'不够资格'的唯一判断者。"①马克思用"够资格"和"不够资格"表明了宣传的价值判断者不是政府，而是人民群众。中国共产党成立之初就善于通过创办工人刊物、办文化补习学校及利用工会等途径，放手发动群众，扩大了中国共产党的政治影响。党的宣传教育帮助人民群众树立了社会主义意识和共产主义理想，扩大了武装力量，为新民主主义革命的胜利提供了坚强保证。因此，在制度自信的宣传中，要有人民群众的声音，要发挥人民群众制度自信宣传的主力军作用。马克思还提出，如果政府"只听见自己的声音，它也知道它听见的只是自己的声音，但是它却耽于幻觉，似乎听见的是人民的声音，而且要求人民同样耽于这种幻觉"②，那么这种宣传就会脱离群众。动员人民群众践行社会主义核心价值观，是对制度自信最好的宣传表达。

社会主义核心价值观是社会主义核心价值体系的内核，体现了社会主义意识形态的本质要求，是中国特色社会主义制度在思想和精神层面的质的规定性，也是中国特色社会主义道路、理论体系和制度的价值表达。社会主义核心价值观的实质内涵是为中国特色社会主义构建共同理想和道德标准，满足人们的价值需求，一个国家要有"统一意志"，否则就是一盘散沙，社会主义核心价值观对社会发展起着价值整合功能，使得社会主义不仅仅是制度，而且是一整套价值，呈现出思想精神价值追求的恒久。先进典型是社会主义核心价值观的人格化，是"全中华民族的模范人物，是推动各方面人民事业胜利前进的骨干，是人民政府的可靠支柱和人民政府联系广大群众

---

① 《马克思恩格斯全集》(第一卷)，北京：人民出版社，1995年，第195页。

② 《马克思恩格斯全集》(第一卷)，北京：人民出版社，1995年，第183页。

的桥梁"①。人民群众践行社会主义核心价值观涌现的先进典型的宣传,发挥榜样对个体的示范作用,使人们形成正确的价值判断,分清美和丑、荣和辱,明确社会主义制度下提倡什么、反对什么,先进典型可亲、可敬、可信、可学,给制度自信的宣传带来"以点带面"的效果。对人民群众进行培育和践行社会主义核心价值观的宣传,要以通俗化、时代化和大众化的方式,保障人民群众切身利益、回应人民群众价值诉求,将社会主义核心价值观融入各项具体制度中,在制度中嵌入社会主义核心价值观,引领人民群众认知认同制度、推动人民群众创新实践,带动大多数人民群众培育和践行社会主义核心价值观的自觉性。中国共产党自成立以来,涌现出许多英雄楷模,革命战争年代的刘胡兰、董存瑞、邱少云等,和平建设时期的雷锋、焦裕禄、王进喜等,改革开放和社会主义现代化建设新时期的张海迪、任长霞、沈浩、杨善洲,以及中国特色社会主义新时代的杜富国、黄群、宋月才、姜开斌、黄文秀等,还有很多"两弹一星"建设、抗击"非典"、抗震救灾等中出现的英雄群体,他们体现了中国特色社会主义和中华民族的希望。对人民群众培育和践行社会主义核心价值观的宣传,集中了民族、国家、社会和个人力量,统一了全党思想、凝聚了全民智慧,形成了中国特色社会主义"国家软实力",提高了中国特色社会主义意识形态的吸引力和凝聚力,进一步增强了中国特色社会主义制度自信。

此外,依托互联网技术,建立"家庭—社区—社会"三位一体的网络互动社区,形成宣传人民群众践行社会主义核心价值观的新阵地。家庭美德形成的良好家风是个人成长成才的营养剂,利用网络互动社区,可以将家庭美德、社会公德、个人品德和中华优秀传统文化交流融合,形成一个立体式、多角度的社会主义核心观培育网络互动社区,线上、线下宣传的相互影响,激励人们向上向善、孝老爱亲,忠于祖国、忠于人民,增加了践行社会主义核心价值观宣传的实效性,人们更加相信和依靠社会主义制度保障带来的良好的社会风气,增强了制度自信的影响力。

---

① 《毛泽东文集》(第六卷),北京:人民出版社,1999年,第95页。

## 四、发挥新闻媒体对制度自信舆论引导责任

新闻媒体是党的喉舌,新闻媒体的宣传对提高制度自信具有作用促进。习近平指出,媒体的宣传"事关旗帜和道路,事关贯彻落实党的理论和路线方针政策,事关顺利推进党和国家各项事业,事关全党全国各族人民凝聚力和向心力,事关党和国家前途命运"①。改革开放40多年来,我国取得了举世瞩目的成就,彰显了中国特色社会主义的独特魅力,但由于新闻媒体舆论引导不力,影响了中国特色社会主义制度自信的认同,提高新时代制度自信,必须要加大新闻媒体的宣传,提高舆论引导力。

### (一)正面宣传为主和隐性宣传相结合

"正面宣传为主"是中国共产党引导新闻舆论工作导向的基本方针。党的十八大以来,习近平多次强调新闻舆论工作要以"正面宣传为主"。"正面宣传为主"要求新闻舆论工作要坚持团结、稳定、鼓劲,以表扬为主,树立全局观,肯定主流和成绩,增强中国特色社会主义制度的吸引力和感染力。司马迁在《史记》中指出:"千人之诺诺,不如一士之谔谔。"对社会上存在的影响制度自信的丑恶现象,新闻工作者要有担当责任,激浊扬清,敢于发声,做传播党的政策、记录时代风云、推动社会进步、守望公平正义者,把新闻媒体打造成集党的政策宣讲、了解社情民意、引领社会矛盾转化、动员人民群众于一体的重要国家机器。正面宣传是显性宣传,采用专题式、评论式方式,理直气壮地宣传,本身就是制度自信的表现。隐性宣传是西方国家常用的一种宣传方式,如西方国家在电影中渗透着对物质和金钱价值观的追求。在新闻舆论引导实施的过程中,我们也需要学会采取隐性的方式,把中国特色社会主义制度的优势、制度自信的思想内容渗透在其他重要活动中,把宣传观点

---

① 《习近平谈治国理政》(第二卷),北京:外文出版社,2017年,第331~332页。

置后或不表达观点,起到"看不见宣传",营造制度自信的舆论环境和氛围,达到像习近平提出的社会主义核心价值观的培育"像空气一样无所不在、无时不有"的化人育人效果。中央电视台自 2002 年起,连续多年进行"感动中国"人物的颁奖,就是一种非常好的隐性宣传,看了让人感觉热血沸腾,找到了一种强烈震撼的对国家依附精神力量,被媒体和观众称为"中国人的年度精神史诗"。国家最高科学奖颁奖现场直播、载人航天飞船发射成功的现场报道、奥运会赛场中华人民共和国国旗缓缓升起的即时转播都是制度自信的良好隐性宣传。

(二)传统媒体和网络媒体相融合

如何媒体融合发展,形成制度自信的全媒体宣传格局是当前新闻媒体面临的一项紧迫课题。习近平指出:"传统媒体和新兴媒体不是取代关系,而是迭代关系;不是谁主谁次,而是此长彼长;不是谁强谁弱,而是优势互补。"①以报刊、广播、电视等为主要传播媒介的传统媒体时代,政府既是资讯传播者,又是资讯管理者。作为资讯传播者,政府依靠其特定工作职责掌握着信息源获得资讯发布权。作为资讯管理者,政府依靠行政手段监督和控制着所有传播主体的传播行为,扮演着媒体"把关人",并依托党报党刊等形成了一个强大的理论宣传阵地。但这种传统媒体依靠自上而下的传播,传播方式多依靠单向的灌输,效果不理想。随着互联网及新媒体的出现,给理论宣传带来了重要机遇。恩格斯说:"蒸汽机是第一个真正国际性的发明,而这一事实又昭示了一个巨大的历史性的进步。"②互联网等新媒体的诞生如同当年的蒸汽机一样给人类的生活、工作带来了重大变革,人类社会进入了信息时代。习近平指出:"互联网是当前宣传思想工作的主阵地。"③互联网等新媒体传播速度快、覆盖面广,能在第一时间让网民知晓党的重要理论和国家重大

---

① 习近平:《加快推动媒体融合发展 构建全媒体传播格局》,《求是》,2019 年第 6 期。

② 《马克思恩格斯全集》(第 26 卷),北京:人民出版社,2014 年,第 672 页。

③ 《习近平谈治国理政》(第二卷),北京:外文出版社,2017 年,第 325 页。

事件,新媒体还具有传播双向性的特点,通过追加评论克服了传统媒体单向传播的缺陷,能内化理论宣传成果;新媒体超越了时空现实,传播方便、快捷,依靠人们常用的手机,可随时随地进行传播,让世界上所有的中国人都能找到对中国特色社会主义的归属感。新媒体还可以进行多样化的理论宣传,如可以利用微电影、网络文艺作品、多媒体画面等,使受众节省了阅读文字进行思考的环节,避免了受众思维惰性,互联网传播内容贴近人们生活,深受人民群众喜欢,效果较好。党的重要理论宣传一定要利用好互联网主阵地,占领互联网宣传阵地,守住意识形态高地。但互联网是一把双刃剑,互联网技术的发展,使人们的交往方式发生变化,打破了文化的边界。"传统的中世纪思想方式的千年藩篱,同旧日的狭隘的故乡藩篱一样崩溃了。"①

打赢信念仗必须打赢虚拟世界的传播仗,要掌握网上意识形态的领导权、话语权,一个国家不掌握意识形态领导权、话语权,政权就不可能持久。制度自信的网络宣传要抓住典型事件,主导设置议题,引导社会舆论的话题,如通过加大对 2018 年美国政府"停摆"造成的民众生活下降、社会秩序混乱的报道,凸显出中国特色社会主义制度优势,把网上对社会主义优越性的声音形成大的理论宣传漩涡,引导网络宣传的时、度、效,守住互联网宣传红色阵地。总之,中国特色社会主义制度自信理论的宣传需要在现有报刊、广播、电视等传统媒体优势的基础上,不断扩大新媒体传播和宣传的力度。既要利用文字、图片、音频、视频等话语符号,还要运用微博、微信、博客、抖音、数字报刊等多样化的新媒体终端平台,通过抢占互联网传媒制高点,构建中国特色社会主义制度自信理论的全媒体宣传新高地,打通制度自信宣传的"最后一公里"。

（三）理论宣传与实践途径的"双向发力"

马克思指出:"批判的武器当然不能代替武器的批判……理论只要说服

① 《马克思恩格斯文集》(第四卷),北京:人民出版社,2009 年,第 94 页。

人［ad hominem］，就能掌握群众；而理论只要彻底，就能说服人［ad hominem］。"①
理论宣传是指新闻媒体通过互联网、新媒体、传统媒体等依靠"灌输式"宣传
方式对人们进行理论武装，形成一个覆盖面广的宣传场域。实践途径指通过
投身社会实践，加深对如中国梦、社会主义核心价值观等理论的认识理解，
提升对中国特色社会主义制度优越性的认同。制度自信是理论武装活动，但
是理论源于实践，并且受实践活动影响和制约。毛泽东指出："真正的理论在
世界上只有一种，就是从客观实际抽出来又在客观实际中得到了证明的理
论，没有任何别的东西可以称得起我们所讲的理论。"②实践为制度自信理论
提供丰富的素材，同时也是彰显中国特色社会主义制度强大生命力的有效
因素。习近平在2018年全国宣传思想工作会议上提出了实践要求："做好新
形势下宣传思想工作，必须自觉承担起举旗帜、聚民心、育新人、兴文化、展
形象的使命任务。"③"举旗帜"，指的高举中国特色社会主义伟大旗帜、高举
马克思主义伟大旗帜，用习近平新时代中国特色社会主义思想教育人民群
众，要制度自信的理论在百姓中入脑入心。"聚民心"，指的是依靠传播主旋
律凝聚人民思想共识，弥合思想分歧，形成人民群众与共产党同心同德的巨
大向心力，表明中国特色社会主义制度的优越性。"育新人"，培育能够担当
中华民族复兴重任"人生之大幸"的时代新人，党的二十大报告指出："青年
强，则国家强。"④"青年是标志时代的最灵敏的晴雨表"⑤，培育广大青年尤其
是大学生的获得感、幸福感和制度自信的感召力。"兴文化"，指坚持党对文
化的"二为""双百"和"双创"方针，继承和发扬中国优秀传统文化、红色革命
文化和社会主义先进文化，以坚定的文化自信，推动制度自信；"展形象"，指

---

① 《马克思恩格斯文集》（第一卷），北京：人民出版社，2009年，第11页。

② 《毛泽东选集》（第三卷），北京：人民出版社，1991年，第817页。

③ 习近平：《举旗帜聚民心育新人兴文化展形象 更好完成新形势下宣传思想工作使命任务》，《人民日报》，2018年8月23日。

④ 习近平：《高举中国特色社会主义伟大旗帜 为全面建设社会主义现代化国家而团结奋斗——在中国共产党第二十次全国代表大会上的报告》，北京：人民出版社，2022年，第71页。

⑤ 《习近平关于青少年和共青团工作论述摘编》，北京：中央文献出版社，2017年，第4页。

展示中国共产党良好的执政形象、全心全意为人民服务的政府形象和追求永久和平、推动世界共同发展的中国国际形象。

# 第三节　对外传播和对内引领相结合增强制度自信

在对外交往中,从国内到国外要通过讲中国故事,做好对外宣传工作,构建中国自己的话语体系。同时要克服"妄自尊大"的心态,把人类的制度文明优秀成果吸收到中国特色社会主义制度中,完善中国特色社会主义制度体系,丰富制度自信内容。

## 一、对外传播:讲好中国故事,构建制度自信国际话语权

话语是国之重器,是"一种权力争夺场所"[①]。实现中华民族伟大复兴,国际话语不能缺席,国际话语竞争的实质就是国家和民族竞争。国际话语权是一个民族国家的身份标签,话语权决定一国国际竞争的主动权。国际话语权的建立事关国家安全,事关中华民族复兴的中国梦的国际传播和理解,事关中国特色社会主义制度自信的国际影响力和国际认同。

（一）讲故事解决失语挨骂问题

习近平指出:"落后就要挨打,贫穷就要挨饿,失语就要挨骂。"[②]制度自信有个破解难题就是西方话语霸权,西方话语霸权的背后就是意识形态的进攻,制度自信必须建立起中国的国际话语。正如有学者指出的那样:"没有

---

① 赵一凡:《从卢卡奇到萨义德:西方文论讲稿续编》,北京:生活·读书·新知三联书店,2009年,第653页。

② 习近平:《在全国党校工作会议上的讲话》,北京:人民出版社,2016年,第20页。

话语的崛起,伟大的梦想可能因为西方的话语忽悠而前功尽弃。"①在国际政治中通过制定议程来吸引他人,与通过威胁使用军事手段或经济手段强迫他人同等重要,这方面有前车之鉴。"东欧剧变"前,以美国为首的西方情报和宣传部门,设立"美国之音""自由欧洲电台""自由电台"等加足马力开足宣传机器,使用俄语和其他少数民族语言,在苏联所有加盟共和国、东欧进行舆论狂轰,"美国之音"每天对苏联广播,时间长达 500 小时,西方价值观在大众文化和流行艺术掩盖下,逐渐渗透到苏联和东欧国家人民头脑中。美国前总统尼克松指出,这些广播电台"防止了苏联把共产主义意识形态完全灌输给苏联和东欧人民"②。被西方话语忽悠的戈尔巴乔夫犯了"颠覆性错误",导致国家解体,使俄国人遭受了"第三次浩劫"③。

当今世界正处于思想文化大交融和大交锋中,国家的话语权、价值观成为国际竞争的核心。美国前总统艾森豪威尔认为在宣传上花费 1 美元能起到在国防上花 5 美元的价值。美国前国务卿希拉里曾在《外交政策》上撰文指出:"相比军事和经济实力,我们拥有的最有影响力的资产是价值观,它能对我们的民主和人权提供坚定不移的支持。"④新中国的建立,我们解决了"挨打"的问题;改革开放,我们解决了"挨饿"的问题;建立自己的话语权,是解决"挨骂"的问题。"澄清谬误、明辨是非,联接中外、沟通世界"⑤是对外宣传工作的职责和使命,也是建立我国国际话语权的根本。2016 年底,习近平在庆祝中国国际电视台开播时,指出"让世界认识一个立体多彩的中国,展示中国作为世界和平的建设者、全球发展的贡献者、国际秩序的维护者良好

---

① 张维为:《中国超越:一个"文明型国家的光荣与梦想"》,上海:上海人民出版社,2016 年,第 133 页。

② 李慎明主编:《居安思危:苏共亡党二十年的思考》,北京:社会科学文献出版社,2011 年,第 441 页。

③ 俄国第一次浩劫指 14 世纪蒙古人入侵,第二次浩劫指德国法西斯入侵。

④ Hillary Clinton:"American's Pacific Century",Foreign Policy,October,2011.

⑤ 《习近平的新闻舆论观》,《人民日报(海外版)》,2016 年 2 月 25 日。

形象。……在重大全球事务和国际议题中发出中国声音"[①]。当前我国改革开放成果日新月异,制度的日臻完善,尤其是在当前改革开放40多年、新中国成立70多年历程的宏大叙事中涌现出的"中国故事"急需中国发声,让世界认识到中国特色社会主义制度的优越性,共建"一带一路""人类命运共同体"建设的推进也需要中国建立自己的国际话语权。

(二)用多样性话语讲故事,回应西方质疑

长期以来,以"西方中心论""西方文明超越论"的历史叙事,形成了西方文明、欧洲文明优越,东方文明落后的主流话语,西方是先进的代表,东方是落后的代表,形成了国际话语西强我弱的现状。"历史就这样被改成了一个关于美德传承以及品德高尚者(指西方)如何战胜落后群体(指东方)的传说。"[②]正如有学者所说:"国际话语舞台由西方把持,话语议题由西方提出,话语议程由西方主导,话语标准由西方制定,话语内容由西方提供,话语是非由西方裁判。"[③]西方国家依靠国际话语优势,把符合"普世价值"的制度说成先进的,不符合的被说成落后和陈旧的,就要被批判和攻击,公开采用"一明一暗"的方式来钳制中国。"暗"指的是和平演变。当今对一个国家政权来说,最大威胁不是来自外国军队的赤裸裸的入侵,而是来自外国观念的意识形态渗透,印刷品的影响力比军队和坦克推进得更快、更深入。西方国家通过思想文化渗透的攻心战,动摇广大民众对中国特色社会主义制度的信心。"明"指西方国家公开宣称"中国威胁论",影响了中国的国际形象。构建我国国际话语权是破解西方钳制中国的有效方法。我们要以社会主义核心价值观、改革开放40多年来的成功实践对西方经验重新审视,合理的我们"扬",不合理的我们"弃",进行坚决反击,建构出自己的国际话语权。

2013年8月,在全国宣传思想工作会议上,习近平提出:"要精心做好对

①　《习近平致信祝贺中国国际电视台(中国环球电视网)开播》,《人民日报》,2017年1月1日。

②　[英]约翰·霍布斯:《西方文明的东方起源》,孙建党译,济南:山东画报出版社,2009年,第2页。

③　陈曙光:《中国马克思主义40年:1978—2018》,《教学与研究》,2018年第10期。

外宣传工作,创新对外宣传方式,着力打造融通中外的新概念新范畴和新表述,讲好中国故事,传播好中国声音。"①讲"中国故事"构建国际话语权要把握以下几个原则:"基本概念"由中国定义,故事"核心内容"由中国提供,"主旨话语"由中国解释,"话语标准"由中国制定,"话语议题"由中国设置,"话语议程"由中国主导,"话语争议"由中国裁判。列宁指出:"我们应当既以理论家的身份,又以宣传员的身份,既以鼓动员的身份,又以组织者的身份'到居民的一切阶级中去'。"②

总之,要坚持以我为主,"讲什么""怎么讲"由中国决定,"讲的对不对"由中国判定,用西方人民乐于接受的方式,易于理解的语言,将"中国故事"传播到国外民众中去,向世界讲明白"我们从哪里来、走什么路、到哪里去",用成绩回应问题和质疑。对西方无端指责、"亲西"势力的"数典忘祖"给予坚决回击,用创新的话语解构西方话语,构建由民间话语、学术话语、网络语言等组成的用中国国际话语体系,增强对外话语的创造力、感召力、公信力,使话语通俗化、大众化、接地气,外国人能听懂,用社会主义核心价值观"润物细无声"地解构"普世价值"。

(三)讲"中国梦"与"世界梦"相通的"故事"

构建中国国际话语权首先要改变弱国心态,围绕党和国家工作大局,敢于发声,讲好"中国故事"。通过讲"中国故事",传播中华优秀传统文化,阐释好中国特色,塑造国家良好形象,发挥社会主义意识形态的国际影响力、贡献力,做好"柔性灌输",营造有利于我国的国际舆论环境。梦想是没有隔阂的语言,讲解中国梦的故事,宣传中国梦与世界梦、与世界各国人民的梦想内在相通。中国梦在国内,就是想让中国人民过上更加安宁富足的生活,孩子们成长得更好,人们群众工作得更好,生活得更好。中国梦在国际上,就是

---

① 《习近平谈治国理政》,北京:外文出版社,2014年,第156页。
② 《列宁选集》(第一卷),北京:人民出版社,2012年,第366页。

想让世界经济更有活力,国际贸易更加自由,跨国投资更加便利,人类发展道路更加通畅,国与国之间、人与人交往更加密切。表明中国梦给世界带来的是和平,不是动荡;是机遇,不是威胁。

通过讲解中国共产党以人民为中心,改革开放40多年我国经济发展成就、对世界经济贡献的故事,介绍我国民主政治、社会进步、民生改善、民族团结和科技创新,展示中国人和中国家庭过上富足的"小康"生活,引导国际社会全面客观认识当代中国,期待消除各种偏见和误解;通过讲解"一带一路"沿线国家与中国人民血浓于水的亲情故事、国与国之间共同成长进步、相互依存发展、通力合作、互利共赢的故事,表明推进人类命运共同体建设,不是一枝独秀,而是要参与全球治理,为人类做出更大贡献;通过讲解中华民族继承和衷共济、和合共生,革故鼎新、与时俱进,脚踏实地、实事求是的优秀历史文化基因,期待各国人民用历史和多维的眼光观察中国,见证中国用优秀传统文化精神塑造中国制度之魂,以优秀传统文化价值锻造中国制度之心;通过讲解中国依靠中国共产党的"应变局、平风波、战洪水、防非典、抗地震、化危机"的整合作用,形成自我完善能力的故事,凸显中国特色社会主义制度最本质的特征和最大优势。除了上述具体的故事,还要讲抽象的中国故事,通过讲解"实事求是""中国特色社会主义""以人为本""社会主义核心价值观""人类命运共同体""新时代"等原创中国话语,把我们想讲的和国外受众想听的结合起来,把"陈情"和"说理"、"自己讲"和"别人讲"相结合。

总之,我们要用中国共产党人的先进性表率故事、中国人民的奋进故事、中国特色社会主义的成就故事等"感动中国"的故事感动世界,展示东方文明大国、负责任大国和中国特色社会主义大国形象,把话语优势转为促进中国发展优势,使中国特色社会主义制度更加成熟定型。

## 二、对内引领:借鉴人类制度文明,丰富制度自信内容

邓小平指出:"我们的制度将一天天完善起来,它将吸收我们可以从世

界各国吸收的进步因素,成为世界上最好的制度。"①制度自信要处理好如何对待人类其他制度文明成果,尤其是资本主义国家的制度文明成果。中国特色社会主义制度是开放包容的。封闭状态下形成的制度缺少交流沟通,极易导致封闭僵化,甚至表现为"夜郎自大",自以为已经是"天下第一"。在如何对待资本主义文明方面,马克思主义已经有了很好的经验供我们借鉴。马克思、恩格斯不否认资本主义的进步作用,认为资本主义先进的生产力在战胜封建主义的斗争中做出了重要贡献,加速、促使了封建社会的灭亡。《共产党宣言》指出:"资产阶级在它的不到一百年的阶级统治中所创造的生产力,比过去一切世代创造的全部生产力还要多,还要大。"②马克思、恩格斯通过研究发现,资本主义的灭亡是一个漫长的历史过程,这就形成了在很长一段时期社会主义与资本主义并存的特殊情况。在做出"资产阶级的灭亡和无产阶级的胜利是同样不可避免的"的"两个必然"重要论断后,1859年,马克思在《〈政治经济学批判〉序言》中提出了"两个决不会":"无论哪一个社会形态,在它所能容纳的全部生产力发挥出来以前,是决不会灭亡的;而新的更高的生产关系,在它的物质存在条件在旧社会的胎胞里成熟以前,是决不会出现的。"③

马克思逝世后,恩格斯到美国考察,看到先进的科学技术推动了美国经济社会的快速发展后,认为当时欧洲大陆经济还没有成熟到可以消灭资本主义的程度,提出工人阶级要转变斗争策略,利用资本主义的议会、普选制等开展合法斗争。对于完全抛弃资本主义的错误做法,列宁用"岂不等于把小孩和水一起从澡盆里泼出去"④进行回击。面对反动势力反扑,为了巩固新生的苏维埃政权,列宁提出并实施了新经济政策、大力发展商品经济,邀请有管理经验的资本家参与和管理企业,向资本主义国家学习管理、学习技术、

① 《邓小平文选》(第二卷),北京:人民出版社,1994年,第337页。
② 《马克思恩格斯文集》(第二卷),北京:人民出版社,2009年,第36页。
③ 《马克思恩格斯文集》(第二卷),北京:人民出版社,2009年,第592页。
④ 《列宁全集》(第52卷),北京:人民出版社,2017年,第526页。

先进制度等。对如何对待资本主义,毛泽东提出了要"古为今用、洋为中用"的方针。改革开放后,针对如何对待资本主义的争执,邓小平指出:"社会主义要赢得与资本主义相比较的优势,就必须大胆吸收和借鉴人类社会创造的一切文明成果。"①党的十八大以来,党中央对待资本主义的文化和文明成果,坚持吸收和为我所用的态度。习近平指出,对人类社会的文明成果,坚持"不忘本来、吸收外来、面向未来"的原则,无论是古代的文明还是现在的文明,都应该学习和借鉴,积极消化吸收有益成分,转为自己的文明成果,"把跨越时空、超越国度、富有永恒魅力、具有当代价值的优秀文化精神弘扬起来"②。

（一）立足社会存在问题,学习借鉴国外政治文明

面对当前社会中出现的贫富差距、生态恶化、腐败等问题,可以借鉴国外政治文明有益成果,比如法治原则、公平公正原则等,完善发展中国特色社会主义制度,但借鉴人类政治文明的有益成果,要保持政治定力,绝不照搬西方政治制度模式。习近平强调:"我们需要借鉴国外政治文明有益成果,但绝不能放弃中国政治制度的根本……对丰富多彩的世界,我们应该来秉持兼容并蓄的态度,虚心学习他人的好东西,在独立自主的立场上上把他人的好东西加以消化吸收,化成我们自己的好东西。"③纵观近几十年的国际局势,苏联解体、东欧剧变后,西亚、北非一些国家"颜色革命"后,一些国家反而陷入了政治长期动荡、经济萎靡不振等泥潭,究其原因就是在制度选择这一根本性问题上没有根据本国实际选择自身发展的制度。学习借鉴国外政治文明要在坚定中国特色社会主义方向基础上,进一步全面深化改革,从而实现对资本主义制度的超越。

---

① 《邓小平文选》(第三卷),北京:人民出版社,1994年,第373页。

② 习近平:《在纪念孔子诞辰2565周年国际学术研讨会暨国际儒学联合会第五届会员大会开幕会上的讲话》,北京:人民出版社,2014年,第10页。

③ 《习近平著作选读》(第一卷),北京:人民出版社,2023年,第262页。

（二）把其他国家有益的经验系统化，吸收为制度

毛泽东指出："使经验带上条理性、综合性，上升成为理论，然后才可以不把局部经验误认为即是普遍真理，才可不犯经验主义的错误。"①资本主义国家代议制中代表联系选民制度、选民对代表的监督制度，对于完善我国监督制度、强化制度执行、倒逼广大党员干部以自我革命精神走好新时代群众路线具有重要借鉴。资本主义国家普遍实行的公务员制度，保证了选拔出符合统治阶级需要的优秀人才担任国家公职，对于当前我们选拔优秀人才具有重要指导，我国在选拔公务员等要秉承"为我所用"的根本原则，既强调业务素质，也要强调政治素质，确保选拔的各类人才坚定中国特色社会主义的科学信仰、工作中依靠中国特色社会主义制度，坚定制度自信。自英国资产阶级革命时期，在言论、出版、集会等自由基础上形成的舆论监督制度，对于当前我国建立舆论监督制度，加大媒体、公民对权力的监督和制约，推进"阳光执政党""阳光政府"建设具有重要借鉴；资本主义国家官员财产申报制度、引咎辞职制度对于当前我国预防腐败、惩治腐败具有借鉴意义；资本主义国家中建立有非政府组织、慈善组织、企业家等积极参与的慈善捐赠、社会救济制度，对我们当前我国建立完善的公平、正义的社会制度具有重要借鉴。

（三）坚持批判地借鉴，反对两种错误倾向

在对人类文明的制度借鉴中，不能认为别国有、我国没有的就直接拿过来照抄照搬，这样就会形成对资本主义的盲目崇拜，抹杀了资本主义与社会主义民主政治的区别，实质就是伯恩施坦、考茨基的"翻版"，甚至会丧失国家前途；也不能觉得我们有、其他国家没有，就认为是多余的，这样就会失去自己的优势，会犯"教条主义"错误。总之，我们要根据我国制度中存在的问题，虚心学习、借鉴世界各国制度文明的成果，完善现有制度，使制度更加成

---

① 《毛泽东选集》（第三卷），北京：人民出版社，1991年，第818~819页。

熟定型,但不能数典忘祖、照抄照搬别国的发展模式,而是坚定沿着中国特色社会主义道路发展方向、坚定中国特色社会主义理论体系指导、坚定对中国特色社会主义制度的信心、坚定中国特色社会主义文化的激励,这是改革开放40多年我国取得的一条重要经验,也是我国未来取得更加辉煌成就的根本保证。

# 结　语
# 制度自信是实现中华民族伟大复兴的根本要求

当前,我国正处于全面建设社会主义现代化国家、以中国式现代化全面推进中华民族伟大复兴的新征程中,需要更加坚定制度自信。习近平在党的二十大报告中强调:"中国特色社会主义是实现中华民族伟大复兴的必由之路。"[①]实现中华民族伟大复兴,"从来没有教科书,更没有现成答案",需要党领导人民不断探索开辟,更加需要自信自立。制度自信是在中国特色社会主义制度成功实践基础上形成的,能够避免少数人心理涣散和新时代新征程全面推进改革开放底气不足的问题,制度自信能为全面深化改革提供强有力的信念支撑,制度自信是实现中华民族伟大复兴的根本要求。

首先,制度自信是现实的,不是"乌托邦"。"乌托邦"是虚幻的、不符合实际,是空想。制度自信不是自以为是,而是来自内心的肯定,是积极向上的爱党爱国情感。正是坚定对社会主义的自信,对科学社会主义的信仰,才有了中国共产党人对科学社会主义的不懈追求,才有新中国的成立,才有社会主义制度的建立和中国特色社会主义制度的形成。正是坚定中国特色社会主义制度自信,才会有新时代形成的辉煌成就,才会有中国式现代化全面推进强国建设、民族复兴伟业的奋斗目标。从以经济改革为主到全面深化经济、

---

① 习近平:《高举中国特色社会主义伟大旗帜　为全面建设社会主义现代化国家而团结奋斗——在中国共产党第二十次全国代表大会上的报告》,北京:人民出版社,2022 年,第 70 页。

政治、文化、社会、生态文明和党的建设改革,依靠中国特色社会主义制度这个重要法宝,调动和激发最广大人民的积极性和创造性,全社会活力竞相迸发,极大地解放和发展社会生产力,创造出一个又一个"中国奇迹",人均可支配收入从 171 元增长到 2.6 万元,形成了世界第二大经济体、制造业第一大国、消费第二大国等。世界各国见证了中国制度优势产生的高效成就,中国为广大发展中国家提供了一条借鉴的成功发展、和平发展的现代化之路,我们没有理由不自信。

其次,制度自信是具体的,不是抽象的。我们讲制度自信,依靠的根本制度、基本制度、具体制度组成的中国特色社会主义制度体系;依靠的是中国共产党的坚强领导的社会主义道路;依靠的是马克思主义中国化时代化理论成果的指导;依靠的是 14 亿多人民群众的磅礴之力建设中国式现代化;依靠的是 5000 多年中华优秀传统文化的养分、革命文化的洗礼和社会主义先进文化的滋养。正是道路-理论-制度-文化的统一,才有了制度自信的具体现实表达。因此,制度自信不是抽象的、毫无理论依据的意识形态说教。

最后,制度自信是当前的,也是未来的。我们讲制度自信不是国家发展顺利时看山是山、看水是水,大呼"社会主义好",但一遇到挫折就怀疑、动摇,暗想"资本主义国家多好"。中国特色社会主义制度继承了中华优秀传统文化包含的宇宙观、天下观、社会观和道德观,制度自信势必成为中国特色社会主义文明的一种"符号"象征,一种制度文明,成为中华民族的积极心态。改革开放 40 多年,实现了观念的破冰、利益格局的重塑,转变了发展方式,才形成了今天辉煌的发展局面,形成了高度的制度自信。当前改革愈进愈难、愈行愈险,但又不进则退、非进不可,离 1992 年邓小平南方谈话的畅想为期不远:"恐怕再有三十年的时间, 我们才会在各方面形成一整套更加成熟、更加定型的制度。"①改革的"蛋糕"越来越大,需要建设更科学、更精细、更完善的制度保证。没有比人更高的山,只要社会主义之路依然在脚下,

---

① 《邓小平文选》(第三卷),北京:人民出版社,1993 年,第 372 页。

推进社会主义制度改革的任务没有完成,就需要坚定制度自信;构建人类命运共同体需要坚定制度自信;实现全面建设现代化国家需要坚定制度自信;实现"第二个百年"奋斗目标需要坚定制度自信;实现中华民族伟大复兴中国梦需要坚定制度自信;把我国建成富强、民主、文明、和谐、美丽的社会主义现代化强国需要坚定制度自信;推动国际共产主义运动的高潮依然需要坚定制度自信;解决台湾问题需要坚定制度自信;社会主义取代资本主义更需要坚定制度自信……

中国特色社会主义制度的完善和发展是一个过程。邓小平指出:"如果不坚决改革现行制度中的弊端,过去出现过的一些严重问题今后就有可能重新出现。"①不断推进制度的改革创新,健全制度体系,将实践中好的经验做法转化为制度规范,让制度更加成熟更加定型,是新时代中国共产党人面临的历史任务。诚然,当前我国与西方发达国家相比,经济发展方面依然存在不小的差距,但我们不应"妄自菲薄",社会主义制度不会终结,马克思主义也不会消失。"中国之治"和"西方之乱"的鲜明现实对照,已经显示出中国特色社会主义制度的胜利,这是对"历史终结论"最有力的回击。当前,我们坚定制度自信,积极地推进全面深化改革,建立更加成熟完善的制度系统,把我国的制度优势转化为国家治理效能,为实现第二个百年奋斗目标、实现中华民族伟大复兴提供有力保证,使制度自信成为全面深化改革的"定海神针"。

"两个确立"是新时代最重大的制度成果,全党全军全国各族人民在以习近平同志为核心的党中央坚强带领下,深刻领悟"两个确立"的决定性意义,坚决做到"两个维护"。工作中知责于心、担责于身、履责于行,为全面建设社会主义现代化国家、全面推进中华民族伟大复兴而团结奋斗。相信到2035年基本实现社会主义现代化之时,我国与发达国家的差距将逐步缩小,中国特色社会主义制度更加完善,基本实现国家治理体系和治理能力现代化。相信到21世纪中叶我国建成富强、民主、文明、和谐、美丽的社会主义现

---

① 《邓小平文选》(第二卷),北京:人民出版社,1994年,第333页。

代化强国之时定会实现对资本主义的超越，坚信以中国式现代化全面推进强国建设、民族复兴伟业一定会实现。借用西方一个谚语来表达："鹰有时比鸟飞的低，但鸟永远飞不到鹰那么高"，这就是中国特色社会主义制度自信的底气和中国制度被世界认同的原因。

# 参考文献

## 一、经典著作与党的重要文献

1.《马克思恩格斯文集》(第一——十卷),北京:人民出版社,2009年。

2.《列宁专题文集 论辩证唯物主义和历史唯物主义》,北京:人民出版社,2009年。

3.《列宁专题文集 论马克思主义》,北京:人民出版社,2009年。

4.《列宁专题文集 论社会主义》,北京:人民出版社,2009年。

5.《列宁专题文集 论无产阶级政党》,北京:人民出版社,2009年。

6.《列宁专题文集 论资本主义》,北京:人民出版社,2009年。

7.《毛泽东选集》(第一——四卷),北京:人民出版社,1991年。

8.《毛泽东文集》(第一——二卷),北京:人民出版社,1993年。

9.《毛泽东文集》(第三——五卷),北京:人民出版社,1996年。

10.《毛泽东文集》(第六——八卷),北京:人民出版社,1999年。

11.《邓小平文选》(第一——二卷),北京:人民出版社,1994年。

12.《邓小平文选》(第三卷),北京:人民出版社,1993年。

13.《邓小平年谱(1975—1997)》(上、下),北京:中央文献出版社,2004年。

14.《江泽民文选》(第一——三卷),北京:人民出版社,2006年。

15.《胡锦涛文选》(第一——三卷),北京:人民出版社,2016年。

16.《习近平谈治国理政》,北京:外文出版社,2014 年。

17.《习近平谈治国理政》(第二卷),北京:外文出版社,2017 年。

18.《习近平谈治国理政》(第四卷),北京:外文出版社,2022 年。

19.《习近平新时代中国特色社会主义三十讲》,北京:学习出版社,2018 年。

20.习近平:《高举中国特色社会主义伟大旗帜 为全面建设社会主义现代化国家而团结奋斗——在中国共产党第二十次全国代表大会上的报告》,北京:人民出版社,2022 年。

21.习近平:《在庆祝中国共产党成立 100 周年大会上的讲话》,北京:人民出版社,2021 年。

22.习近平:《在全国党校工作会议上的讲话》,北京:人民出版社,2016 年。

23.《习近平关于青少年和共青团工作论述摘编》,北京:中央文献出版社,2017 年。

24.《习近平在纪念孔子诞辰 2565 周年国际学术研讨会暨国际儒学联合会第五届会员大会开幕会上的讲话》,北京:人民出版社,2014 年。

25.《习近平关于党风廉政建设和反腐败斗争论述摘编》,北京:中央文献出版社、中国方正出版社,2015 年。

26.《习近平关于严明党的纪律和规矩论述摘编》,北京:中央文献出版社、中国方正出版社,2016 年。

27.《习近平关于全面从严治党论述摘编》,北京:中央文献出版社,2016 年。

28.《习近平关于全面建成小康社会论述摘编》,北京:中央文献出版社,2016 年。

29.《习近平关于全面深化改革论述摘编》,北京:中央文献出版社,2014 年。

30.《习近平关于全面依法治国论述摘编》,北京:中央文献出版社,2015 年。

31.《习近平关于实现中华民族伟大复兴的中国梦论述摘编》,北京:中央文献出版社,2013 年。

32.《习近平关于协调推进"四个全面"战略布局论述摘编》,北京:中央文献出版社,2015 年。

33.《党的十九大报告辅导读本》,北京:人民出版社,2017年。

34.《建党以来重要文献选编》(第一——二册),北京:中央文献出版社,2011年。

35.《中国共产党第十八次全国代表大会文件汇编》,北京:人民出版社,2012年。

36.《中共中央关于坚持和完善中国特色社会主义制度 推进国家治理体系和治理能力现代化若干重大问题的决定》,北京:人民出版社,2019年。

37.《十八大以来重要文献选编》(上),北京:中央文献出版社,2014年。

38.《十八大以来重要文献选编》(中),北京:中央文献出版社,2016年。

39.《十八大以来重要文献选编》(下),北京:中央文献出版社,2018年。

40.《十九大以来重要文献选编》(中),北京:中央文献出版社,2021年。

41.《中国共产党的九十年》(上、中、下),北京:中共党史出版社,2016年。

## 二、中文著作

1.白钢:《制度自信十讲》,北京:人民日报出版社,2013年。

2.柏华:《中国政治制度史》,北京:中国人民大学出版社,2011年。

3.陈世润:《中国特色社会主义道路与红色资源开发利用研究》,北京:人民出版社,2015年。

4.陈先达:《马克思主义十五讲》,北京:人民出版社,2017年。

5.陈学明等:《中国道路的世界意义》,天津:天津人民出版社,2015年。

6.陈勇等:《社会主义核心价值体系引领社会思潮的方式和途径研究》,北京:中国社会科学文献出版社,2016年。

7.陈岳、蒲俜:《构建人类命运共同体》,北京:中国人民大学出版社,2017年。

8.陈越:《哲学与政治——阿尔都塞读本》,长春:吉林人民出版社,2003年。

9.陈正良:《中国"软实力"发展战略研究》,北京:人民出版社,2008年。

10.程亚文、王义桅:《天命:一个新领导型国家的诞生》,北京:群言出版社,2016年。

11.范鹏:《统筹推进"五位一体"总体布局》,北京:人民出版社,2017年。

12.高放:《社会主义运动:从理论到实践的转变(1848—1917)》,北京:北京师范大学出版社,2018年。

13.高正礼、冯万勇:《社会主义核心价值体系建设对策研究报告》,北京:人民出版社,2017年。

14.郭春生:《社会主义革新:从地区到全球的拓展(1978—2016)》,北京:北京师范大学出版社,2018年。

15.韩庆祥、黄相怀等:《建设世界上最强大的政党》,北京:中国人民大学出版社,2018年。

16.韩庆祥、黄相怀:《中国道路能为世界贡献什么》,北京:中国人民大学出版社,2017年。

17.何秉孟:《新自由主义评析》,北京:社会科学文献出版社,2004年。

18.侯惠勤:《马克思的意识形态批判与当代中国》,北京:中国社会科学出版社,2011年。

19.胡鞍钢:《中国进入世界舞台中心》,杭州:浙江人民出版社,2017年。

20.胡绳:《马克思主义与改革开放》,北京:中国社会科学出版社,2000年。

21.黄力之:《马克思主义与资本主义文化矛盾》,开封:河南大学出版社,2010年。

22.黄蓉生:《中国梦的理论视域》,重庆:重庆出版社,2016年。

23.贾绘泽:《中国特色社会主义制度自信研究》,北京:人民出版社,2018年。

24.靳辉明、李崇富主编:《马克思主义若干重大问题研究》,北京:社会科学文献出版社,2011年。

25.孔寒冰、项佐涛:《社会主义制度:从一国到多国的演进(1917—1997)》,北京:北京师范大学出版社,2018年。

26.李国兴、陈金龙主编:《中国特色社会主义理论与实践专题研究》,北京:中国社会科学出版社,2013年。

27.李建国:《中国特色社会主义国际影响力研究》,北京:中国社会科学出版社,2017 年。

28.李培林等:《社会冲突与阶级意识:当代中国社会矛盾问题研究》,北京:社会科学文献出版社,2005 年。

29.李琼:《冲突的构成及其边界》,上海:上海人民出版社,2005 年。

30.李慎明主编:《居安思危:苏共亡党二十年的思考》,北京:社会科学文献出版社,2011 年。

31.李正华、张金才主编:《中华人民共和国政治史(1949—2012)》,北京:当代中国出版社,2016 年。

32.刘金程、宋伟:《十八大以来高中级干部违法违纪典型案例解析》,北京:中共中央党校出版社,2018 年。

33.刘玉枝:《中国特色社会主义制度多维研究》,石家庄:河北人民出版社,2015 年。

34.卢少求:《中国共产党执政文化建设史论》,北京:人民出版社,2017 年。

35.马福运、徐贵相:《制度自信:风景为何这边独好 》,北京:北京联合出版社,2014 年。

36.马立城:《最近四十年中国社会思潮》,北京:东方出版社,2017 年。

37.玛雅:《制度自信:一个其他模式选择的存在与成功》,北京:外文出版社,2015 年。

38.孟宪平、姚润田:《国家治理语境中的非制度化生存研究》,北京:人民出版社,2016 年。

39.孟宪平:《马克思主义文化动力思想及其实践研究》,北京:北京师范大学出版社,2018 年。

40.欧阳雪梅:《中华人民共和国文化史(1949—2012)》,北京:当代中国出版社,2016 年。

41.潘维:《中国共产党与中国政治传统》,北京:中国人民大学出版社,2017 年。

42.秦刚:《中国特色社会主义道路研究》,北京:中共中央党校出版社,2017年。

43.秦宣:《中国特色社会主义史》(上、下),北京:高等出版社,2009年。

44.秦宣:《中国特色社会主义新论》,北京:中国人民大学出版社,2017年。

45.沈卫星:《社会主义核心价值体系认同面临的挑战与应对》,北京:学习出版社,2016年。

46.宋晓梧主编:《构建共享型社会:中国社会体制改革40年》,深圳:广东经济出版社,2017年。

47.孙永芬:《当代中国社会阶层政治心态与和谐政治的构建》,北京:中国社会科学出版社,2011年。

48.田鹏颖:《马克思不过时》,北京:社会科学文献出版社,2016年。

49.王永贵:《意识形态领域新变化与坚持马克思主义指导地位研究》,北京:人民出版社,2015年。

50.王永贵等:《经济全球化与社会主义意识形态建设研究》,北京:人民出版社,2005年。

51.肖贵清等:《制度自信:中国特色社会主义制度研究》,北京:高等教育出版社,2017年。

52.肖贵清等:《中国特色社会主义制度基本问题研究》,北京:人民出版社,2013年。

53.徐崇温:《民主社会主义评析》,重庆:重庆出版社,2013年。

54.徐崇温:《中国特色社会主义研究》,北京:中国社会科学出版社,2013年。

55.徐鸿武、李敬德、朱峻峰:《制度自信——在习近平总书记系列重要讲话精神指引下推进民主政治建设》,北京:社会科学文献出版社,2016年。

56.徐行:《当代中国协商民主的制度化建设》,天津:南开大学出版社,2017年。

57.徐勇主编:《中国农民的政治认知与参与》,北京:中国社会科学出版社,2012年。

58.杨光斌、王衡、林雪菲:《建设更加成熟更加定型的制度》,北京:中国人民大学出版社,2017 年。

59.于幼军、黎元江:《社会主义五百年(第一卷)(增订版):社会主义从空想到科学》,广州:广东教育出版社,2011 年。

60.于幼军、黎元江:《社会主义五百年(第一卷)(增订版):社会主义从理论到现实》,广州:广东教育出版社,2011 年。

61.俞可平:《论国家治理现代化》,北京:社会科学文献出版社,2014 年。

62.俞可平:《走向善治》,北京:中国文史出版社,2016 年。

63.俞良早:《经典作家探索理想社会与实现中国梦》,北京:人民出版社,2017 年。

64.张雷声:《思想政治理论课教学的境界》,北京:中国人民大学出版社,2018 年。

65.张维为:《中国人,你要自信》,上海:中信出版社,2017 年。

66.张维为:《中国震撼:一个"文明型国家"的崛起》,上海:上海人民出版社,2016 年。

67.赵壮道:《中国特色社会主义制度的文化基因》,北京:中国社会科学出版社,2017 年。

68.朱宗友:《中国文化自信解读》,北京:经济科学出版社,2017 年。

## 三、中文译著

1.[德]黑格尔:《哲学史讲演录》(第 1 卷),贺麟等译,北京:商务印书馆,1997 年。

2.[德]马克斯·韦伯:《新教伦理与资本主义精神》,马奇炎等译,北京:北京大学出版社,2012 年。

3.[法]卢梭:《社会契约论》,何兆武译,北京:商务印书馆,2006 年。

4.[法]皮埃尔·勒录:《论平等》,王允道译,北京:商务印书馆,1998 年。

5.[美]丹尼尔·贝尔:《资本主义文化矛盾》,赵一凡等译,北京:生活·读书·新知三联书店,1989年。

6.[美]道格拉斯·C.诺斯:《制度、制度变迁与经济绩效》,杭行译,上海:上海人民出版社,2003年。

7.[美]费正清:《美国与中国》,张理京译,北京:世界知识出版社,2003年。

8.[美]弗朗西斯·福山:《历史的终结与最后的人》,陈高华译,桂林:广西师范大学出版社,2014年。

9.[美]赫伯特·马尔库塞:《单向度的人》,刘继译,上海:上海译文出版社,2014年。

10.[美]亨利·基辛格:《论中国》,胡利平等译,北京:中信出版社,2015年。

11.[美]杰克·奈特:《制度与社会冲突》,周伟林译,上海:上海人民出版社,2017年。

12.[美]罗尔斯:《正义论》,何怀宏等译,北京:中国社会科学出版社,1988年。

13.[美]塞缪尔·亨廷顿:《文化的重要作用:价值观如何影响人类进步》,程克熊译,北京:新华出版社,2010年。

14.[美]塞缪尔·亨廷顿:《文明的冲突与世界秩序的重建》,北京:新华出版社,2002年。

15.[匈]卢卡奇:《历史与阶级意识》,杜章智等译,北京:商务印书馆,2014年。

16.[意]安东尼·葛兰西:《狱中札记》,曹雷雨等译,北京:中国社会科学出版社,2000年。

17.[英]迪克·威尔逊:《毛泽东传》,北京:中央文献出版社,2000年。

18.[英]哈耶克:《通往奴役之路》,王明毅等译,北京:中国社会科学出版社,1997年。

19.[英]哈耶克:《自由宪章》,杨玉生等译,北京:中国社会科学出版社,1999年。

20.[英]马丁·雅克:《当中国统治世界》,张莉等译,北京:中信出版社,2010年。

21.[英]特里·伊格尔顿:《马克思为什么是对的》,李杨等译,重庆:重庆出版社,2003年。

22.[英]亚当·斯密:《国富论》(上),郭大力等译,上海:上海三联书店,2009年。

## 四、期刊论文

1.艾四林:《"中国梦"与中国软实力》,《中国特色社会主义研究》,2013年第3期。

2.包心鉴:《中国自信来自于哪里?》,《求是》,2013年第7期。

3.本刊记者:《谈中国的制度自信与话语自信——访复旦大学特聘教授张维为》,《思想理论教育》,2013年第3期。

4.蔡昉:《金德尔伯格陷阱还是伊斯特利悲剧?——全球公共品及其提供方式和中国方案》,《世界经济与政治》,2017年第10期。

5.曾建平、杨学龙:《人民性:中国特色社会主义制度自信的内在依据》,《江西师范大学学报》(哲学社会版),2017年第3期。

6.陈宏彩:《通过完善权力监督机制增强制度自信》,《中州学刊》,2014年第12期。

7.陈江生:《百年大党的制度自信从何而来》,《人民论坛》,2021年7月(下)。

8.陈金龙:《试论毛泽东的制度自信》,《教学与研究》,2013年第11期。

9.陈晋:《关于中国道路的几个认识》,《党的文献》,2013年第2期。

10.陈曙光:《中国马克思主义40年:1978—2018》,《教学与研究》,2018年第10期。

11.陈先达:《论中国共产党人的文化自信》,《党建》,2017年第5期。

12.顾钰民:《论道路自信、理论自信、制度自信》,《思想理论教育导刊》,

2013 年第 1 期。

13.顾钰民:《中国特色社会主义制度自信研究》,《兰州学刊》,2016 年第 10 期。

14.郭莉:《基于比较优势的制度自信》,《思想理论教育》,2017 年第 6 期。

15.韩庆祥:《中国特色社会主义的独特优——坚定道路自信、理论自信、制度自信》,《中国社会科学》,2013 年第 1 期。

16.胡振良:《论中国特色社会主义与当代世界社会主义》,《科学社会主义》,2010 年第 3 期。

17.季正聚:《改革开放与"四个自信"——兼驳质疑改革开放的错误观点》,《马克思主义与现实》,2017 年第 4 期。

18.金一南:《党旗为什么这样红》,《党建》,2017 年第 11 期。

19.李海、贾绘泽:《国外学者论中国特色社会主义民主的优势与走向》,《毛泽东邓小平理论研究》,2015 年第 5 期。

20.李建国:《坚定中国特色社会主义政治制度自信》,《红旗文稿》,2017 年第 8 期。

21.梁亚敏:《坚定中国特色社会主义制度自信是实现"中国梦"的政治前提》,《四川师范大学学报》,2015 年第 6 期。

22.廖小明:《人民主体地位在中国特色社会主义制度自信中的深刻蕴涵》,《湖湘论坛》,2015 年第 1 期。

23.刘桂荣:《人类命运共同体思想:理论创新与话语建构》,《中国特色社会主义研究》,2017 年第 5 期。

24.骆郁廷:《坚定中国特色社会主义的政治自信》,《江淮论坛》,2013 年第 4 期。

25.孟宪平:《马克思主义视域中的文化符号和话语体系同构分析》,《南京师大学报》(社会科学版),2018 年第 6 期。

26.孟鑫:《推进国家治理体系和治理能力现代化是完善和发展中国特色社会主义制度的必由之路》,《科学社会主义》,2014 年第 2 期。

27.聂运麟:《世界社会主义运动发展的现状及面临挑战》,《思想理论教育》,2016年第11期。

28.齐卫平:《坚定制度自信 践行初心使命——习近平关于制度自信重要论述研究》,《理论与改革》,2020年第6期。

29.曲青山:《党的历史为"四个自信"提供史鉴支撑》,《人民论坛》,2017年第2期。

30.任鹏:《我国制度自信研究的回顾与展望》,《学校党建与思想教育》,2021年第23期。

31.任晓伟:《制度自信是坚持和发展新时代中国特色社会主义的首要自信》,《陕西师范大学学报》(哲学社会科学版),2017年第11期。

32.沈壮海:《必须坚持完善和发展中国特色社会主义制度》,《求是》,2018年第24期。

33.孙来斌:《中国制度生长的基本逻辑》,《中国特色社会主义研究》,2016年第4期。

34.谭荣邦:《走向全面革新的老挝》,《科学社会主义》,2001年第1期。

35.陶红:《老挝人民革命党对社会主义的认识与实践》,《当代世界与社会主义》,1999年第1期。

36.田克勤、李婧:《中国共产党与马克思主义在中国的创新发展》,《山东社会科学》,2016年第8期。

37.屠静芬、岳奎:《中国特色社会主义制度自信的社会心理分析》,《马克思主义与现实》,2014年第3期。

38.汪青松:《论中国梦的历史逻辑——兼论"四个自信"与中国梦的实现》,《社会主义研究》,2017年第3期。

39.王学俭:《社会主义五百年核心价值观的历史演进与未来面向》,《当代世界与社会主义》,2016年第6期。

40.王彦智:《坚定中国特色社会主义制度自信的逻辑理路——学习十九届六中全会精神的体会》,《西藏民族大学学报》(哲学社会科学版),2022年第 1 期。

41.吴传毅:《论中国特色社会主义制度自信——基于与西方分权制度的比较》,《湖湘论坛》,2015 年第 3 期。

42.肖贵清、周昭成:《中国特色社会主义制度自信的学理分析》,《马克思主义与现实》,2013 年第 4 期。

43.肖贵清:《加强和深化中国特色社会主义制度研究》,《湖南科技大学学报》,2016 年第 5 期。

44.肖贵清:《论中国模式研究的马克思主义话语体系》,《南京大学学报》(哲学·人文科学·社会科学版),2011 年第 1 期。

45.肖贵清:《中国特色社会主义制度自信的基础》,《新视野》,2013 年第 5 期。

46.辛向阳:《中国特色社会主义道路与世界文明发展》,《北京社会科学》,2009 年第 5 期。

47.辛向阳:《中国特色社会主义制度的三个基本问题探析》,《理论探讨》,2012 年第 2 期。

48.徐崇温:《中国模式的形成、内涵和特征》,《马克思主义研究》,2010 年第 9 期。

49.徐晓冬:《中国的制度改革:历史维度与现实路径》,《人民论坛·学术前沿》,2014 年第 14 期。

50.阎树群:《习近平关于制度自信重要论述的基本内容与理论贡献》,《马克思主义研究》,2021 年第 2 期。

51.杨河:《坚定中国特色社会主义道路自信、理论自信、制度自信》,《红旗文稿》,2012 年第 23 期。

52.杨金海:《深化对中国特色社会主义制度优势和制度自信的研究》,《中国青年社会科学》,2020 年第 4 期。

53.杨竞业:《论"制度自信"与马克思主义中国化》,《广东社会科学》,2017 年第 4 期。

54.杨雪冬:《全球化背景下中国特色社会主义制度优势》,《中国特色社会主义研究》,2013 年第 4 期。

55.杨智勇、林春逸:《中国特色社会主义制度发展的全球化视野》,《党政研究》,2014 年第 4 期。

56.叶庆丰:《坚持和完善中国特色社会主义制度》,《科学社会主义》,2011 年第 5 期。

57.殷峻、俞路曦:《新时代世界社会主义运动的新形势——"第六届国际共产主义运动论坛"综述》,《马克思主义研究》,2018 年第 10 期。

58.虞崇胜:《道路自决、理论自觉、制度自信:提升中国特色社会主义的三维境界》,《中国特色社会主义研究》,2012 年第 8 期。

59.詹小美:《中国梦价值认同的当代建构》,《青海社会科学》,2014 年第 4 期。

60.张帆:《中国特色社会主义制度自信的生成逻辑与独特优势——基于中国共产党百年奋斗历程视角分析》,《重庆大学学报》(社会科学版),2021 年第 4 期。

61.张雷声:《论中国特色社会主义制度》,《甘肃社会科学》,2016 年第 1 期。

62.张雷声:《增强中国特色社会主义的制度自信》,《新视野》,2014 年第 1 期。

63.张明军、易承志:《制度绩效:提升中国特色社会主义制度自信的核心要素》,《当代世界与社会主义》,2013 年第 6 期。

64.张澍军:《科学回答人类的"世界之问"——中国特色社会主义的世界性价值》,《思想教育研究》,2013 年第 2 期。

65.赵曜:《社会主义大好形势为什么得而复失——20 世纪社会主义从高潮转向低潮的原因分析》,《中央党校学报》,2002 年第 1 期。

66.朱霁:《中国特色社会主义制度自信的多维度解读》,《思想教育研究》,2017 年第 10 期。

67.宗寒:《谈中国精神》,《河北经贸大学学报》,2014 年第 6 期。

## 五、报纸文章

1.习近平:《在庆祝改革开放 40 周年大会上的讲话》,《人民日报》,2018 年 12 月 19 日。

2.习近平:《迈向命运共同体 开创亚洲新未来——在博鳌亚洲论坛 2015 年年会上的主旨演讲》,《人民日报》,2015 年 3 月 29 日。

3.习近平:《让世界认识一个立体多彩的中国》,《人民日报》,2017 年 1 月 1 日。

4.习近平:《共同构建人类命运共同体——在联合国日内瓦总部的演讲》,《人民日报》,2017 年 2 月 20 日。

5.习近平:《在纪念马克思诞辰 200 周年大会上的讲话》,《人民日报》,2018 年 5 月 5 日。

6.陈锦华:《中国模式与中国制度》,《人民日报》,2011 年 7 月 5 日。

7.陈曙光:《民主社会主义是真民主吗》,《社会科学报》,2013 年 3 月 18 日。

8.《举旗帜聚民心育新人兴文化展形象更好完成新形势下宣传思想工作使命任务》,《人民日报》,2018 年 8 月 23 日。

9.任理轩:《坚持和完善中国特色社会主义制度》,《人民日报》,2012 年 6 月 13 日。

10.时和兴:《改革开放增强中国特色社会主义制度自信》,《学习时报》,2018 年 12 月 3 日。

11.王永贵、孟宪平:《文化自信的鲜明特征》,《光明日报》,2017 年 4 月 24 日。

12.肖长富、吴大兵:《深刻认识中国特色社会主义制度的基本特征》,《光明日报》,2014 年 9 月 11 日。

13.辛鸣:《论"中国特色社会主义制度"》,《北京日报》,2011 年 8 月 10 日。

14.《中共中央关于加强人民政协工作的意见》,《人民日报》,2006 年 3

月 2 日。

15.《中共中央关于全面深化改革若干重大问题的决定》,《人民日报》,2013 年 11 月 16 日。

16.《中国找到一条符合国情的发展道路》,《光明日报》,2010 年 12 月 29 日。

17.《中国政治制度有明显的优越性》,《人民日报》,2015 年 3 月 12 日。

18.祝黄河:《深刻理解坚持中国道路的重大意义——深入学习贯彻习近平同志"七一"重要讲话精神》,《人民日报》,2016 年 8 月 22 日。

# 后　记

当前,在全党上下深入学习宣传贯彻落实党的二十大精神之际,我完成了本书内容的修订,本书的主题——制度自信,也是宣传贯彻落实党的二十大精神的重要内容。本书是在我的博士论文基础上修改完成的,本书的出版得益于博士生导师孟宪平教授的悉心指导,从选题、开题、撰写到修改定稿,孟老师都倾注了大量心血,没有孟老师牺牲寒暑假、周末等宝贵时间字斟句酌地批阅书稿,我不可能顺利完成博士阶段的学习任务。孟老师"板凳要坐十年冷,文章不写一句空"的严谨治学态度、高尚的人格、对学术的追求,都使我心存敬畏、终身受益。

本书是阜阳师范大学"马克思主义中国化校级培养学科"(2018xj030503)、全国党校(行政学院)重点调研课题"中国共产党自我革命的动力机制及其优化研究"(2024DXXTZC010)的研究成果。由衷感谢阜阳师范大学信息工程学院和马克思主义学院的大力支持,在此表示衷心感谢。由于本人学力有限,加之撰写、修改时间紧迫,本书在出版过程中参考了很多学者和专家理论成果,在此表示感谢。

非常感谢武建臣编辑对本书出版的帮助。我的硕士生陈晶晶、徐芮、邓晶晶等对书稿进行了精心校对。书中仍有很多不足之处,我会继续加强学习,敬请各位专家和同人批评指正!

武　峥

2024 年 12 月 20 日于颍州